复旦大学俄罗斯中亚研究中心

俄罗斯欧亚研究

（第三辑）

冯玉军　赵华胜·主编

时事出版社
北京

图书在版编目（CIP）数据

俄罗斯欧亚研究. 第三辑/冯玉军，赵华胜主编. —北京：时事出版社，2021.7
ISBN 978-7-5195-0419-9

Ⅰ.①俄…　Ⅱ.①冯…②赵…　Ⅲ.①中俄关系—文集②国际关系—俄罗斯、欧洲、亚洲　Ⅳ.①D822.351.12-53②D8-53

中国版本图书馆 CIP 数据核字（2021）第 110668 号

出 版 发 行：时事出版社
地　　　　址：北京市海淀区彰化路 138 号西荣阁 B 座 G2 层
邮　　　　编：100097
发 行 热 线：(010) 88869831　88869832
传　　　　真：(010) 88869875
电 子 邮 箱：shishichubanshe@sina.com
网　　　　址：www.shishishe.com
印　　　　刷：北京良义印刷科技有限公司

开本：787×1092　1/16　印张：18.25　字数：229 千字
2021 年 7 月第 1 版　2021 年 7 月第 1 次印刷
定价：98.00 元
（如有印装质量问题，请与本社发行部联系调换）

目　　录

第一编　专题报告篇

中俄对话：2020 模式 …………………………………………（3）

第二编　学术论文篇

对深化中国国际问题研究的几点方法论思考 ………………（87）
中俄美关系与国际秩序 ………………………………………（106）
中俄美关系与国际结构：从多极到两极？ …………………（139）
"后疫情时代"的世界秩序与俄罗斯的战略选择 ……………（161）
"一带一路"交通设施联通对贸易增长的影响：现实
　　进展与研究路径 …………………………………………（189）

第三编　时政评论篇

从"无序"到"乌托邦"
　　——疫情下的瓦尔代年会 ………………………………（211）
中国和俄罗斯应该结盟吗？ …………………………………（217）
上海合作组织如何在抗疫中发挥更大作用？ ………………（222）
2019，俄罗斯外部环境有所改善 ……………………………（226）

俄罗斯与环地中海：历史与现实 …………………………………（229）
臆想中的"鞑靼之轭"：蒙古帝国对俄影响再考 …………………（232）
马克思、恩格斯眼中的俄土战争 …………………………………（236）
俄罗斯战略视野下的"后疫情时代"国际秩序……………………（239）
全面还原历史，才能更好纪念二战 ………………………………（242）
全球史视野下俄国出售阿拉斯加的战略考量 ……………………（245）
三份外交电报与"冷战"的起源 …………………………………（249）
一战后的欧洲何以混乱血腥 ………………………………………（252）
俄罗斯在国际天然气市场面临多重挑战 …………………………（255）
纳戈尔诺—卡拉巴赫："被冻结的冲突"为何再度溃疡 …………（258）
俄罗斯在"后苏联空间"处境尴尬 ………………………………（261）
低油价时代的能源安全新思路 ……………………………………（264）
世界石油市场迎来"至暗时刻" …………………………………（267）
俄罗斯：在内外交困中谋求破局 …………………………………（269）
纳卡冲突，背后隐藏着怎样的大国博弈？………………………（276）
推动中欧班列高质量发展的四条路径 ……………………………（279）
"一带一路"是全球经济增长的稳定器 …………………………（285）

第一编
专题报告篇

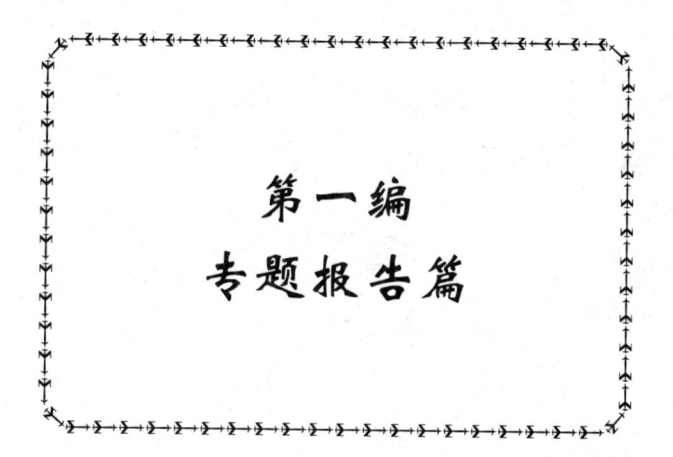

中俄对话：2020模式*

序　言

近年来，中俄关系的特点是双边伙伴关系长足发展，真正具有全面性质。军事战略方面的合作得到加强，涉及敏感领域；双边贸易额达到1100亿美元的创纪录水平，一系列重大合作项目已经启动，同时致力于建立相应的金融基础设施；互派留学生人数接近此

---

* 复旦大学国际问题研究院、俄罗斯国际事务委员会和俄罗斯科学院远东研究所从2015年开始联合发布中俄关系年度报告，由中俄专家团队共同撰写，以中俄英三种文字在中国和俄罗斯发表。《中俄对话：2020模式》是这一系列报告的第六份。中方团队负责人：赵华胜，复旦大学国际问题研究院教授。中方成员：刘华芹，中国商务部国际贸易经济合作研究院欧洲与欧亚研究所所长、研究员、经济学博士；石泽，中国外交部国际问题研究院研究员，中国驻俄罗斯大使馆原参赞；邢广程，中国社会科学院中国边疆研究所所长、研究员、法学博士、学部委员；孙万湖，中国科技部国际合作司原副司长、中国驻俄罗斯大使馆原科技参赞；冯玉军，复旦大学国际问题研究院副院长、俄罗斯中亚研究中心主任、教授、法学博士；杨成，上海外国语大学教授，上海全球治理与区域国别研究院执行院长、法学博士；李勇慧，中国社会科学院俄罗斯东欧中亚研究所研究员、俄罗斯外交室副主任、法学博士；钮松，上海外国语大学中东研究所研究员、法学博士。俄方团队负责人：谢·卢加宁，莫斯科高等经济大学教授、莫斯科国际关系学院教授、俄罗斯国际事务委员会成员、历史学博士。俄方成员：伊·达尼林，俄罗斯科学院普里马科夫世界经济与国际关系研究所科学创新研究室、创新政策研究室主任、政治学副博士；安·卡尔涅耶夫，莫斯科高等经济大学东方学院院长、历史学副博士；瓦·卡申，莫斯科高等经济大学欧洲和国际关系研究综合中心国际军事政治、军事经济研究室副主任、俄罗斯科学院远东研究所东北亚和上海合作组织战略问题研究中心研究员、俄罗斯国际事务委员会成员、政治学副博士；安·科尔图诺夫，俄罗斯国际事务委员会执行主席、历史学副博士；尤·库林采夫，俄罗斯科学院远东研究所东北亚和上海合作组织战略问题研究中心研究人员；阿·拉里奥诺夫，俄罗斯财经大学经济政策和经济安全学院战略预测和计划中心研究人员、国家和行政管理学副博士；鲁·马梅多夫，俄罗斯国际事务委员会项目协调人；弗·彼得罗夫斯基，俄罗斯科学院远东研究所俄中关系研究与预测中心研究员、政治学博士；克·库兹米娜，俄罗斯国际事务委员会项目协调人。俄译中翻译：盛世良、赵世峰、孙凌云、钱宗旗、倪文卿。校对：赵华胜。

前提出的10万人的目标。在新经济结构正在形成、全球竞争技术领先地位的条件下，中俄协作的优先方向是科学、技术和创新。

2019年，中俄在庆祝建立外交关系70周年的背景下，宣布了新时代中俄全面战略协作伙伴关系的特性和原则。2020年合作日程上的大事有：共同参加第二次世界大战胜利75周年纪念活动、启动科技创新年、由俄罗斯担任主席国举行金砖国家和上海合作组织峰会。

新冠肺炎疫情大流行，不仅是中俄关系重大的不确定因素，也是整个世界重大的不确定因素。迄今为止并不清楚，人类需要多长时间才能制止疾病的传播，疾病传播的后果会严重到什么程度。大流疫是对居民生命、健康和福祉，以及对许多国家经济发展的严重挑战。已经形成的产业链和供应链遭到破坏；既定的交流方式不得不做调整。大流疫助长了国际关系进一步无序化，同时也凸显了一系列体制性问题，包括国际组织的低效和地区平衡的脆弱。正在继续发展的世界经济危机，可同大萧条和战后时期相比。大流疫已经成为中美关系对抗加剧的由头。预计某些地区和全球规模的冲突危险会上升，军事威胁和传统安全挑战会加剧。

在这种情况下，中俄两国在国际事务中的相互支持，在缓和紧张局势、保证全球进程的可预测性和稳定性方面的建设性合作，比以往任何时候都更加重要。今天，北京与莫斯科之间协调立场，不应该偶尔为之，而应该真正带有系统性和长期性。双方必须更新对国际安全的理解，充分考虑到非军事性质的威胁。

虽然在应对新冠病毒传播方面，中俄两国显示了高度的相互信任，大流疫还是对双边伙伴关系构成风险。人文协作平台和社会交流停止，联合倡议的实施受阻，在全球经济衰退的情况下，贸易和投资预计会下降。在新的形势下，两国正努力解决的中俄关系中的一些传统问题也会激化，包括两国人民相互了解和信任不足、各个层面相互协作的基础设施不够发达，以及其他因素。今天，中俄两国应该做出更大的努力，使双方在疫后世界的合作不至于减速。有必要开辟新的合作形式和领域，首先是在技术创新方面。应该更认真地分析双方在协作中遇到的一切困难，预防其长远的不良后果。

在认真研究双边合作的复杂问题、确定疫后的世界轮廓，以及规划北京与莫斯科在新形势下的最佳协作战略方面，中俄学者应发挥积极作用。由复旦大学国际问题研究院、俄罗斯国际事务委员会和俄罗斯科学院远东研究所共同撰写的第六份年度报告《中俄对话：2020模式》，将对在这些问题上的公开对话做出贡献。本报告呈现的是对2019年第二至第四季度和2020年第一季度中俄合作的分析成果。

一、中国和俄罗斯：全面伙伴关系的发展趋势与对世界形势的评估

（一）全球背景下中俄关系的新趋势和新方向

对中国和俄罗斯而言，2019年是成功的。首先是在进一步发展既定的全面战略协作伙伴关系方面，这种战略协作伙伴关系已经上升到地区层面，在某些问题上则上升到全球层面。在全球领域，中俄关系的新趋势表现为北京与莫斯科希望在维护国际和平、在保障各国与各国人民的主权和自由选择方面，担负起主要角色的使命。

中俄合作在复杂的国际形势下发展，世界秩序和国际关系体系的转型，以及世界力量平衡的重构进程在加速。在全球层面，不确定性上升，在全世界和个别地区，出现了负责任态度、建设性议程和有效治理缺失的局面，大国之间发生局部冲突的风险增加。美国的战略方针从反恐转变为大国竞争，美国把中国和俄罗斯视为战略

竞争者。美国比冷战时期以来任何时候都更加积极地利用战略遏制手段对付中国和俄罗斯。对中国和俄罗斯，这些深层次的变化，不仅使两国在战略合作中面临新任务，而且提供了巨大机遇。考虑到面临共同挑战，两国加深战略协作的动机更强，同时对双边关系的期望也更大。

在全球治理和国际安全方面，中国和俄罗斯应该承担更大的责任。世界秩序的重组、国际关系体系和力量平衡的转换是一个长期的过程。正如中国专家们指出的，美国和西方国家影响力的下降同发展中经济体作用的上升一样，将是渐进的。西方国家影响力的下降，不会自动导致发展中国家崛起，西方将依然是国际舞台上的一个主要角色。

专家们认为，中俄振兴的潜力在于中国"一带一路"倡议与欧亚经济联盟在欧亚地区的对接和大欧亚伙伴关系的形成。中俄具体务实协作的扩大，在保障地区繁荣、稳定和安全方面起着重要作用。两国正在制订在上海合作组织、金砖国家机制和"中俄印"战略三角等框架内加深合作的相应议程。重要的是放弃在大陆划分势力范围的陈腐观念，放弃争夺主导权的欲望。在欧亚彼此相连这一问题上求得共识，也应该成为中俄同欧洲三方合作的具体议程。为此可以利用"亚欧论坛"，或者建立中俄欧对话新平台。

中国和俄罗斯相当关注在联合国的协作，包括在安全理事会、联合国主要机构和委员会里的协调，而且今年是联合国成立75周年。中俄都主张维护联合国及其安理会在全球治理和国际安全方面的权威地位，但是，联合国工作中有关它的低效率和改革必要性的问题已经出现。五个常任理事国应该承担起联合国安理会改革的责任，举行"五常峰会"讨论这一问题是有前景的形式。

中国和俄罗斯作为联合国安理会常任理事国，在参与全球治理和经济发展的政治外交问题方面具有丰富的经验，它们参与调解国际关系的进程，是日益混乱和不稳定的现代世界的稳定器。2019年和2020年，两国都对国际关系碎片化，支持开放和自由贸易、加强国际法体系、对破坏国际机构和国际机制的危险倾向做出应对。

中国和俄罗斯应该共同推进全球治理，本着多边主义精神，促进以东西之间、南北之间、发达国家和发展中国家之间、大国和小国之间对话与合作为基础的新型国际体系的建立。中国与俄罗斯应该继续推动"二十国集团"、金砖国家机制和上海合作组织等多边平台的发展。中国和俄罗斯还可以建立文明对话平台。具体而言，中国现有的亚洲文明对话大会可以成为更广泛平台的基础。在欧亚地区，中国、俄罗斯、印度和伊朗可以成为这一对话的核心，这一核心未来有可能发展为全球平台，推动大规模交流。各国轮流举办论坛，将加深相互了解和彼此宽容。

俄罗斯学者认为，必须开展中国、俄罗斯和美国之间在国际安全领域的对话。在近期内组织三国峰会的可能性很小，但是，三方可以探讨建立非官方年度磋商机制的可能性。启动中国、俄罗斯、欧盟和美国之间的对话，也有重要意义，其宗旨可以是提高全球治理效率和加强国际安全。

还应该促进新型国际金融机制之间，特别是亚洲基础设施投资银行和金砖国家新开发银行之间，以及国际货币基金组织、世界银行、欧洲复兴开发银行和亚洲开发银行等传统金融机构之间的全面合作（机制对接和项目合作），使之对保证全球和地区稳定、发展与繁荣担负共同责任。

从已经形成的基本因素的对比来看，中俄伙伴关系呈现出某种不对称——经贸和投资方面滞后，而政治和军事战略合作进展较快。之所以出现这种不平衡状态，不仅是因为俄罗斯经济明显逊于中国，还因为中国与俄罗斯在总体发展和定位上的任务不同。中国同俄罗斯的军事战略合作，已经从双边关系因素变成世界重大的地缘政治影响因素，而中美对立正在加剧这一趋势。

在两国进一步接近方面，方案之一是通过更加密切的军事政治合作，从根本上加深全面战略协作伙伴关系。一些俄罗斯专家认为，最有可能的是不签订专门的条约，而是在达成政治共识的基础上形成某种准联盟。中俄在军事政治领域的关系已经发展到如此之高的水平，以至于即使没有成形的联盟，潜在敌人如果打算袭击两国中的一国，就不得不考虑中俄两国各种联合反应的方案。政治战略上的确定性将对潜在敌人及其盟友产生遏制作用。可以想象，中俄两国即使在某些问题上的立场不是完全吻合，但在对世界格局的总体战略评估上，包括有必要遏制美国在安全和经济发展领域的破坏性倾向上，也将是一致的。

2019年是两国的大庆年。中国和俄罗斯成功地举办了中华人民共和国成立和中俄建立外交关系70周年庆祝活动，同时宣布准备于2020—2021年启动中俄科技创新合作年。2019年6月，中国国家主席习近平和俄罗斯总统普京签署了《中华人民共和国和俄罗斯联邦关于发展新时代全面战略协作伙伴关系的联合声明》，和《中华人民共和国和俄罗斯联邦关于加强当代全球战略稳定的联合声明》。

在新时代，中俄关系具有了新的内容和新的性质。

第一，包容性：中俄关系的基础是共同的观点与利益，以及解决争议问题的愿望。

第二，平衡性：中国和俄罗斯不仅注意协作的扩大和加深，还注意所有领域的协作平衡发展；两国从平等互利的原则出发，共同享有合作成果。

第三，稳定发展：中俄关系具有战略和政治意义，不断扩大的共同利益是双边关系长期发展的牢固基础。

第四，公正性：中俄两国在双边关系中严格遵循公正、公平和负责任的原则。

第五，高水平：中俄关系处于有史以来的最高水平，其表现是政治互信加强，双边合作向崭新高度发展。

第六，协作的务实性：发达的政治关系转入务实层面，对合作的需求越来越经常地产生于两国内部，来自人民，两国根本利益日益相互交织，经济结构的互补性开始显现，种种因素加快了合作进程，使之充实崭新的内容。

第七，全面性：中国和俄罗斯在广泛问题上开展合作，包括政治、经济、安全、科学技术和人文领域。

早些时候，中国同俄罗斯的战略协调特点是应对性，多是对解决现存问题的应对，主要是集中在安全领域，但缺乏共同发展的目标、总体原则和推动协作的明晰措施，许多合作观念模糊不清，难以实施。涉及相互信任和相互了解的某些复杂问题遗留至今。中国和俄罗斯应该制定发展双边关系的长期战略，共同确定今后合作的目标和具体计划。

中国和俄罗斯应该秉持政治平等和相互尊重的原则。当然，中俄两国对合作的观念态度、文化认同、实际利益和经济条件不同，必须抛弃双边关系中的消极观念。中国经济和政治实力的上升，决定了它在对俄关系中地位的改变，俄罗斯方面应该适应这种变化，同中国建立平等关系。中国也应该在对等基础上，根据相互尊重的原则发展同俄罗斯的关系，着眼于双边关系的长远性，承认俄罗斯的大国地位和发展潜力。

2020年，在"新型冠状病毒-2019"世界大流行的背景下，考虑到大流疫的规模和维护基本价值观与合作成果的必要性，2019年模式的中俄全面战略协作伙伴关系将从根本上更新。重新理解安全问题、制定发展与协作战略，将成为中国和俄罗斯近期的主要议程。国家安全不可能完全基于或主要基于军事潜力，因为核武器和其他现代化军备无力应对新冠病毒这样的传染性疾病和气候变化、环境污染、移民失控等挑战。

在抗击大流疫的条件下，国际结构中的军事、政治、机制、经济、生态和其他新变化还不完全为国际学界所理解。与此同时，不能排除某些国际关系主体利用这种不确定性和日益形成的失衡，以损害他方为代价，恢复或增强自己的经济与政治地位和正面形象。在这种条件下，中国与俄罗斯将解决两位一体的任务：一方面作为负责任的全球大国，要在全世界共同价值和项目范围内采取行动，为抗疫和世界发展的共同事业做出贡献；另一方面，要加强本国安全。在全球和本国利益的优先次序中如何选择取决于两国领导人和精英。与此同时，因为现在对"疫后世界"的准则、发展规律、挑战和威胁几乎一无所知，中俄两国专家团体的作用大幅度增加。

（二）中俄在抗击"新型冠状病毒-2019"中的合作

2020年上半年，世界遭遇了"新型冠状病毒-2019"大流行。最先受感染的是中国，随后俄罗斯也暴发流疫。共同抗疫，证明了中国与俄罗斯之间新时代全面战略协作伙伴关系和互信的高水平。与此同时，基于在这方面合作的个别复杂问题可以得出结论，中俄在公共卫生、生物安全和其他相关领域的协作需要完善。

两国元首不止一次地指出在抗击新冠肺炎疫情方面进行合作的必要性。2020年1月31日，俄罗斯总统弗·普京致电中国国家主席习近平，坚决支持中国抵抗病毒威胁。3月19日、4月16日和5月8日，习近平与普京进行电话交谈，强调指出抗疫合作的重要性。两国各级官员在接触中，也不止一次地提到这一话题。在新冠肺炎疫情期间，中俄两国大众传媒和民间也相互频频表示支持。

中俄两国在抗击新冠肺炎疫情的斗争中相互提供物质援助。中国疫情开始后，俄罗斯向武汉运送约23吨人道援助物资，包括口罩、手套、防护镜、防护服和其他物品，总共约227万件。中国与俄罗斯在诊断和治疗新冠肺炎病毒方面积极合作，2020年2月5日，俄罗斯卫生部向中国派遣5名医疗专家和流行病防治专家。两国学者继续合作进行有关科学研究。

当俄罗斯新冠肺炎疫情恶化的时候，中国也提供了帮助：2020年4月2日，中国第一批抗疫物资运抵莫斯科，共约269立方米，重约25.5吨。4月11日，为了协助俄罗斯专家共同抗疫，中国专家来到莫斯科，中国黑龙江省也为俄罗斯多个地区提供人道主义援助。除此之外，中国还把向俄罗斯提供用于预防新冠肺炎病毒的物资置于头等重要的地位。截至4月7日，俄罗斯从中国购买了7200万个医用口罩。2020年4月20日，普京提到，俄罗斯通过不同渠道从中国获得1.5亿个口罩。有消息称，中国企业签订了供应俄方105万套防护服的合同。

中国与俄罗斯在预防"新型冠状病毒－2019"方面加强了科学技术合作，关注病毒分离、疫苗研制和试验等问题，并吸收世界主要专家参与这项工作。

大流疫表明，中国和俄罗斯有必要在公共卫生领域进一步加深合作。中俄在2019年签署了《中华人民共和国和俄罗斯联邦关于发展新时代全面战略协作伙伴关系的联合声明》，对两国在公共卫生领域的合作提出了高要求，特别指出了在应对流疫紧急情况和消除流疫后果方面，在流行病诊断、预防和控制方面发展协作的重要性；宣布要在公共卫生领域提高科学技术合作水平。列入中俄人文合作委员会卫生合作小组委员会年会议程的有传染病预防和治疗问题、预防流感和边境地区传染病暴发问题。中国疾病防控中心同俄罗斯卫生部斯莫罗金采夫流感科研所、加马列亚传染病与微生物科研所正在加强合作，包括就传染病（流感、肺结核病和人体免疫力缺损病毒）问题举行科学讨论会。两国专家之间定期举行会晤，以促进科研成果的交流，鼓励进一步合作。尽管如此，中俄在紧急情况下流行病防治方面的科研合作机制尚未完全理顺。

中俄两国相关机构的理论与实践并不吻合。根据中国的资料，中国疾病防控中心同俄罗斯卫生部斯莫罗金采夫流感科研所和加马列亚传染病与微生物科研所，对新型冠状病毒染色体编序的结果有相当大差异，这表明中俄两国未能共同研究病毒毒株。俄罗斯方面说，中国没有把冠状病毒活体毒株移交给俄罗斯。缺乏充分沟通与有效而密切的合作，工作未协调好，延缓了疫苗和有效药物的联合研制。

在公共卫生和非传统威胁应对领域有必要扩大协作，建立合理而有效的联合工作机制。由此看来，应该充分利用中俄科技创新合作年的机会，特别是在流疫防治、疫苗和药物研制方面，以及培训干部和交流经验方面，建立中俄联合公司，利用人工智能和大数据生产抗病毒制剂、病毒检测和诊断器材，以及新一代消毒系统，将很有前途。

除此之外，中国和俄罗斯迄今为止还没有制定出在抗疫斗争中诊断和控制流疫、帮助跨境人员防护的原则和机制。对如何在边境地区预防和控制流行病存在着不同理解。

两国都在实施系统性防疫措施，结果中国同俄罗斯的交流几乎完全停止。俄罗斯方面从2020年2月20日起临时限制中国公民入境，从3月27日起则取消同其他国家的班机交通和包机交通，从3月30日起限制公路、铁路、行人、水陆和混合等类型边境口岸的通行。中国从3月28日起禁止外国人入境，从3月29日起只准中国各航空公司对每个国家运营一条航线，而且每星期不得超过一班。

从维护伙伴国公民人权的角度看，有一些防疫措施引起了不尽一致的反应。约80名中国公民因违反卫生防疫规定而被驱逐出境，引起中国社会很大反响。在疫情期间有必要格外注意领事问题。应该保障双方在对方国家公民的合法权利和利益，包括保护健康与安全的权利和利益，还应该向有需要的人及时提供帮助。国家机关应该特别注意支持因疫情而处于困难境地的伙伴国公民，特别是在签证和保证必要的居住条件等问题上。

不能忽视极端民族主义表现对两国关系的损害。在这个问题上，特别重要的是促进中国人与俄罗斯人之间的相互理解。在疫情条件下，中国公民抱怨在俄罗斯受歧视；同样，在中国疫情稳定后，俄罗斯公民在中国境内也遇到某些歧视现象。但是，这种现象总的来看并不带有普遍性，不会对两国关系造成破坏性影响。

（三）美国因素与中俄关系

美国因素在中俄关系中起着重要作用，首先是在地缘战略和军事政治领域。但是对中俄双边合作而言，美国因素既不是前提，也不是动力，并不决定中国与俄罗斯关系的实质和全貌。

近年来国际关系的主要特点之一，是中美两国在经贸、地缘政治、军事战略和技术领域的矛盾上升。2020 年，中美关系的主题是新冠肺炎病毒，美国竭力把新冠病毒传播的责任推给中国，发起了编造假消息和诋毁中国官方战略的宣传运动。对中国施加压力，成了美国 2020 年竞选活动的关键问题，未来可能成为对中国实施单边制裁的借口。

中美竞争是一种长期趋势，起码要延续几年，最有可能的是会拖得很长。大流疫只不过加快了中美对抗的发展进程而已。

这种政治对立的诸多后果会超出中国同美国双边关系的范畴，在某种程度上几乎涉及国际关系和世界经济的所有参与者，而且其影响的规模在可以预见的未来很可能只会扩大。在这个问题上俄罗斯无法置身事外。而且对俄罗斯来说，除了对世界政治全体参与者共有的系统性后果外，还有一个重要性不亚于此种特殊情况，即"俄罗斯—中国—美国"大三角关系。一方面，中美对立的激化，会给俄罗斯创造一系列额外的战术性机会，但是要想充分利用这些机会，俄罗斯将不得不做出相当大的努力。中美关系的恶化也不意味着俄美关系自动改善。另一方面，中国同美国紧张关系的升级，会给俄罗斯带来现在难以确切预见而且难以预做准备的新挑战和新风险。

1. 俄罗斯在中美军事战略对峙中的作用

在可以预见的未来，中美军事对峙将势必加剧。对美国来说，当前最重要的：一是维持自己在亚太地区海军实力方面的优势；二是维持自己在创新领域（太空、网络、自动化武器系统等）的优势。不过也不能排除以"扩大核遏制"的方式加强对中国的施压。俄罗斯专家认为，中国将尽力不使美国在亚太地区保持绝对军事优势，使本国稳稳地保持核遏制实力。中国武装力量将致力于提高技术装备水平和灵活性、机动性，以及向远方战场投放军事力量的能力，继续灵活地实施现代化。与此同时，中美建立军控机制的前景不甚现实。俄罗斯希望尽可能维持俄美战略武器控制机制，哪怕是部分维持也好，同样还希望把军控机制转变为有中国参加的三方形式。有效军控机制的缺失，会给国际体系的稳定带来总体风险，给国际体系全体参与者带来麻烦，包括对俄罗斯。

2018年11月，中俄签署了和平利用北斗卫星系统与格洛纳斯卫星系统合作的协议。尽管这是指民用合作，但是导航卫星系统也可以用于高精度武器的侦察和引导。2019年，俄罗斯宣布协助中国创建现代化导弹袭击预警系统。同美国关系的激化，将进一步推动中国与俄罗斯的协作向广度和深度发展，包括在导弹核武器领域。与此同时，可以预见，如果俄美能够部分维持双边核军控机制（首先是第三个《削减进攻性战略武器条约》），俄罗斯将谨慎地推动中国寻求对自己来说负担最小的参与俄美战略对话的方式。

中美海军对峙可能将成为两国竞争的主要方式之一。中美海军在太平洋或印度洋加强对抗，对俄罗斯不利。俄罗斯在缓和或预防这种对抗方面，没有能力起到任何积极作用。但是，中俄扩大海军合作，将促使双方希望在远离中国的海域（地中海、波斯湾）举行联合海军演习，联合巡航某些海上航线（霍尔木兹海峡），或参与保障某些海域安全的多边行动（仿照2009年国际反索马里海盗联合行动）。与此同时，为了防止进一步激化国际形势，应该更加注重多边合作方式，例如在上海合作组织范畴内加强多边合作等。俄罗斯可以建议中国利用它在建立预防公海事态机制方面的经验，以降低中美之间非预谋对抗升级的风险。

在印太地区范畴内组织以"自由民主国家"为主的广泛的反华同盟，将依然是美国对中国施压的最重要方针之一。估计印度将被赋予中国主要"对立面"的角色。俄罗斯专家认为，中国把印太地区的整合视为对华地缘政治包围机制，将极力阻止这一进程。对俄罗斯来说，亚洲形成硬性的两极关系格局也是一种战略危险，因为这将使俄罗斯失去现有的相当大一部分行动自由，而这种行动自由为俄罗斯外交提供了重大优势。俄罗斯跟中国一样，也不希望印度同美国进一步靠近，因为这将必然给俄印关系制造问题。因此，应该尽一切可能使中印关系正常化，为了达到这一目的，可能会利用俄印中三方机制。

2. 反俄制裁与中美贸易战

美国因素还对中俄在经贸领域的合作产生一定的影响。在西方国家对俄制裁的背景下，俄罗斯对发展与中国伙伴的合作更加感兴趣。许多专家认为，俄罗斯应该利用中美贸易战，在一系列重要贸易品目上，首先是能源和食品上，在中国市场扩大份额。尽管如此，对美国因素在发展中俄贸易方面的意义不应估计过高。

2014—2019年，俄罗斯对中国的石油出口从3310.8万吨增加到7585.7万吨，从而使俄罗斯在对华供油国中处于领先地位。俄罗斯对华石油出口的急剧增长，导致了本国对外能源战略的调整。2019年12月2日，"西伯利亚力量"干线天然气管道正式投产，这条管道的天燃气出口能力将达到每年380亿立方米。俄罗斯液化天然气也进入了中国市场：中石油从2019年起，拟每年从"亚马尔液化气"项目进口300万吨液化气。尽管这样，迅速扩大的中国市场容量完全可以提供大笔合同，既可以长期保证俄罗斯供应商的出口需求，也可以长期保证美国供应商的出口需求。担心美国液化气生产商的激烈竞争是没有根据的，特别是考虑到中国不仅从俄罗斯和美国，还从其他供货商（澳大利亚、卡塔尔）购买液化气。如果说对中俄能源合作存在中期和长期挑战的话，那么这一挑战与其说来自美国竞争者，还不如说来自中国经济发展可能减缓，来自中国能源消费结构朝着可再生能源转变。

在中国食品市场上，情况也大致如此。这是一个容量大、发展快的市场，完全容得下好几个大型出口商。到2024年，俄罗斯有望把对华农产品出口额增加到95亿美元。但是在某些品目上，俄罗斯根本没有出口潜力去填补中国彻底停止从美国对华出口所留下的空白。比如说，今天俄罗斯只能覆盖中国大豆进口需求的10%左右，而据中国评估，对华大豆出口已经占了俄罗斯大豆出口总量的89%。在其他品目上，俄罗斯依靠较低的运输成本，完全有能力跟美国竞争。在某些领域（猪肉和牛肉），制约俄罗斯对华出口的因素不是美国的竞争，而是动植物检疫问题没有解决。这些问题之所以难以解决，是因为中国方面不满意俄罗斯对中国某些食品出口实施限制，俄罗斯的理由是不符合卫生安全要求和国家标准。

总的来说，俄罗斯在对华贸易领域的任务，不是在中国市场上取代美国，这是根本不可能的，而是过渡到对华协作新水平，目标是经济"深度"一体化。此外还应该考虑到，俄罗斯在对华贸易关系中，某种程度上应该以本国是欧亚经济联盟成员国的身份为出发点，这也给中俄两国达成协议增添了复杂性。

美国对俄制裁使俄罗斯在能源等领域同西方的投资与技术合作复杂化，因此吸引中国资金和获得中国技术就显得很有前途。2014年，两国建立了中俄政府间投资合作委员会。2019年11月，该委员会举行了第六届年会，宣布启动几个总价值超过100亿美元的跨境项目，还审议了投资额达1120亿美元的70个项目。中国成了俄罗斯能源部门的积极投资者。从2014年到2019年底，投资额达到209.3亿美元。例如，"亚马尔液化气"从中国若干家银行获得了120亿美元贷款，占全部贷款的60%。2019年6月7日，中国与俄罗斯签署了中国购买"北极-2"项目股份的协议。尽管中俄投资合作的发展有时不够稳定（参见表1），但中国对俄投资额毕竟显著高于俄罗斯对中国投资额。

表1 中国与俄罗斯相互投资额（单位：亿美元）

年度	2014	2015	2016	2017	2018
中国对俄罗斯	68.72	54.01	3.45	1.40	41.893
俄罗斯对中国	0.54	0.11	0.06	0.33	0.247

根据俄罗斯银行统计：http://www.cbr.ru/statistics 和俄罗斯驻华商务代表处：http://www.russchinatrade.ru/ru/ru-cn-cooperation 编制。

美国同欧盟国家一样，已经并将继续限制中国公司获得对构成新型技术（工业4.0）基础的战略性基础设施项目控股权。俄罗斯不妨提高吸引力，首先是提高对中国大型私营投资者的吸引力，尝试把中国腾出来的部分投资吸引到本国来，但在这条道路上存在着某些障碍。首先，中国公司担心受到美国对俄制裁的连累。只有国有银行才可以完全不顾美国的制裁，但国有银行从传统上更愿意把资金用到为外国伙伴购买中国商品和服务提供专项贷款上。其次，俄罗斯缺乏对投资有吸引力的大型商务项目。中国投资者还担心俄罗斯立法不透明，遇到每个具体问题都需要获得最高政治当局对项目的支持。俄罗斯伙伴则认为，中国方面对实施俄罗斯境内基础设施项目提出的条件缺乏吸引力：非要国家担保才发放贷款，而且要求只使用中国技术、工艺和劳动力。

除了在贸易和投资领域实施系统性限制外，美国还以种种借口对本国公司的中国竞争者广泛使用选择性非关税限制，其中最著名的例子就是对华为公司的制裁。种种迹象表明，美国的战略性任务是：在构成新经济结构的关键领域，不让中国赢得对美技术战争的胜利。中国的对策是：不断降低中国对美国技术链（例如来自美国的程序保障）的依赖度，形成取代美国的技术方案。俄罗斯在本国有一定比较优势的领域（信息技术、生物技术、航天和原子能等），有机会参与中国取代美国的技术链的形成。

在西方国家对俄制裁和中美贸易战的背景下，中俄两国宣布2020年和2021年为中俄科技创新合作年，但现在难以预估在这一领域双边协作的实际成效。例如，2019年9月17日，在天津举办了中俄科技创新合作讨论会。在讨论会范畴内安排了"智能生产"、生物医疗和保健三场专题研讨，以及海洋工程设备研讨会。俄罗斯在这些活动中推介了约200项先进技术成果，双方签署了20多项战略合作协议，涉及技术转让、机制建设、投资和开发，以及资源共享。

依然存在的主要问题是找到双方都认为可取的技术合作方式。俄罗斯希望在优先"技术平台"上形成机制性伙伴关系。对俄罗斯来说，在这个领域的长期风险是全球技术脱钩和逐渐形成全球性"技术两极"的前景。

与此同时，双方都希望避免在基础设施和技术上彼此依赖，而且对俄罗斯来说，这项任务更加迫切。在这种背景下，非常有前景的是多边项目。

美国正在积极努力，建立有欧盟国家、加拿大、日本、韩国和美国其他盟国与伙伴国参加的、排斥中国的统一的西方贸易与投资联盟。美国在呼吁"西方团结"的时候，重点不是放在贸易上，而是放在对中国所有经济伙伴有共性的问题上：保护知识产权、反对"不诚实竞争"、不许中国向战略性经济部门渗透、集体抵制"有政治动机的"项目。"西方反华统一战线"对俄罗斯构成间接威胁，因为西方国家对华立场的新协调机制，可能用来对付俄罗斯。对俄罗斯有利的是促进中国同欧洲、中国同日本、中国同东亚其他国家的接近，条件是俄罗斯科能成为新的多边协议的一部分，包括降低美国对俄制裁的不良后果。

3. 人文领域

美国因素对中俄人文合作不会产生重大影响，但是可能会对中俄在这一领域的合作提供额外的动力。在美国施压中国的诸多"人文"工具中，最显著、最有社会意义的一个工具，将是限制中国留学生和研究生进入美国大学。中国已经在积极扩大世界级领先大学的网络，吸引越来越多的外国留学生和教师。在对美关系恶化的背景下，中国将做出更大的努力，促成中国教师从美国大学"回归"，并鼓励中国大学同非西方伙伴发展关系。俄罗斯可以利用这一机遇，加强在中国教育市场上的地位，尽管俄罗斯在这一领域的能力暂时还相当有限。这方面的问题在于，俄罗斯许多大学的基础设施陈旧，缺乏英语授课实践，难以获得学生签证，最主要的是俄罗斯大学毕业生在中国就业机会有限。为了使现有的局限性不至于限制对华教育合作，俄罗斯应该把教育服务出口置于不亚于武器出口的优先地位。此外，还可以在多边基础上，在上海合作组织、金砖国家机制等范畴内，解决扩大教育服务能力的问题。发展中俄教育合作，将使俄罗斯不仅能开发中国教育市场，而且能为整个双边关系打下更加牢固的社会人文基础。

中美科学合作的态势与高等教育合作的态势相似：美国方面收紧对中美教育合作的拨款条件，双边合作项目数量呈现下降趋势。尽管就缓和正在实施的限制达成某些策略性协议的可能性不能排除，但是这种趋势将是长期的，中国对此不得不做出应对。为了应对美国的限制措施，中国方面将采取的方针是建立自给自足的本国科学研究和试验设计系统，同时可能吸收外国伙伴参与。在这种情况下，俄罗斯拥有潜在机遇，把在基础科学和科研试验设计领域同中国的合作提高到一个新水平，但是为此需要克服行政、财务、法律和其他方面的障碍。例如，俄罗斯多数科研中心的国际合作优先方向依然是西方。发展对华合作，将需要新的方法、授权和干部保障，还必须确定长期协作的优先方向。同时，俄罗斯依然有一项重要任务——防止大规模的"智力流失"。符合俄罗斯利益的是在科研试验设计的优先领域组成多边财团。

即使是在对华关系极端激化的情况下，美国也不太可能直接支持中国的分裂运动。尽管如此，完全有根据做出这样的推测：美国将通过不同渠道，首先是通过私人渠道，加大力度间接支持中国的地区分裂主义。同时可以预见，美国外交将就中国尊重少数族群权利的问题在国际组织中加紧活动，以便影响国际舆论，扩大对美国在这一领域活动的社会组织的拨款规模。考虑到中国与俄罗斯领导人在分裂主义问题上原则立场相近，可以推测，中俄在这一领域的合作机会将增多，两国将以各种方式开展协作，包括在联合国等国际组织投票时相互声援，就"消弭"西方国家对本国的影响交流经验，同公民社会机制进行接触，等等。可以在上海合作组织范畴内，还可能在金砖国家机制范畴内，讨论抵制分裂主义的问题，尽管在印度和巴基斯坦加入上海合作组织后，成员国在反对分裂主义问题上形成统一立场会极其复杂。

在美国支持政治反对派、推动"人权"议程和自由主义价值观的问题上,当前中俄两国的官方立场也是相近的,这样就能以各种不同方式扩大双边协作,包括两国在国际组织中、在做国际舆论界的工作时同心协力。

多数舆情调查的结果表明,近年来美国的反华情绪迅速上升,越来越把中国视为长期的"头号敌人"。在指控中国传播"冠状病毒-2019"的背景下,对中国的负面感觉只会加深。这一进程将具有长远的不良后果,它会像指控俄罗斯干涉美国选举一样,带有自我延续性。

中国的"敌人形象"在美国社会意识中的固化,正在为历史性的长期新冷战创造前提,这不可能符合俄罗斯的战略利益。然而,不论在什么情况下,中美之间的社会文化对抗都会给俄罗斯提供某些具体机会。例如,这种对抗可能会间接地促使俄罗斯影片和演艺节目在中国更加受欢迎,促成中国对俄入境游的进一步扩大。但是要想利用这些机会,就必须在更高的崭新水平上调动俄罗斯的"软实力"。与此同时,毫无疑问,反美不可能也不应该成为中俄加强双边关系的基础。

(四)在俄罗斯担任轮值主席国下的上海合作组织和金砖国家的议事日程

1. 2020年金砖国家机制和上海合作组织

金砖国家和上海合作组织是在复杂的国际和地区形势下运行的。十多年来,这两个机构一直处于发展的过渡期:成员国建立了多样化的协作平台,在许多领域积极开展对话,但是迄今为止取得的具体成果并不多。上合组织在扩员后出现了通过决议时效率下降的危险。

在内部发展和向世界舞台推介成员国共同观点方面，这两个机构面临着相似的任务。因此，上合组织和金砖国家机制在工作中都应该特别重视全球安全和稳定问题，促进国际关系民主化，致力于加强发展中国家发声的权利。成员国应该在全球安全的关键问题上，包括战略稳定和军备控制问题上，提出独立见解。还有一项重要的任务是，使用和平的政治外交手段，调解世界各地区的危机形势，特别是在阿富汗、中东和朝鲜半岛。根据新时代的要求改革联合国和安理会、改革世界贸易组织和国际货币基金组织，依然是金砖国家机制和上海合作组织的优先课题。中国和俄罗斯不妨在世界贸易组织和国际货币基金组织的改革问题上提出具体建议。

金砖国家机制和上海合作组织的成员国，希望发展在机构内的经济协作。迫切任务是在两大机构内部市场上扩大合作。成员国经贸和创新合作的障碍必须消除，还应该建立创新合作和其他领域合作的多边平台，以便利用互补优势。在这个具体问题上，特别重要的是监督金砖国家机制和上海合作组织成员国经济合作协定的实施情况，找出并消除阻碍发展协作的问题。具有前景的是制订2025年前贸易、经济和投资合作路线图，在这些领域缔结互利协定。在未来，成员国不妨专题讨论金砖国家机制和上海合作组织自由贸易区的问题。在世界经济衰退、金融危机抬头的情况下，建立上海合作组织开发银行、发挥金砖国家开发银行潜力的问题，显得越来越迫切。

对金砖国家机制和上海合作组织来说，有前途的是建立更加广阔的协作平台，在这些平台的基础上，通过与关键伙伴国和其他国际联合体的合作，特别是同地区联合体的合作，扩大伙伴网络。为此可以利用"金砖国家+"和"金砖国家拓展伙伴"等多边机制。上海合作组织也可以利用类似的平台，以活跃与伙伴国的对话，例如，"上合组织+"机制。与此同时，在起始阶段可以在跨部门一级启动多边协作，或者利用"一轨半"和"二轨"工具（在主要研究中心的参与下），一旦创造了必要的条件，对话就可以上升到峰会一级。

俄罗斯在金砖国家机制和上海合作组织担任主席国，将成为2020年中俄关系发展的重要因素。中俄两国宜利用俄罗斯双重主席国的优势，推动这两个组织上升到新的发展水平，使之变成全球治理和地区治理的典范。

原计划于2020年7月21—23日在圣彼得堡举行的金砖国家峰会和上合组织成员国元首理事会，因疫情传播而推迟召开（2020年秋）。在制定这两个峰会的议程时，应该把重点放在提高合作的质量和效率上，避免协作流于形式和脱离实际。

2. 俄罗斯担任上海合作组织主席国的优先目标

俄罗斯已经总体上确定了担任上合组织主席国期间的优先方向。第一个优先方向是团结成员国和加强对外政策协调，以便在紧迫的国际和地区问题上协调立场，并制订联合倡议。有必要更好地协调上合组织成员国在联合国及其专门机构中的立场。还计划集中力量发展上合组织同地区组织和平台之间的联系，推动上合组织形成务实协作平台。上合组织还应该扩大同东南亚国家联盟（东盟）、集体安全条约组织（集安组织）、独立国家联合体（独联体）、经济合作组织（经合组织）和欧亚经济联盟的务实合作及经验交流。上合组织应该加强在地区和国际事务中的地位。

应该发挥国家发展战略和一体化方案的潜力，把上合组织变成支柱，本着大欧亚伙伴关系的精神，在欧亚地区形成平等、包容、互利合作的空间。

在保证安全和稳定的问题上形成上合组织的关键立场，在反对恐怖主义、极端主义和麻醉品走私的斗争中拥有更多的手段，这是工作的重要方向。迫切任务是使上合组织地区反恐机构现代化，提高其功能潜力。考虑到阿富汗进入了对本国和整个地区的和平具有关键意义的时期，这方面的工作也应该成为上合组织重要的活动方针。

加强上合组织范畴内议会之间的对话，举行上合组织成员国立法机构领导人首次会晤，也是一项优先工作。

特别迫切的是发展经济合作，尤其是在运输物流、基础设施、科技创新等领域的经济合作，以及中小企业的协作。在当前情况下，优先任务是恢复因疫情而中断的经济活动，借助合作推动上合组织成员国的发展。

俄罗斯还计划集中力量推动上合组织的人文合作。这首先指的是发展跨文明联系，确立和传播统一价值观。定下的优先领域有教育、保健、生态、文化、旅游、体育和青年交流。有高度重要意义的是在经济与人文领域发展地区之间的协作。

2020年，衡量上合组织范畴内合作的又一准绳是第二次世界大战胜利75周年庆祝活动。

早在2019年就在上合组织主要平台上讨论过俄罗斯担任主席国期间的优先工作。对上合组织来说，2019年的大事是比什凯克峰会，与会者在会上评估了上合组织在关键领域工作的现状和发展方向，包括推动经济和工业发展，反对恐怖主义、极端主义和毒品走私，以及其他传统与非传统安全问题。此外，上合组织成员国领导人提出了调解阿富汗和叙利亚局势的可能方案。峰会的主要成果是签署《比什凯克宣言》。这项文件载入了上合组织有关起草"联合国青年权利公约"的倡议。

俄罗斯总统普京在上合组织国家元首扩大会议上详细阐述了俄罗斯对上合组织2019—2020年工作方针的看法。除了俄罗斯担任主席国期间的优先工作外，还指出了上合组织工作的其他重点：

（1）以2019年批准的信息通信技术领域合作公约为依据，警告通过互联网和利用信息通信技术出于犯罪目的传播恐怖主义和极端主义思想的危险；

（2）消除冲突形势，和平调解上合组织成员国边界冲突；

（3）在安全、贸易和人文交流领域扩大与阿富汗的合作，进一步加强"上合组织—阿富汗"联络小组的工作；

（4）推动叙利亚和平调解、经济恢复与反恐斗争，扩大人道主义援助规模；

（5）实施伊朗核计划共同全面行动纲要，等等。

2019年11月，在塔什干举行的上合组织成员国元首理事会上，继续讨论了俄罗斯担任主席国期间上合组织的议事日程。会议强调指出，加深贸易经济、金融投资与人文领域合作，加强基础设施、数字技术和能源领域相互挂钩的重要性，目的是在欧亚地区形成互利伙伴关系和平等合作的空间，保证地区安全和稳定发展。克服成员国之间的技术脱节、形成良好的投资和商务环境，这也是协作目标。在这方面确定的优先领域有数字经济、创新和人工智能。合作的重要方向是在国家发展战略方面交流经验。与会者重申忠于世界贸易组织的基本原则和规则，同时强调指出，有必要改革世贸组织，以提高其效率，还应该完善其调解争端、安排谈判和检测监控等重要职能。会上批准了经过修订的《上合组织成员国多边经贸合作纲要》，其宗旨是根据平等互利的原则扩大经济合作和改善投资环境，保证上合组织地区持续稳定发展。还应该制定上述纲要的实施细则。特别重要的是，始终不渝地执行上合组织2025年前发展战略在2016—2020年的行动计划，以及2017—2021年在上合组织范畴内进一步开展规划工作的具体措施。

俄罗斯在担任上合组织主席国期间，计划举行旨在发展各领域合作的丰富多彩的活动。应该特别指出的是，2020年将举行上合组织成员国地区领导人论坛。论坛的宗旨是推动上合组织范畴内系统而具体的跨地区协作，交流地区发展的经验和成功实践。

3. 担任金砖国家主席国的优先工作

加强金砖国家在多边平台上的立场协调，这项共同任务依然紧迫。在全球范畴内，金砖国家应该推动以遵守公认的国际法原则和准则为基础的照顾各国利益的共同议事日程，加强联合国在国际体系中的核心作用。安全依然是金砖国家协作的优先方向，金砖国家应该以集体努力来应对全球与地区挑战和威胁，共同反对恐怖主义、极端主义、贪污腐败、跨国犯罪，以及毒品和武器非法流通，在国际信息安全领域发展合作。太空领域的国际开发和协作也在金砖国家的议事日程上。

金砖国家越来越关注利用"金砖国家＋"和"金砖国家伙伴"的平台发展同其他伙伴国的关系。

金砖国家应该把经贸和金融领域的合作作为关注的优先方向。具体任务涉及实施金砖国家经济伙伴战略，完善金砖国家开发银行和模拟货币储备机制，发展金砖国家支付系统并使之一体化，加强税务、海关和反垄断机构的合作，切实而充分地启动2019年成立的女企业家联盟。金砖国家共同发展的关键领域是贸易、能源、农业和食品安全、数字经济和创新。对金砖国家机制全体成员国而言，重要任务依然是偏远地区的发展。

重要性不亚于此的协作领域是保健和紧急情况预警，以及消除其后果。

为了发展协作，必须建立牢固的人文和人际联系。在这个问题上，金砖国家应该继续推动教育机构之间的合作，发展网络大学，增强文化、体育和媒体领域的联系。从加深金砖国家人民互信的角度看，应该特别注意活跃青年之间的接触，发展公众外交平台。扩大议会之间的联系，也将促进这些任务的解决。

俄罗斯担任金砖国家主席国期间的活动计划，还包括各种专题会议，其中有金砖国家都市化论坛、金砖国家和上合组织国家文化节、金砖国家青年论坛、金砖国家青年创业孵化器，以及金砖国家体育比赛。

4. 新冠肺炎疫情对上合组织和金砖国家的影响

2020年，新冠肺炎疫情大流行对上合组织和金砖国家的工作造成了影响，成为对成员国居民健康和福祉、对全球经济增长的新挑战。大流疫限制了俄罗斯发挥主席国的优势，有许多活动因抗疫措施而不得不后延。

在疾病传播仅涉及中国的初始阶段，上合组织成员国对中国人民的抗疫斗争表示了支持。成员国发表声明，赞赏中国采取的果断措施，对病殁者的亲属表示同情，祝愿患者尽快康复。这些国家重申，本着2018年6月10日发表的关于在上合组织空间共同抵御流疫威胁的声明的精神，准备向中国提供必要的援助，继续紧密合作，呼吁国际社会在世界卫生组织范畴内加强协作，保证本地区与全世界居民的健康和安全。

流疫已经传播到全世界，上合组织国家共同抗疫更显得迫切。成员国举行了卫生专家专题会议，专家们交流了抗疫经验，认为有必要把抗疫措施问题提到卫生部长会议一级。

金砖国家主席国俄罗斯发表特别声明，强调指出金砖国家一定要齐心协力地解决流疫问题。声明还指出反对歧视、避免对"冠状病毒－2019"做出过度反应的重要性。在危及公众健康的传染病领域进行科研合作，现在特别迫切。金砖国家将共同努力，使用现代化方法和技术，包括金砖五国研制的测试制度，发现、预防和制止大流疫的传播。

2020年举行的金砖国家和上合组织峰会，不可能回避"冠状病毒－2019"问题。大流疫表明，卫生领域与非传统安全领域的合作，应该在这两个组织的议事日程中占有重要地位。2020年，金砖国家和上海合作组织成员国宜协调步骤，共同参与全球各国卫生系统，还应该重视安排上合组织卫生部长不定期会晤和金砖国家卫生部长年度会晤的经验。

流疫再次表明，上合组织存在的一个重要的功能性问题，是缺乏妥善应对大规模紧急事态的机制。这种状况必须改变。在当今"黑天鹅"事件几乎已成常态的情况下，在突发重大事件下的表现已成为显示和检验地区组织的作用和能力的重要方面。因此，上合组织亟须形成对不测事件的应急反应机制。

（五）中国与俄罗斯在不同地区安全与发展问题上的协作

1. 阿富汗

2019年，中俄两国通过双边和多边方式，继续就阿富汗问题积极协作。中俄两国的协作取得进展，其背景是美国极力同"塔利班"（在俄罗斯被禁止）签订和平协议，让美国在无损于其脸面的条件下减少军事存在。这项协议于2020年2月29日在多哈签署。协议形式上为阿富汗问题的政治妥协打开了道路，但实质上仅仅是为美国军事存在打掩护。协议规定美国军队分阶段撤出阿富汗，条件是"塔利班"放弃袭击以美国为首的联军，担保阿富汗领土不会被利用来袭击美国。协议还要求塔利班同阿富汗政府停战，并启动和谈进程。然而事实上，在美国逐步收缩阿富汗军事存在、塔利班保持同美国政治对话的背景下，塔利班却继续对阿富汗政府采取军事行动。

中国与俄罗斯在调停方面做了相当大的努力，促成了协议的签署，举行了有美国与其他相关方参加的多次磋商。磋商的结果是，中国、俄罗斯、美国和巴基斯坦于2019年10月24—25日在莫斯科发表了联合声明。声明反映了各方的共同观点：通过阿富汗政府与

"塔利班"（在俄罗斯被禁止）缔结和平协议解决阿富汗问题。与此同时，在整个2019年，中国与俄罗斯在阿富汗问题上彼此协调努力，同塔利班与阿富汗政府代表保持密切接触。阿富汗问题也是上海合作组织平台的传统议题，2019年4月19日举行了"上合组织－阿富汗"联络小组例行会议。

2. 中俄在西亚非洲地区的利益

尽管中俄在西亚非洲地区的利益有差异，但两国在该地区的利益冲突较少、治理理念相近，并在具体议题上存在政策上的契合与互补。双方在维护地区安全，推动热点问题解决，反对和打击恐怖主义等方面存在共同利益。但是，俄罗斯专家认为，这种状况的出现不一定是由于双方协调战略立场一致：这可能不是因为共同形成的政策，而是因为双方的策略在无意之间相互吻合。

根据官方立场，中国在安全事务和热点问题方面参与西亚非洲地区安全事务，并非在该地区争夺地缘政治利益，而是立足于履行国际责任和保护海外利益，提升在地区事务的影响力。在官方层面，中国和俄罗斯首先依据的是国际法原则。

在能源领域，中国与俄罗斯执行保证世界石油市场稳定的积极政策。由于中国对中东的能源依赖，中国在中东的战略利益是维护中东地区稳定、保证石油的正常供应和运输通道的畅通。作为世界主要石油出口国之一，俄罗斯同样通过加强在能源领域与海湾地区国家的合作，共同制定减产保价政策，大力支持地区各国石油资源的开发。"冠状病毒－2019"疫情引发2020年世界经济总体不稳，造成世界石油市场需求疲软。"欧佩克＋"的主要成员未能及时达成新条件下的限产协议，引起国际市场上的油价波动和争夺，各方都想排挤竞争对手。中东出口国、欧佩克成员国与俄罗斯最终在美国积极参与下，于2020年4月12日达成在"欧佩克＋"交易量范畴内日均减产970万桶原油的协议。但是，预计2020年全年油价将处于低位，这将对中东国家造成诸多风险。

中俄在非洲问题上不存在根本的政治与经济利益分歧。中俄都将一系列非洲国家作为传统伙伴。两国在对非经济合作上都以务实合作为特点。双方对非经贸结构存在差异，中国对非出口以电子产品、设备和冶金业产品为主，而俄罗斯主要出口商品为食品、农业原料和机械设备，两国在非洲大陆不存在竞争关系。俄罗斯专家认为，这主要是由于两国对非经济合作规模不具可比性：俄罗斯同非洲国家的贸易额仅200亿美元，而中国同非洲国家的贸易额达1480亿美元。尽管两国经济介入的规模存在这些差异，中国同俄罗斯仍可以制定在非洲相互协作的机制。

通过在西亚非洲加强合作，中国与俄罗斯可以更成功地制衡美国加强巩固领导地位的欲望，更有效地促进地区安全。西亚地区依然有许多问题：恐怖主义、美国同伊朗关系紧张、核协议进入死胡同，等等。不仅如此，土耳其、以色列、伊朗和该地区其他大国，都争相扩大在地区的势力范围，地区关系紧张。这些地区安全问题，对中国和俄罗斯来说都重要，两国应该在解决地区安全问题上起关键作用。

中国与俄罗斯都在推动西亚非洲的经济发展与战后恢复。俄罗斯在该地区设计和推广核技术方面领先其他国家。俄罗斯同阿尔及利亚、沙特阿拉伯、约旦和埃及签署了和平利用核技术的合作协议。中国在科学技术、专业人才培训和技术转让领域，开始同西亚非洲国家加强合作，促进地区经济发展。

中国和俄罗斯正在有条不紊地同地区国家发展金融合作。例如，中国同卡塔尔和中东其他产油国签订了货币互换协议，开始使用人民币购买伊朗的原油。这有助于推动本国货币结算，降低美国制裁造成的风险。但是俄罗斯专家认为，这项措施的效率迄今为止依然存疑。

3. 中俄对西亚非洲地区安全问题的立场

中国与俄罗斯促进西亚非洲地区维护和平与稳定。俄罗斯使用的工具是借助军事力量保障安全，并推动发展。中国则集中力量支持中东国家的发展，在支持的规模上超过俄罗斯。中俄两国对安全的态度不一样，但彼此并不冲突。

最近几年，俄罗斯在中东不断加强军事阵地，填补了普遍被认为是美国撤出中东后留下的空白。俄罗斯加强了驻叙利亚的军队集群。俄罗斯的直接介入，帮助了叙利亚政府军重新控制本国大部分地区，而俄罗斯与土耳其和伊朗在阿斯塔纳进程中的共同努力，促成了军事行动和缓区的建立和扩大，为降低暴力程度提供了可能。中国则避免从军事上介入地区冲突，而是集中精力发展同中东国家关系的经济潜力。

2019年6月，中俄两国在发展新时代全面战略协作伙伴关系的联合声明中，阐述了对地区安全问题的共同立场，强调指出，叙利亚问题只能通过政治与外交手段解决。中俄两国都指出伊朗核协议的重要性，坚决反对单边制裁和对他国使用本国司法。中俄两国支持建立以1967年边界为基础，以东耶路撒冷为首都，独立、有行为能力、拥有完全主权的巴勒斯坦国。两国将继续共同对保障非洲地区安全与发展做出贡献。

从切实参与中东地区事务出发，中国与俄罗斯同有关各方保持接触。在以色列同伊朗之间、以色列同巴勒斯坦之间、土耳其同库尔德人之间、沙特阿拉伯同卡塔尔之间保持紧张关系的情况下，中俄两国发展与各方的必要协作，与各方合作推动经济发展。在美国同伊朗对抗升级的条件下，中俄两国准备相互协作，防止局势滑向危机和在波斯湾发生大规模作战行动。2019年12月，中国、俄罗斯与伊朗在阿曼湾举行联合海军演习，向世界显示了三国之间的密切合作。然而，2020年1月，由于美国人在伊拉克谋杀了伊朗军事指挥官、伊斯兰革命卫队圣城旅旅长卡西姆·苏莱曼尼，美国同伊朗曾处于战争边缘状态。美国与伊朗的危机虽然最终得到克服，军事对抗的进一步升级停止，但这一局面还是再次表明，有必要继续采取共同措施，克服和消除中东危机的风险，这符合中俄两国的利益。

中俄两国都反对以改变国家制度为借口，或者出于意识形态考虑而干涉他国事务，包括在西亚非洲地区。两国都反对通过内部颠覆或暴力手段推翻国家政权的政策。针对西方国家提出的为使用武力和军事干涉提供借口的"保护责任"概念，中国与俄罗斯要求明确界定并严格控制这一概念的使用范围，避免对其做出扩大化的或随心所欲的解释，避免滥用这一概念。中俄两国认为，武装干涉的决定应该由联合国安理会做出，并在《联合国宪章》第七条确定的范围内实施。中国与俄罗斯主张尊重各国选择本国发展道路的权利，坚持尊重西亚非洲地区国家的主权与领土完整。

4. 中俄在西亚非洲地区安全问题上在联合国的紧密配合

针对西亚非洲地区安全问题，中俄在联合国平台上利用外交手段对以美国为首的西方国家进行"软制衡"。在安理会以中东和非洲局势为议题的会议中，俄罗斯16次对决议草案行使否决权，中国行使否决权9次，全部都是在俄罗斯行使否决权的情况下两国协调行动。针对叙利亚问题，中俄两国8次联合使用否决权，两国一再重申"叙利亚的命运和未来应该由本国人民自己决定，外部势力插手对于危机的解决无济于事"的立场，敦促国际社会通过政治对话和平解决叙利亚危机。尽管在安理会的外交合作并不能完全解决热点问题，但给西方国家干预地区事务增加了成本。

在联合国2019年关于中东问题的讨论中，中国多次对俄罗斯的立场持支持态度。在叙利亚政治进程公开讨论上，中国支持联合国及有关各方为推动叙利亚问题政治解决所做的积极努力，支持"阿斯塔纳进程"继续发挥作用。2019年8月31日起俄罗斯和叙利亚政府在伊德利卜实施停火，中国予以赞赏，并针对叙利亚人道局势同俄罗斯一道提出了替代决议草案。俄罗斯发布的《海湾地区集体安全构想》得到中国的支持，中国表示欢迎任何有助于实现和平安全的对话倡议。

5. 中俄进一步加强合作的建议

俄罗斯专家认为，俄罗斯与中国在西亚非洲地区的协作，需要形成共同的观念立场，至少也要使两国的观念立场相近。在当前阶段，两国平行实施的方针之间并无显著的矛盾。中国可以积极支持俄罗斯诸如集体安全条约组织波斯湾地区概念等倡议，两国也可以共同制订并推出这一概念。此外，在有关方利益互不抵触的领域，俄中两国可以吸收美国跟西亚非洲国家一起解决问题。例如，俄罗斯、中国和美国（可能通过联合国）可以制定联合措施，支持西亚非洲国家抗击"冠状病毒-2019"。由于地区外这几个最大玩家的关系存在重大风险，因此这一方案实现的可能性不大。

有必要加强中俄伊（朗）三边协调，进一步落实能源和金融合作。中国在上海期货交易所已经推出以人民币计价的石油期货合约，原则上伊朗可以用人民币出售其石油，通过位于中国的金融机构、期货市场和清算机构进行交易。中国与俄罗斯正在制定有别于环球银行间金融通信协会（SWIFT）的支付机制。这一机制可以用于中国同伊朗的原油交易。用人民币进行石油贸易，将推动人民币进一步变成全球性的可兑换储备货币。与此同时，绕过美元和SWIFT系统实施交易，有助于打破美国对国际支付和石油贸易的控制。中国与俄罗斯及其贸易伙伴之间建立取代美元和SWIFT的金融系统，有助于降低美国对伊朗制裁所带来的风险，但这会造成中国与美国银行系统关系严重恶化的风险。

中国与俄罗斯应该进一步发挥上海合作组织的作用。打击恐怖主义和极端主义是中俄两国在中东地区的共同利益。中俄可以通过上海合作组织的平台进行政策协调，对中东安全事务发挥更大的作用。可以通过构建地区协调机构、增加公共产品供给等方式，提高对地区极端事件的集体反应能力。

二、中俄在欧亚地区合作的发展

（一）欧亚经济联盟与"一带一路"倡议的对接：持续务实合作

在欧亚大陆建立互惠互利的共同发展空间一直是中俄的优先合作方向，其中欧亚经济联盟与"一带一路"倡议的对接合作是重要组成部分。

一体化倡议的对接基于经济和历史前提，并以中国和欧亚经济联盟成员国之间日益互补的经济为基础。对接是一项旨在"拼接两个文明空间"的大型活动。俄罗斯外交部长拉夫罗夫表示，欧亚经济联盟和"一带一路"倡议的协调将为在欧亚大陆形成一个向所有国家和社会群体开放的新型地缘政治格局提供基础。

2019年，中俄在这一领域的合作取得了一系列实际成果。2019年4月，俄罗斯总统普京参加了第二届"一带一路"国际合作高峰论坛。他在讲话中强调，"一带一路"倡议与俄罗斯关于建立大欧亚伙伴关系的构想相呼应，并确认了欧亚经济联盟有兴趣在该倡议的背景下继续与中国进行一体化合作。

2019年6月6日，在圣彼得堡国际经济论坛上签署了《欧亚经济联盟与中国国际运输货物和交通工具信息交换协定》。信息交换将加快进口到联盟成员国和中国的货物的通关速度，从而增加在各国领土之间跨境运输货物的吸引力。

2019年10月，《中华人民共和国与欧亚经济联盟成员国贸易合作协定》生效，为在普遍问题上进一步合作建立了法律框架，其目标是提高监管系统的透明度，简化交易程序，减少非关税壁垒并开展广泛合作。

为对接取得切实经济成果，中国和欧亚经济联盟成员国仍需更多的共同努力。

近年来，中俄贸易往来呈增长趋势。至2018年底，中国与欧亚经济联盟成员国之间的贸易额增长了23%，达到1263亿美元，其中欧亚经济联盟成员国对中国的出口增长了39%。矿产资源占欧亚经济联盟成员国对中国出口的72.5%，木材和纸浆及纸制品的出口占7.6%，金属和金属制品的出口占5.8%。同时，中国在欧亚经济联盟对外贸易额中所占份额为16.8%，而欧亚经济联盟在中国对外贸易额中所占份额仅2.9%。根据初步数据，2019年，尽管欧亚经济联盟的总贸易额下降，但与中国的相互贸易增长5%，达1325亿美元，其中出口增长4%，进口增长5.7%。中国在欧亚经济联盟对外贸易额中所占份额为18.1%。欧亚经济联盟贸易与中国的贸易一直为逆差，近年来由于联盟向中国提供的矿产资源的增加，这种不平衡有所减少。

双边贸易的进一步发展仍具有巨大潜力。欧亚经济联盟成员国对与中国发展大规模的投资合作感兴趣。基础设施倡议和工业合作项目的联合实施将满足各方利益。在目前的条件下，对接框架内的科学、技术和创新领域的加强合作也具有现实意义。发展相应的金融和支付基础设施是开展所有领域合作的必要条件。

（二）中俄在北极地区合作的发展前景

近年来，中俄一直非常重视在北极地区的合作。两国之间合作的优先领域是航线利用、资源开发、旅游业、极地研究和环境保护。

在"一带一路"倡议与欧亚经济联盟对接的背景下，北海航线的航运发展问题得到了越来越多的讨论。普京在2019年4月举行的第二届"一带一路"国际合作高峰论坛上表示，俄罗斯看到了通过连接北海航线和中国海上丝绸之路创建一条连接欧洲和亚洲的全球性竞争性路线的前景。在2019年10月的瓦尔代辩论俱乐部会议上，普京还指出了富有前景的北极—西伯利亚—亚洲航线的特殊意义，该航线将连接北海航线、太平洋和印度洋的港口。中方明确了对这一合作方向的兴趣。

要实现这一雄心壮志的任务，就需要进行实质性的现代化和基础设施建设。关键的基础设施包括北极通道、通往萨贝塔港的铁路、库拉吉诺—基孜尔干线。

俄罗斯视中国为北极航线开发中最重要的伙伴。一方面，在这一领域中国公司可以作为大型项目投资者、技术解决方案的供应商以及土木工程的执行者；另一方面，具备必要的基础设施和有利气候条件的中欧航线沿北海航线航行的可能性引起中国企业的极大兴趣，并且相关的货运潜力巨大。因此，2019年7月，中国中远海运公司宣布准备通过北海航线进行14班次商业集装箱航运。运输的发展将有助于俄罗斯极地地区的开发。同时，在路线的开发和使用中，各国应特别注重环境问题和可持续发展。

中国积极参与破冰船和冰级船的建造。2019年7月，在中国建造的"雪龙2号"破冰船交付使用，旨在对北极和南极进行研究并提供科学设施。据媒体报道，中国还计划建造自己的核动力破冰船。

中国中远海运公司参与"亚马尔液化天然气"项目中冰级液化天然气船的建造。俄航运公司SCF集团、俄天然气生产商诺瓦泰克公司、中国中远海运公司和丝绸之路基金会签署了建立"现代北极海上运输"合资企业的协议，旨在发展北极海上运输业务。

中俄在北极地区的合作也包括资源开发。在"一带一路"国际合作高峰论坛上，俄天然气生产商诺瓦泰克公司、中国石油天然气勘探开发公司以及海洋石油集团有限公司签署了收购北极 LNG－2 项目股份的协议。在圣彼得堡国际经济论坛上，俄罗斯油气控股公司和中国化学工程第七建设集团公司签署了有关帕亚哈项目的合作协议。

中俄还在极地研究领域进行合作。两国科学家都参与了由国际北极科学委员会主导的"北极气候研究多学科漂流计划"。俄罗斯科学院与中国科学院之间的合作路线图中包括在北极东部进行的联合海上考察。

中国在北极地区活跃度的增加（尽管集中于经济投入和科学研究方面）引起了主要包括美国在内的部分国家的警惕。对此，时任美国国务卿蓬佩奥表示，从军事战略的角度来看，中国参与该地区的经济计划可以使中国增加对该地区的影响力。此类声明符合中美之间日益激烈的全球竞争的背景。同时，也有部分北极地区国家对中国在北极的战略意图表示担忧。在这种情况下，中俄之间有必要建立在北极事务上的相互信任，确保中俄在俄罗斯北极地区开展合作项目时保障并认真评估各方利益，同时要考虑到北极地区国家的特殊地位以及提供必要的信息。

三、中俄在军事和军事技术领域的合作

2019 年，中俄在发展军事合作方面取得了重大进展。这体现在保持两国军事机构之间的交流充满活力，联合演习的次数和种类不断增加。同时，值得注意的是，有关军事技术合作的信息越来越少。

（一）2019 年的军事技术合作

以往俄方是中俄军事技术合作的主要信息来源。很可能在美国制裁压力增大的情况下，俄罗斯的武器和军事装备制造商、出口商和军事技术的信息政策发生了改变，包括美国的 CAATSA 法。早在 2018 年 9 月，在俄罗斯武器出口商受到众多制裁的情况下，中国也因购买俄罗斯武器而首次受到美国制裁。

但可以确信，中俄在军事技术上的高水平联系得以保持并签署了新文件。2019 年 9 月 4 日在莫斯科由俄罗斯国防部长谢尔盖·绍伊古和中华人民共和国中央军事委员会副主席张又侠主持的中俄军事技术合作政府间委员会第二十四次会议的报告中提到了这一点。但与往年不同的是，没有任何有关新签署协议内容的信息。

俄罗斯总统普京在 2019 年瓦尔代俱乐部年会上的讲话中提到，俄罗斯在建立导弹袭击预警系统方面向中华人民共和国提供了援助。该系统可记录敌方弹道导弹的发射和飞行路线，它由太空设备系统、地面设备系统、控制和数据处理系统等组成。自 20 世纪 70 年代以来，中国就陆续开展这种系统的相关工作。20 世纪 80 年代中国拆除了某些地区导弹袭击预警系统实验雷达站，但在 21 世纪 10 年代初中国开始建造新型台站，其有关建设太空设施系统的资料也有披露。

普京的声明没有透露俄罗斯参与中国导弹预警系统的任何数据。从他在 2019 年 12 月的新闻发布会上提到该项目可以得出结论，俄罗斯不是在中国建立导弹预警系统，而是帮助中国创建自己的系统。有人指出，中国可以自行建立该系统，但在俄罗斯的帮助下，该系统将更快完成。双方达成了一定数量的合同，内容或是共同研制，或是俄罗斯企业向中方进行技术转让。其中一份价值 6000 万美元的合同已经为人所知,按照该合同,俄罗斯"三角旗"股份公司负责进行系统模拟工作。

中俄两国导弹预警系统合作具有重大的政治意义。截至目前,只有美国和俄罗斯才拥有自己的导弹预警系统,此类系统属于最复杂和机密的军事装备技术。在此类敏感领域的合作表明两国高度的相互信任,类似合作通常发生在盟国之间。

关于两国导弹预警系统未来合作机制仍是一个开放的问题。如果两国间存在实时的自动数据交换系统,则它们发出导弹袭击警告的能力将急剧增加。美国正试图通过从盟国领土内的雷达站接收实时数据来建立类似的全球预警网络。

(二)2019年在军事领域的合作

中俄两国国防部长之间的定期联系机制也推动了中俄两国建立的国际安全论坛。中华人民共和国国防部长魏凤和于2019年4月访问了莫斯科,并参加了第八届莫斯科国际安全会议。2019年10月,俄罗斯国防部长绍伊古参加了第九届香山国际安全论坛。

2019年12月,俄罗斯安全会议秘书帕特鲁谢夫和中共中央政治局委员、中共中央外事工作委员会办公室主任杨洁篪举行了中俄定期战略安全磋商。会上讨论了军事和军事技术合作问题以及包括朝鲜半岛在内的世界地区的局势。

2019年,中俄双方继续进行已有的定期联合演习。5月,中俄在黄海举行了例行的"海上联合"军事演习,俄方参演的有"瓦良格"号巡洋舰,"维诺格拉多夫海军上将"号、"特里布茨海军上将"号大型反潜艇和"完美"号护卫舰。中方参与演习的有"哈尔滨"和"长春"号驱逐舰,"芜湖"和"邯郸"号护卫舰,以及H-6L轰炸机。演习也演练了舰队编队联合防空的任务。

每年共同参加战略司令部联合演习已成为惯例。中国于 2019 年 9 月参加了俄罗斯"中部—2019"战略演习（2018 年是"东部—2018"），中方参与演习的有 1600 名军人、300 部装备、30 架飞行器。

2019 年 4 月宣布了进行例行的（2016 年以来的第三次）"空天安全"联合演习的计划，该演习内容为计算机模拟防空和反导部队在战区联合行动，但实际进行的情况没有公布。

2019 年 10 月，在新西伯利亚州，中国人民武装警察部队和俄罗斯联邦国家近卫军的反恐部队进行了名为"合作—2019"的例行演习。演习确定的联合行动是以"特种部队的所有手段"在基础设施地点和林区打击国际恐怖组织。

中国军队继续积极参加 2019 年的国际陆军运动会的比赛。中国军队总共参加了 15 项不同的比赛，其中四项均获得了第一名。部分比赛在中国境内举行。因此，中国参加军事比赛成为两国军队之间交流经验的另一个重要渠道。

总体而言，2019 年是双边军事技术和军事合作发展相对较快的时期。此外，由于世界军事政治局势日益复杂，很多合作领域的保密程度较以前有大幅的提高。由于新冠肺炎疫情的蔓延，原计划于 2020 年进行的许多联合活动被推迟或取消。

四、中俄经贸合作的发展

（一）总体趋势

2019 年，尽管中国和俄罗斯都面临许多内部和外部问题，但两国工商界为促进双边贸易和经济合作的可持续发展以及质量的显著提高做出了共同努力。贸易结构正在得到优化，主要成果之一是农业贸易的增长。两国间的经济互补性增强。

中俄贸易关系具有巨大的增长潜力。中国贸易政策的转变是重要的推动因素之一，它的目标旨在通过加强与发展中国家贸易伙伴的联系来实现进出口多样化。

俄罗斯专家认为，在中俄贸易增长的同时，与两国经济结构差异有关的问题也变得更加突出。中国专注于发展各个技术领域高附加值产品的生产。因此，中国经济的增长速度和质量均远超俄罗斯经济，这自然决定了国家间的贸易结构。俄罗斯继续主要向中国提供低附加值产品，尤其是矿物燃料、石油和石油产品，这限制了进一步最大化贸易合作收益的前景。

2019年，中俄继续提高金融市场的开放度，并将创新引入金融服务领域。两国正在推广在双边贸易和投资中以本国货币结算的方式，鼓励签署以卢布和人民币计价的对外贸易合同。中俄在支付系统、银行卡、移动和在线支付领域继续发展合作。中俄区域合作取得了一定的优化，这为将来的发展奠定了基础。

只有发展投资领域的合作才能改变贸易结构并促进新领域的经济合作。有必要在国家层面的大力支持下建立长期投资项目总览，促进中小企业代表之间的投资合作。

重要的是要对双边经济合作的动态进行持续分析，规划合作项目实施的具体期限和步骤。鉴于2020年和2021年被宣布为中俄科技合作年，这将带来新的机遇，因此规划这样的合作尤其重要。

2020年，在新冠肺炎疫情蔓延、全球经济失衡加剧和俄罗斯汇率不稳定的背景下，预计贸易和投资合作将出现不利趋势。据预测，疫情加上严格的隔离检疫措施和对国际运输的限制，对全球经济的影响将不亚于2008年的金融危机，全球经济损失至少为1万亿美元。国际能源和金融市场遭受了严重冲击，中国和俄罗斯的经济已遭受重创，2020年两国经济的增长率将受到极大限制。

双边合作面临前所未有的挑战。中国和俄罗斯应该重新考虑在贸易和投资领域的合作方式，着重于协调抗击流行病的行动，并保障民生、医疗产品和日用必需品的供应。严格的防疫措施限制了人员交流，并对俄罗斯和中国的经济活动造成了负面影响。投资项目开发延迟，航空运输及整体运输服务遭受重大损失。在这种情况下，联合制定并采取具体措施恢复生产和商业活动尤为重要。必须使用互联网平台，包括跨境电商、远程医疗、远程教学、视频会议等。跨境电商的扩展，特别是"中国邮政"号中欧班列的运行，可以为两国疫情期间保障生活条件做出重大贡献。

（二）双边贸易动态

从2019年的数据来看，中俄商品贸易额比创纪录的2018年增长了3.4%，达到1107.6亿美元（图1）。俄罗斯对中国的出口额增长了3.2%，达610.5亿美元；而中国对俄罗斯的出口也快速增长了3.6%，达497亿美元。俄罗斯对华贸易顺差113.5亿美元，对华贸易占俄罗斯对外贸易的比重从15.7%增加到16.6%。中俄贸易的增长速度超过了同期俄罗斯和中国对外贸易的平均增长速度。中国仍然是俄罗斯最大的贸易伙伴国，俄罗斯是中国第十大贸易合作伙伴国。鉴于过去几年取得的巨大成就，可以想象，中俄之间的贸易可以以更快的速度增长。

2020年第一季度，在新冠肺炎疫情蔓延以及由此引发的中俄与其他国家间贸易减少的背景下，中俄贸易量反映出两国之间具有的巨大合作潜力。根据俄方的数据，两国贸易额虽略有下降（2.8%），但中国在俄罗斯对外贸易中所占的份额提高到了17.3%。根据中方的数据，两国间贸易额与2019年同期相比增长

3.4%，俄罗斯对中国的商品和服务出口增长了 17.3%。医疗设备的供应为这些指标的实现做出了贡献。据中方专家的评估，总体而言，至 2020 年，两国之间的贸易可能损失至少 30%，贸易总额不超过 780 亿美元。

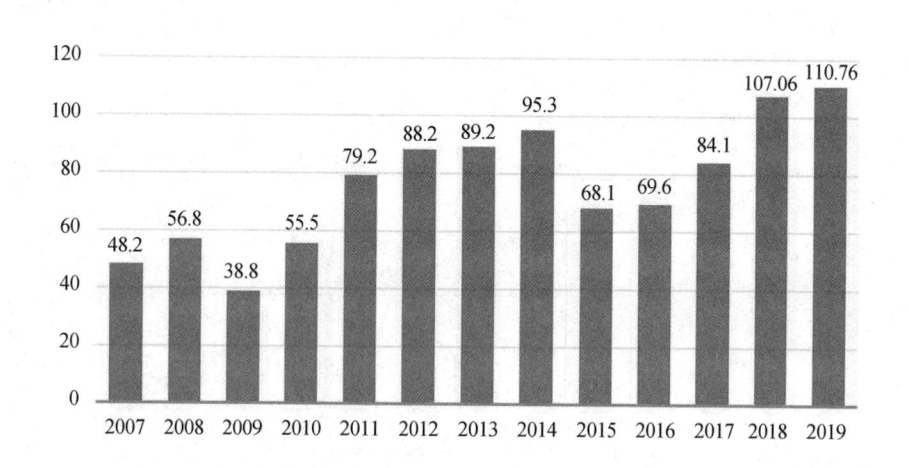

图 1　2007—2019 年中俄贸易额（单位：10 亿美元）

Источник: построено А. В. Ларионовым на основе: Развитие торгово - экономического сотрудничества России и Китая / Российско - китайский диалог: модель 2019: доклад № 46/2019 / С. Г. Лузянин, Х. Чжао, А. В. Кортунов и др. М.: НП РСМД, 2019.

2019 年，俄罗斯对中国的出口增幅最大的是宝石和金属（+64.9%）、肥料（+49.4%）、矿石、矿渣、灰粉（+43.6%）、化学产品（+23.8%）、农产品和食品（+12.2%）等。高附加值产品如机械和设备出现了下降趋势（-5.5%）。此外，以下产品类别的出口量显著下降：纸和纸板、纸制品（-17.9%），矿物产品（-12.2%）、木材及木制品（-8.8%），如表 2 所示。

表2　2019年俄罗斯对中国出口商品结构

商品类别	出口量（百万美元）	占总出口量的比重（%）	与2018年比较（%）
矿物燃料、石油、石油产品	426193	69.8	0.8
木材及木制品	42797	7.0	-8.8
农产品和食品	35841	5.9	12.2
有色金属	31351	5.1	3.4
矿石、矿渣、灰分	2230	3.6	43.6
化学产品	12646	2.1	23.8
纸浆	8683	1.4	-23.8
肥料	7637	1.2	49.4
机械和设备	5711	0.9	-5.5
宝石和金属	6403	1.0	64.9
纸、纸板、纸制品	1821	0.3	-17.9
矿产品	973	0.1	-12.2

Источник: составлено А. В. Ларионовым на основе: Российско - китайская торговля // Торговое представительство РФ в КНР. URL: http://www.russchinatrade.ru/ru/ru - cn - cooperation/trade_ru_cn.

2019年，中国与澳大利亚（+10.8%）、越南（+9.6%）和马来西亚（+14.2%）的贸易往来不断增加，中国与美国（-14.6%）、日本（-3.9%）、韩国（-9.2%）等传统贸易伙伴国的贸易量减少。

中俄之间存在增加贸易合作的现实机遇，但这种潜力在很大程度上取决于俄罗斯现有经济结构能否改变，这决定着俄罗斯对华出口商品的地位。低附加值产品的出口实质上减少了俄罗斯在与中国的贸易往来中获得的收入，因此应大力增加高附加值产品的出口份额。为了展示该领域的发展前景，可以利用各类展览平台，例如中国上海国际进口博览会。在2019年的中国上海国际进口博览会上，俄罗斯展出了其在造船、航空和汽车工业领域的成果。

传统上，两国贸易往来的增长潜力与能源贸易有关。能源仍然是俄罗斯对华出口的主要产品：2019年，原油占俄罗斯对华出口总额的70%。截至2019年底，俄罗斯约占中国进口能源总量的15.7%。随着"西伯利亚力量"输气管道的投产，这一比例在2020年或将大幅增加。对能源产品深加工向中国出口对俄罗斯而言也是有前景的。

同时，俄罗斯现有出口结构的一个重大弊端是对原材料需求的高度依赖，而对原材料的需求在很大程度上受到国际形势的影响。2020年初，由于欧佩克谈判的破裂，国际市场原油价格跌至20美元/每桶，与2019年相比下降了70%以上。新冠肺炎疫情引起了能源市场的进一步震荡。在经济不景气导致能源需求下降的同时，双边能源贸易也有所减少。因此，在2020年1月，俄罗斯对中国的原油出口按价值计算下降了28%，按数量计算下降了36%。但在2020年第一季度，中国购买了创纪录数量的俄罗斯乌拉尔石油。

农产品贸易的增长呈积极的趋势。2019年，中国从俄罗斯进口的农产品增长了12.2%。海鲜、植物油、大豆、面粉、肉类、乳制品和巧克力已成为中国购买的主要商品。尽管俄罗斯在向中国的食品供应中所占的份额仅为2.5%，但鉴于俄罗斯在这一方面的发展，可以期待贸易量的进一步增长。

例如，2020年初出现了俄罗斯开始向中国华联连锁超市供应"梁赞诺奇卡"（生产企业是"俄罗斯磨坊"）面粉的新闻，这在很大程度上得益于"梁赞地区农产品出口"区域项目的实施和俄罗斯驻华商务代表处的支持。

中美贸易战加大了俄罗斯增加对中国某些种类农产品供应的可

能性。例如，2019年俄罗斯对中国的大豆出口增长了70%，这在很大程度上得益于中国在俄罗斯组织生产。现在俄罗斯大约有20家中国大中型农业企业，它们建立了完整的生产链——从生产、建造仓储设施到向中国供应成品。俄罗斯专家认为，俄罗斯对中国生产者的吸引力主要与其低成本的土地租赁有关。

为了刺激两国间的农产品贸易，两国正大力消除非关税壁垒。因此，2019年7月26日，中国海关总署确认，中国批准从俄罗斯库尔干州进口小麦，还批准从俄罗斯所有地区进口大豆。此前，中国批准了从俄罗斯的另外六个地区进口小麦。

2019年俄罗斯开始向中国供应冷冻禽肉。出口的增长与俄罗斯一系列措施的落实有关，该措施旨在扩大获准向中国供应肉类的供应商清单。2019年前三个季度的禽肉供应量为1.87万吨，总金额为4100万美元。可以通过持续与中方合作，扩大俄罗斯供应商的数量来增加贸易量。一个重要成果是签署了一项关于俄罗斯大麦、玉米和油菜籽生产商进入中国市场的协议。

同时，在两国相互开放的市场领域中仍然存在许多矛盾。2019年7月，俄罗斯暂停从中国进口油桃、李子、樱桃、苹果等水果。随后，俄罗斯联邦兽医及植物卫生监督局决定从2020年1月6日起临时限制从中国进口柑橘类水果。中方对这些措施不满，认为它不利于双边农产品贸易平衡发展。中国部门呼吁俄方取消限制，迄今为止，这些限制尚未取消。俄罗斯方面强调，做出这些限制是因为中国原产植物产品受到了在俄罗斯被禁止的危险成分的污染，近来这类案例不断发生。

缺乏用于产品运输和存储的必要物流基础设施也限制了向中国出口农产品的增长。另外，为了提高生产能力，必须创造有利的经济条件，而这一点，在没有显著降低俄罗斯出口商贷款成本的情况下是不可能实现的。

中国对俄罗斯出口的商品结构特点为高附加值产品具有明显优势（参见表3）。2019年，中国出口的黑色金属产品（+21.9%），家具、床垫和照明设备（+21.5%），玩具和运动器材（+17.7%）的交付量显著增加。中国出口到俄罗斯的餐具（+7.8%）、陶瓷产品（+6.7%）和化学产品（+6.3%）也有所增加。根据中方的数据，中国对俄罗斯的汽车出口量显著增长（超过60%）。

表3 2019年中国对俄罗斯出口商品结构

商品类别	出口量（百万美元）	占总出口量份额（%）	与2018年相比（%）
机械和设备	22614	45.5	2.0
服装和鞋	58736	11.8	-8.7
化学产品	45944	9.2	6.3
毛皮及毛皮制品	32893	6.6	-0.6
农产品和食品	18265	3.7	-6.3
黑色金属制品	15417	3.1	21.9
家具、床垫、照明设备	11907	2.4	21.5
玩具、运动器材	11861	2.4	17.7
黑色金属产品	6976	1.4	1.8
餐具	5085	1.0	7.8
皮具	4314	0.9	-0.6
基石制品	466	0.9	3.3
矿物燃料、石油、石油产品	3562	0.7	-5.1
铝及铝制品	4122	0.8	1.2
石材、石膏、水泥、石棉、云母制品	2905	0.6	-11.6
陶瓷产品	3191	0.6	6.7
纸和纸板	2724	0.5	-3.5
玻璃及玻璃制品	2473	0.5	4.9

Источник: построено А. В.Ларионовым на основе: Российско - китайская торговля // Торговое представительство РФ в КНР. URL: http://www.russchinatrade.ru/ru/ru - cn - cooperation/trade_ru_cn.

但中国向俄罗斯的农产品和食品的出口量减少（-6.3%），这与俄罗斯农工综合体的状况改善有关，而这本身也促进了这类俄罗斯产品向中国市场供应量的增加。此外，从中国进口的服装和鞋（-8.7%）、纸和纸板（-3.5%）等商品也出现下降。

2019年，电子商务领域出现了积极趋势。全球速卖通已经成为俄罗斯消费者重要的跨境贸易平台。俄罗斯天猫代表处和俄罗斯邮政中国子公司的开业，为这种形式的发展提供了新的动力。初步统计，2019年中俄电子商务的贸易额超过了50亿美元。

（三）中俄间的相互投资和有前景的合作项目

在过去的几年中，中国对俄罗斯经济的投资减少是一个负面趋势。2014年，中国在俄罗斯累计投资额达45.43亿美元，而在2019年初下降至26.60亿美元（图2）。6年来中国对俄直接投资额下降了18亿美元。

2019年，出现了一些积极的发展：根据中国的数据，从2019年1—11月，中国对俄罗斯的直接投资与2018年同期相比增长了10.7%。两国签署了总额为153.8亿美元的工程合同，是2018年这一指标的5倍。根据中方的统计数据，2018年，俄罗斯在中国重点投资的20个国家中位居第十。中国在俄罗斯已创建了1000多家公司，雇用的员工超过23000名。根据俄罗斯银行的数据，截至2019年10月初，中国累计投资额为34亿美元。应该指出的是，许多专家认为难以全面统计相互投资额，因为投资者经常处于不同的管辖范畴。

2020年，在新冠肺炎疫情的影响下，中国和俄罗斯政府尽一切努力恢复生产并维护人民的福利，这可能会导致大量对外投资项目受到抑制。两国严格的防疫措施大大限制了人员和货物的跨境流动，

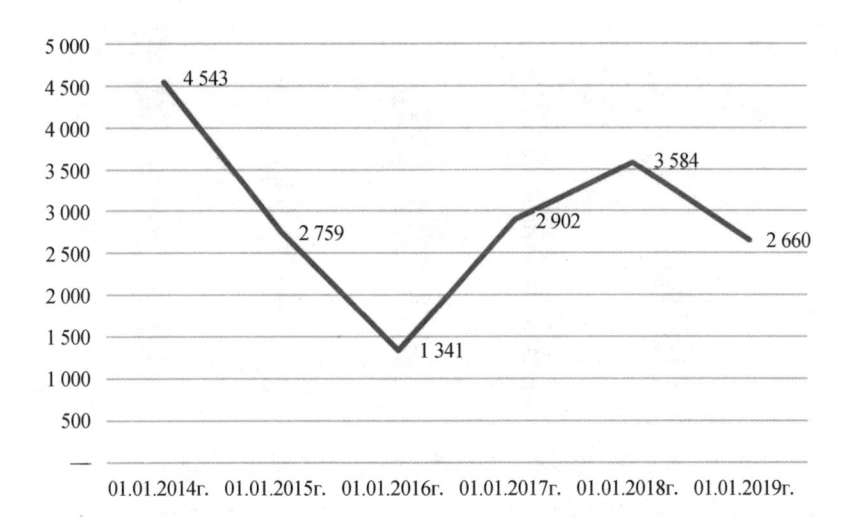

图2 中国对俄罗斯的直接投资余额（单位：百万美元）

Источник: составлено А. В. Ларионовым на основе: данные Банка России. URL: http://cbr.ru/statistics/macro_itm/svs/.

使联合项目的实施复杂化，未完工设施的建设被暂停，生产期限被推迟。预计新冠肺炎疫情对投资领域的负面影响将比贸易领域持续更长时间。

投资合作发展的不稳定性证实了发展中俄合作新模式的必要性，有必要进一步确定有前景的领域。在总投资减少的背景下，合作领域数量的增加证实了这一建议的现实意义。在成功实施一些精选项目的情况下，可以预期投资合作的整体动态会发生变化。

在投资领域，国家层面的互动起着重要作用，包括有效利用东方经济论坛的平台。

在"东方经济论坛—2019"框架下共达成了270项协议。在2015年的论坛上仅缔结了80项协议。因此，在4年内达成的协议总数增加了3倍以上（图3）。可以确定，项目量在不断增加（图4）。

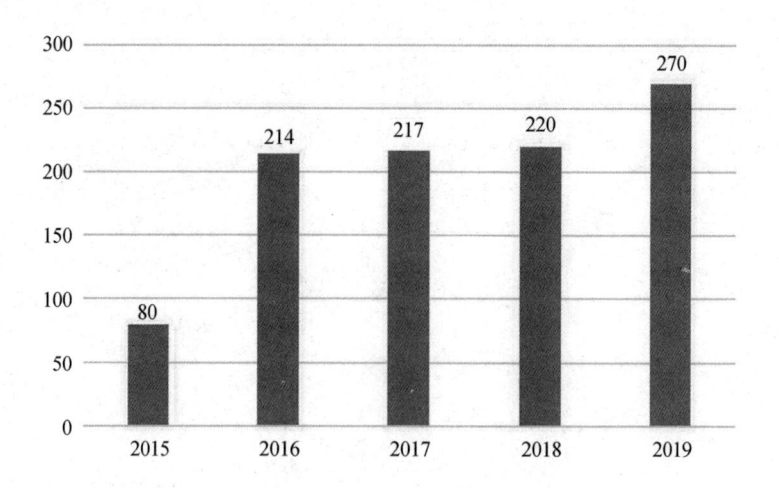

图 3　东方经济论坛框架下中俄间达成的协议数量（单位：个）

Источник：построено А. В. Ларионовым на основе：Масштабы сотрудничества расширяются // Российская газета. 04. 11. 2019. URL：https：//rg. ru/2019/11/04/rf – i – knr – uvelichili – investicii – v – proekty – na – dalnem – vostoke – i – v – arktike. html.

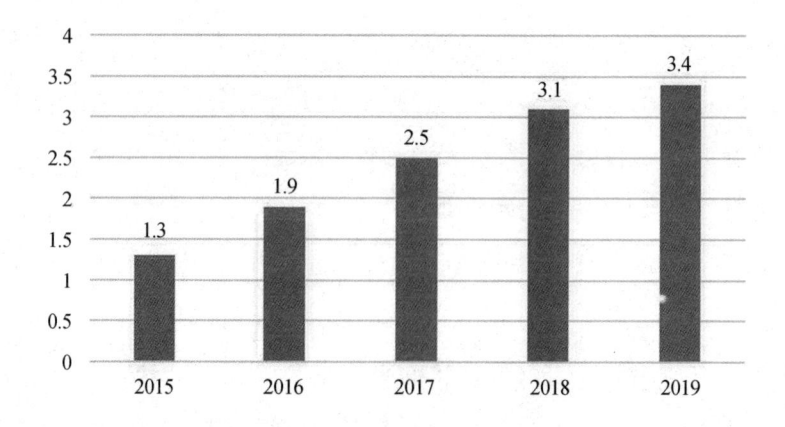

图 4　在东方经济论坛框架下达成的协议的总金额

Источник：построено А. В. Ларионовым на основе：Масштабы сотрудничества расширяются // Российская газета. 04. 11. 2019. URL：https：//rg. ru/2019/11/04/rf – i – knr – uvelichili – investicii – v – proekty – na – dalnem – vostoke – i – v – arktike. html.

大多数中俄联合项目涉及远东和北极地区的能源开发。例如，在"东方经济论坛—2019"的框架内远东招商与出口事务局和盈豐能源（香港）有限公司达成了一项总额为7400亿卢布的协议，涉及开发雅库特西部的天然气田以及向亚太地区进一步供应能源。这些协议的成功与政府的参与直接相关。通过政府保证履行义务，可以提高项目实施的稳定性，进而提高预期的盈利能力。

在农业领域，在"东方经济论坛—2019"会议上，商定建立15个畜牧综合体，涉及饲养10万头牲畜，其中4.5万头用于牛奶生产。该项目将投资450亿卢布。在制药行业，已决定投资100亿卢布，投资于中国哈药集团将其制药厂搬迁到远东的项目。这些项目的实施离不开国家的大力支持。

但在中俄两国就大型项目达成协定的同时，中小企业参与投资合作仍微不足道，对此需要更多的支持。国家层面的协作机制已经建立，这些机制能够促进中俄企业家合作的发展。

在俄罗斯直接投资基金的支持下，中俄企业家咨询委员会为许多项目的启动和实施提供了便利。根据2019年9月的统计情况，中俄企业家讨论落实了70个总额达1100亿美元的联合项目的可能性。

必须指出基金会在落实投资项目中的重要作用。这类组织能考虑到在中国和俄罗斯开展商业活动的特点，能为合作项目的落实在遵守期限方面提供保证。2019年，此类基金的范围有所扩大。2019年6月，中俄科技创新基金的创建计划启动，该基金的资金为10亿美元，其目标是将中俄两国的科技潜力联合起来，将研究成果商业化。

2019年，双方还达成了建立中俄大湾区基金的协议，该基金的资本为10亿美元，将致力于加强俄罗斯联邦各主体与广东省之间的合作。中俄政府间投资合作委员会会议做出了创建该基金会的决议，这确认了国家在发展中俄投资合作中的关键作用。

中国和俄罗斯正在积极推动在核能、航空、航天、卫星导航和信息技术领域的联合项目。由于中俄企业参加了包括东方经济论坛等大型论坛在内的各种论坛，中俄在投资合作领域取得了显著成果。特别是在2019年，中俄两国在航空航天领域的合作得到了加强，这主要是由于双方在第六届中俄工程技术论坛的框架内进行了合作。在该论坛上签署了15个项目的实施协议，总价值达80亿元人民币。俄罗斯在复杂工程技术领域的独特经验决定了对它的产品的需求。2019年还签署了一份关于俄罗斯供应反应堆的合同，用以安装田湾核电站的7号和8号机组。

2019年，许多大型战略项目取得了首批重大成果。特别是2019年12月2日，开建于2014年的"西伯利亚力量"天然气管道正式投入运营。"西伯利亚力量"天然气管道将根据俄罗斯与中国达成的协议俄罗斯将向中国供应总价值为4000亿美元的天然气。在未来30年内，应向中国交付1万亿立方米天然气，每年的供气量将达到380亿立方米。作为向中国供应天然气链条的阿穆尔天然气加工厂正在建设中。该项目将创造3000个额外的就业机会。在与中国签署了天然气供应协议后，这些设施的建设成为可能。

2019年启动了一批有针对性的项目，若成功实施，将增加中国在俄罗斯的投资额。该领域的主要限制之一是极大的不确定性，这对中国投资者的活跃度具有负面影响。

加强对投资者的保护仍然是一项重要任务。2009年的《中俄鼓励和相互保护投资协定》已不再能满足企业日益增长的投资需求，有必要对其进行修订。据中国专家介绍，该协定的许多规定尚未得到落实，侵犯投资者权益的案件仍有发生，这不利于双边合作的长远发展。中方希望在俄罗斯政府的帮助下改善这一局面，应能使投资者的权益得到保护，俄罗斯应继续为投资者建立透明稳定的商业环境。

必须重点加强规范制度的建设，促进商业组织之间的合作，减少人为因素对合作的影响，消除不确定性。

俄罗斯经济的现有结构是一个重要限制。中国的投资主要投向附加值低的领域（能源部门和农业）。改善俄罗斯经济结构将为投资创造新领域。另外，金融领域的限制也是合作的重大障碍。

（四）中俄金融合作

中国和俄罗斯在金融领域的合作仍处于较低水平。不过，2019年在一些领域建立了旨在加强合作的制度条件。

2019年，俄罗斯联邦中央银行大幅增加了对中国有价证券的投资量。对中国有价证券的投资占总投资量的近13.4%，超过了其对美国有价证券的投资。俄罗斯银行推行有价证券组合多元化政策在很大程度上与西方国家对俄制裁有关。

俄罗斯财政部计划在中国发行人民币债券。

两国间本币结算量持续增加。2019年，中俄签订了《政府间结算与支付协定》。在初始阶段将由俄罗斯外贸银行和中国工商银行进行本币支付。预计结算将首先在国家间签订的合同中实行。使用本币的复杂性在于其对国际市场波动有很大的依赖。

在保证中俄金融关系的独立性方面，两国在支付基础设施建设上取得了一定的成功。一方面，与中国合作伙伴结算时，俄罗斯银行将使用类似SWIFT的中国国际支付系统。另一方面，中国银行计划使用俄罗斯银行的金融信息传递系统。被限制使用SWIFT的可能引发了有关替代方案的积极讨论。在2019年11月的金砖国家峰会期间，中俄印三国讨论了维持结算稳定的必要性，决定创建一个类似于SWIFT的补充性银行间支付系统。

私营组织参与的金融合作也在迅速发展。可以发现，俄罗斯金融机构对中国市场活动的兴趣有增加的趋势。俄罗斯专家认为,进入中国市场的主要障碍是现行的中国法规,该法规会给外国金融机构带来沉重的行政负担。尽管如此,仍有俄罗斯银行进入中国市场的成功案例,莫斯科信贷银行就是其中之一,中国联合信用评级有限公司(China Lianhe Credit Rating)于2019年11月授予其"AA+"的信用等级。如果该项目在中国市场成功实施,则可以期待其他俄罗斯银行在中国的出现。

到2019年初,70多家银行加入了由中国哈尔滨银行和俄罗斯联邦储蓄银行发起成立的"中俄金融联盟"。2019年5月,在联盟第五次会议上,中国哈尔滨银行与俄罗斯联邦储蓄银行签署了跨境资金汇款合作协议、中资银行与莫斯科信贷银行的合作意向备忘录,以及在会员间缺乏流动性情况下的《互助框架协议》。

中国哈尔滨银行与俄罗斯亚太银行成功完成了第一笔交易——通过黑龙江省东宁口岸向符拉迪沃斯托克供应了1500万元人民币的现金。截至2019年11月,中国哈尔滨银行共向俄联邦运送了约70亿卢布的现金、2.25亿人民币现金。

中国专家称,俄罗斯发行人在俄罗斯和中国债券市场上以伙伴国本币的形式发行债券的条件具备,中国金融机构投资俄方发行的金融工具受到鼓励。俄罗斯投资者可以参与中国期货市场的交易。黄金市场、金融市场基础设施调节以及中俄托管清算中心之间的合作都有良好的前景。

(五)地区合作

在分析中俄之间的贸易和投资合作时,研究一些特定地区合作的具体例子是有意义的。成功实施投资项目是中俄地区继续积极合作的关键条件。

2019年，中俄地方合作交流年收官。各方依照《中俄在俄罗斯远东地区合作发展规划（2018—2024年）》以及《中国东北地区和俄罗斯远东及贝加尔湖地区农业发展规划》等文件展开合作。

中国是俄罗斯远东地区的主要贸易伙伴国和最大的外国投资者。2019年，该地区与中国的贸易额为104.8亿美元，增长6.9%。中国占远东地区外国投资总额的80%。

一些大型基础设施项目的完成为地方合作做出了贡献。特别是布拉戈维申斯克（阿穆尔州）与黑河之间的桥梁以及下列宁斯科耶（犹太自治区）与同江之间的桥梁建设已基本完成。

2019年，俄罗斯原木出口关税增加对地区合作产生了一定影响，在远东建立了许多加工业，增加了高附加值产品的出口（制成品出口增加了80%）。

中国公司对发展农业和食品生产方面的合作感兴趣。中国黑龙江省在俄罗斯远东地区建立了8个农业园区，已开发了超过60万公顷的耕地。利用超前发展区的优势，中国华新集团和黑河北丰农业科技公司分别在俄罗斯滨海边疆区和阿穆尔河地区建立了生产设施。

但中国专家认为，俄罗斯远东地区的基础设施不符合现代物流的要求，而现代物流是确保大规模贸易流量所必需的，物流基础设施落后会增加包括食品供应在内的贸易成本，从而降低俄罗斯的国际竞争力。这也部分涉及中俄边境的过境运输。专家们对俄方清关程序的复杂和跨境运输费用高昂也有负面评估。例如，根据中方的数据，中俄"绥芬河－波格拉尼奇内"出入境检查站俄方一侧的货物吞吐能力远低于中国，并且由于设备和基础设施过时，清关效率极低。中国珲春口岸8小时内可通关1万人，每年过货量60万吨，而对岸的克拉斯基诺口岸通关能力为8小时2000人。布拉戈维申斯克－黑河公路桥的公路海关检查站和下列宁斯科耶－同江大桥的铁路海关检查站尚未开放。这限制了双边贸易、旅游业的发展。限制了俄罗斯的跨境运输的发展并在总体上阻碍了新协议的达成。

中国的边境省份黑龙江积极参与了合作。2019年8月，中国批准建立黑龙江自由贸易试验区，其主要目标是建立与俄罗斯和东北亚的区域合作中心。在该项目框架内，中方力求在高国际标准的基础上建立一个高效、高质量的自贸区。该自由贸易试验区可以为中俄合作做出巨大贡献。

包括医疗在内的服务业地区间合作呈现积极的态势。2019年12月，绥芬河市人民医院成为了中国最早一批提供中国传统医学服务出口的医院之一。提供的主要服务包括医疗救助、人员教育和培训、科学研究等。

除远东外，俄罗斯其他地区也参与了合作。2019年，在俄罗斯工业部的支持下，图拉开始生产哈弗（长城汽车）汽车。在明确一系列优惠之后，该项目的实施成为可能，但俄罗斯方面对生产本地化提出了相应的要求。该项目的投资额约为420亿卢布，年生产力将达到15万辆汽车。尽管中国汽车在俄罗斯市场中占有的份额仍然相对较小，但如果该项目成功实施并且营销策略正确，这一份额可能会有所增加。

中国海尔集团在俄罗斯卡马河畔的切尔内市建有一个洗衣机生产的工业园区，创造了350个工作岗位，估计年产量为50万台洗衣机。莫斯科工程设计公司与中国铁建股份有限公司持续合作建设莫斯科地铁，签署了开发"米丘林大街"交通枢纽的合同。

随着合作的加深，俄罗斯专家发现，在落实投资方案方面，中国投资者对在俄罗斯各个地区如何开展业务的信息知之甚少，对俄罗斯地方行政管理以及联合举措可能带来的好处了解程度较低。在这方面，有必要在国家层面加强信息政策的宣传，以减少双方之间信息不对称。

中美经济贸易的紧张局势有助于中国和俄罗斯开展地方合作。

媒体上出现了由于中美贸易战中国可能会将部分工厂转移到俄罗斯哈巴罗夫斯克地区的信息。但是，鉴于在贝加尔湖畔建造瓶装水厂的经验——由于当地居民抗议违反环境标准而中止——有必要仔细研究与合作项目实施有关的所有问题。

五、中俄在科技和创新领域中的合作

中国和俄罗斯在科技创新领域的合作具有鲜明的特色。双方的军事技术合作（包括新技术的转让和联合开发）数量多且潜力巨大。本节主要讲民用领域，包括商业、科学、技术和创新等方面的合作。

（一）1992—2017 年中俄科技创新领域的关系

中俄在科技创新领域对话的"后苏联"阶段始于 1992 年，当年双方签署了一项政府间科技合作协定，奠定了进一步合作的基础。但是，在 20 世纪 90 年代中俄科技领域的合作仅建立了制度化程度各异且数量不多的项目，例如发展载人航天技术的协议，向中国转让某些技术和航天器、航天服制造等。

从 20 世纪 90 年代末开始情况发生了变化，尤其是 2000 年以来，在俄罗斯经济复苏的背景下，俄罗斯开始系统地发展航空、核能和其他一些传统技术领域，从 2000 年中期开始，俄罗斯又开始发展创新企业。这主要指的是一些俄罗斯独有也是非常大的项目。2000—2017 年，中俄形成了一些科技创新领域的关键合作方向。

最初，在中俄技术合作中，由国家参与的一些大型合作项目发挥着最为重要的作用，主要包括两个方向：首先是在核领域的成功合作——从建造田湾核电站（1992 年签署政府间协议，1997 年签订，项目真正开始），到快中子反应堆的工作（中国实验快中子反应堆 CEFR 及后续项目）。其次是民航技术合作，目前仍处于初期阶段。最重要的项目是 CR929 远程宽体客机项目，该项目自 2008 年就开始酝酿，相关协议在 2014 年才得以签署。2017 年，俄罗斯联合航空制造集团（Объединенная авиастроительная корпорация）和中国商飞公司合资成立了中俄国际商用飞机有限责任公司。项目还包括了其他一系列内容，包括俄罗斯直升机公司（АО《Вертолеты России》）和中航直升机公司（Avicopter）共同为中国市场制造有商业前景的重型直升机 AC332 AHL。

同时，俄罗斯的科研机构和大学与中国民营企业和相关理工科大学之间复杂的合作进程也在进行。

随着俄罗斯互联网市场和风险业务的发展，一些中国投资者对俄罗斯技术公司和项目进行了单独投资。例如，中国互联网巨头腾讯在 2010 年收购了俄罗斯 Mail.ru 集团的数字天空技术公司（Digital Sky Technologies）的股份，俄罗斯纳米技术集团（Роснано）和中国雷天公司（Thunder Sky）2010 年设立锂离子电池方面的联合项目，2017 年中国网宿科技收购了俄罗斯初创公司 CDNvideo 等。

2000—2010 年，尽管也有一些严重的例外，但中俄高科技领域的合同和贸易仍在扩大。俄罗斯专家认为中俄科技合作中存在明显的不平衡。中国进口了俄罗斯的先进技术、试验样品、设备和材料，订购项目，并在机械工程、电子学（科学领域）、新材料、生物和纳米技术、仪器制造、医药和农业领域同俄罗斯专家合作。俄罗斯则主要进口中国的产品、设备，只在小范围领域引进了组件（副产品）和技术，如信息通信、制造技术、食品加工、制药和生物医学等领域。

在核能和航空两个方向合作发展、俄罗斯希望进入快速增长的中国市场的背景下，发展联合技术园区和其他创新基础设施的积极性呈周期性出现。自 1998 年以来，已经建立了大约十个技术园区，绝大部分都在中国。其中包括烟台中俄高新技术产业化合作示范基地、浙江中俄九华（Цзюхуа）工业园、黑龙江省中俄科技合作中心、长春中俄科技园、广东独联体国际科技合作联盟和位于莫斯科的中俄友谊科技园。然而，对于它们作为科技创新合作项目所产生的的效果，以及俄罗斯科研在中国市场商业化的效果，俄罗斯专家有严重质疑。吸引中国投资者参与俄罗斯项目的尝试（包括参与斯科尔科沃创新中心），一直到 2010 年末都是不成功的。

不难发现，尽管发布了大量官方文件，尽管两国相关部门负责人和领导人定期会面，一再强调发展科技合作的重要性，而且两国学者、创新者和企业家的对话平台也在增加，但在 2018 年之前，中俄在科技创新领域的关系虽然活跃，但规模非常小，且缺乏系统性和深度。

这种情况可以有多方面的解释：一方面，俄罗斯高科技部门总体不发达，除了数字部分（互联网服务、电信、软件）和某些类型的机械制造（例如核和导弹系统）外，其他领域的情况仍然比较复杂。而且，最大的限制恰恰是出现在 21 世纪 10 年代前中国高科技行业增长的基础领域——微型和个人电子产品；另一方面，正如俄罗斯专家所指出的，出于客观原因，在过去 40 年中国对外科技创新合作的对象首先是美国，其次是西欧和发达的亚洲经济体。因此，长期以来，中国领导人或中国企业和科学界都不认为俄罗斯是重要和有前途的伙伴，这不足为奇。

（二）中俄当前在科技创新领域的合作

2018 年起，随着特朗普上台后中美技术对抗的加剧，情况开始变化。白宫采取了一系列措施来减少两国之间的科技合作，中国在科技能力上的一系列缺陷显露出来，这促使中国发展自身的潜力。这也恰逢是中俄在地缘政治上接近和俄罗斯在科技创新领域活跃的时期。

在中俄两国政府的鼓励推动下，中俄科技合作的强度迅速提升。中俄在核能、航空和其他传统合作领域的大型双边项目顺利进行，同时科技合作出现了新特点，这一方面表现在对数字技术的重视，另一方面表现在对大型中国民营企业参与的重视。

2018年阿里巴巴集团、互联网集团Mail.ru、移动运营商Megafon电信公司和俄罗斯直接投资基金（RDIF）达成成立合资公司AliExpress Russia的协议，移动运营商MTS和Vimpelcom与华为达成在俄罗斯建设5G网络的协议，这是中国进入俄罗斯市场的最重大的科技创新项目。

对中俄科技合作来说，特别重要的是中国数字企业对扩大合作的兴趣，更主要的是两国在先进技术和技术产品领域的合作机制化。在这一方面，中国华为技术公司与俄罗斯发展数字领域的科技合作具有突破性。2018—2019年华为实质性提升了与俄罗斯研究机构和大学之间的合作，对人工智能中心的网络进行投资。

中国数字产业的另一巨头阿里巴巴集团在俄罗斯越来越活跃。尽管2017年宣布的在莫斯科开设达摩院实验室（DAMO）计划尚未实施，但阿里巴巴从2018—2019年起就部分通过风险投资基金逐步扩大俄罗斯的项目。来自其他行业的合作者也在专业的通信技术领域与俄罗斯进行合作，包括中国航天科工集团（China Aerospace Science and Industry Corporation – CASIC）。

在数字领域之外，中国对与俄罗斯技术合作的兴趣也在增长。根据斯科尔科沃在中国代表处专家的评估，除了传统的航空航天领域外，近年来中国和俄罗斯在技术加工以及俄罗斯提供技术产品供应和服务的合同数量也在显著增加。

双方合作规模和深度的逐步增加伴随着资金支持体系的发展。除了风险投资机构，还有俄罗斯国家资本参与的大型投资基金。首先是由中俄投资基金（RCIF）和启迪控股股份有限公司（Tus-Holdings）设立的1亿美元的中俄风险投资基金，以及由俄罗斯直接投资基金和中国投资公司（China Investment Corporation-CIC）共同创立的资金额为10亿美元的中俄科技创新基金。2018年，由俄罗斯直接投资基金和中国投资公司于2012年成立的中俄地区发展投资基金宣布，将向斯科尔科沃风险投资公司的3个老基金和2个新基金投资最高达3亿美元。非国有实体也做出了贡献：2018年，中俄技术基金成立，资本额约为1亿美元，其共同投资方是俄罗斯国家发展集团（ВЭБ.РФ）的子公司和俄罗斯天然气公司，管理公司为俄领导者股份有限公司（Лидер）和中国深圳资本运营集团有限公司（Shenzhen Capital）。据斯科尔科沃专家评估，来自中国的私人风险投资基金对俄罗斯的兴趣也与日俱增。不过，中国风险投资在俄罗斯市场的份额仍然非常小，约为1.5%（2017—2018年的评估），许多参与者仍持观望态度，它们仍在研究俄罗斯的情况并评估俄罗斯项目的实际潜力。

与往年不同的是，中国投资者开始对在俄罗斯创建创新基础设施（尤其是大型项目）表现出越来越大的兴趣。其中包括已经决定和等待实施的中国机构对莫斯科国立大学科技谷、斯科尔科沃、图什诺（Tushino）科技园的投资。这些项目打开了通向俄罗斯一流大学的科研和人力资源的通道，在一定程度上也是希望显示对具有全俄或地区意义的旗舰项目的支持。

俄罗斯认为，中国正在有条不紊地建立面向俄罗斯各专长领域和人才的渠道，其重点是有前途的科技团队及小型创新企业。未来将进一步推动中俄合作制度化，其途径是通过建立公司研发中心和生态系统、增加风险投资等。目前，这一过程的"数字"焦点取决于俄罗斯科学技术整体的状况，而且同样重要的是，中国领导人强调加强本国电子行业和互联网公司的地位，将其作为全球竞争力的关键因素。但很明显，任务的范围更加广泛——合作的推进方向是从技术相近的领域向中国最为重视的行业和市场发展，如航天、航空、制药等。

这一过程伴随着科学领域合作的稳步加强。特别是在2019年，俄罗斯科学院和中国科学院达成了一项共同开展研究的路线图。在这一合作方向上，中国的优先方向也是在前述领域。

在俄方看来，中国在科技创新领域与俄罗斯的对话战略至少具有中期规划的性质，中美关系只有局部的影响。现在完全清楚的是，美国对中国的技术遏制在"后特朗普时代"仍将延续。相应地，中国政府和企业将据此重新评估与俄罗斯合作的可能性。

合作方式也正在发生改变。中方表示，在当前阶段，科技创新合作正在从传统的学术对话向更深层次的合作发展，包括联合研究、将高科技技术应用于生产领域，并将其商业化和国际化。与此同时，也强调了合作的基本原则，即互利、平等、互补、务实、效率。

中俄的互补性在于，俄罗斯在科学领域拥有大量人才资源，具有较高的基础研究发展水平，但与中国相比，俄罗斯缺乏财力和商业化经验，因此与中国具有一定的互补性。俄罗斯专家指出，从理论上讲，这确实为建立成功的合作伙伴关系奠定了基础，中方官方也示意，中国的合同和投资有利于俄罗斯科学的发展，它的目标不是"批量"引进人才。

（三）中俄科技创新合作的前景

根据俄罗斯专家的观点，在俄罗斯尚具有最基本的内部经济条件且没有灾难性的外部影响的情况下（例如，最严厉的反俄制裁），并且在俄政府和各部门，包括科学和高等教育部（它管辖着大学、研究所和以前隶属于俄罗斯科学院的大型大学和研究中心）采取正确有效措施的情况下，中国和中国企业将继续扩大与俄罗斯的合作。但是，在这种情况下，与类似华为技术公司的突破性模式不同，应该分阶段地发展合作，对阶段性成果进行非常仔细和清醒的评估，对不同的具体任务采用不同的具体解决方案——从公司收购到邀请一些科学家和团队进入中国。

尽管中俄科技合作潜力巨大，但俄罗斯面临许多难题。首先是某种"战略不对称"情况。中国制定了具有明确目标的战略，在合作领域和形式上有特别的重点，而俄方并没有采用类似的系统性方法。尽管俄罗斯客观上有兴趣提高自身在全球价值链中的作用，包括成为有前景的研发源头，但显然需要做出一定的努力，以确保这一进程不会演变成思想、技术和人才的净输出。从这个意义上讲，与中国开展技术对话的国家措施与"科学""数字经济""国家技术计划"等国家项目的活动缺乏同步性，这引起了俄罗斯方面一定的顾虑。其次，中俄数字企业之间不可能也不希望产生矛盾，那么，一方面与中国和中国的数字巨头进行对话，另一方面又把重心放到强化俄罗斯数字经济领导者的地位上，在这种情况下，一定的利益冲突就变得显而易见。在这一方面，俄罗斯在协调利益等方面缺乏战略眼光。

在2020—2021年中俄科技创新合作年里，对科技创新的讨论将会更积极，这将给两国科技合作带来一定变化。中俄科技创新年有助于加强两国科技界的联系、有助于专业人才交流和项目深化务实合作。根据初步数据，2020年和2021年，中国和俄罗斯将举办约800项活动，包括高层会议、科学技术展览、创新和创业的青年竞赛及相关领域的高层次专家的交流。根据中俄科技合作分委会的工作成果，中俄最有前景的科技创新领域包括基础研究、人工智能、大数据、新能源、新材料、信息通信技术和互联网、生物技术、航空航天工业、核能、农业和环境保护。

此外，俄罗斯于2020年担任金砖国家主席国。俄罗斯可以利用现有和新建立的对话框架和平台，制定有价值的发展科技创新合作的方法，组织与中方的对话以协调目标、宗旨和优先事项。但这一步骤尚有待完成，一系列因素对它造成了影响，包括俄罗斯领导层还没把它作为自己的任务、俄罗斯科学和技术领域参与者之间的关系复杂，以及俄罗斯大型企业参与不力等。

中俄科技创新合作的发展受到中俄所有合作领域都有的负面因素的影响。

从技术层面说，缺乏高水平的外语专家，缺乏有关两国市场和机会以及其他类似问题的可用信息。

还有更严重的问题。中国专家认为，俄罗斯的投资环境不佳，特别是缺乏有效的外国投资保护和争端解决机制。俄罗斯的商业文化和政府管理问题也使中国合作伙伴难以适应。中方最为不满的因素包括：注重短期的结果而不是长期的合作；漫天要价（通常也是因为注重短期的结果）；不愿按国际一般规则和通常双方都能接受的做法合作，有时不愿拿到台面上，愿意私下交易。同时，过于注重简单的产品买卖和销售，或者在少数情况下一次性转让技术，而不是在具有战略意义的领域进行合作。对于俄罗斯公司而言，传统的制约因素包括进入中国市场重要领域的机会有限（这种情况应在2019年改革后有所改善）、知识产权向本地公司泄漏或转让，缺乏在中国的业务经验，在建立业务关系，遵循国家、地区规范与规则，雇用员工等方面的困难。

法律支持和项目管理方面的问题仍然存在：远非所有（涉及国家和企业活动）协议都是高质量的，因此许多协议尚未履行。

(四) 科技创新合作发展方向及建议

中俄科技合作可以为中俄全面伙伴关系做出积极贡献。在传统领域（石油和天然气部门、粮食供应等）仍存在增加贸易和投资的潜力，但这种潜力无法通过贸易和投资关系将双边对话提高到更高的水平。因此，中国专家认为，应跳出双边贸易的传统形式，将科技合作与经贸合作结合起来。它们都是以落实"科技兴贸行动计划"为优先方向。从这个角度来看，最有前景的领域是数字经济和人工智能、物联网、数字货币以及以完善本币结算体系为目的的支付系统。

科技合作也可为社会经济长期计划的落实和地区做出重大贡献。一方面，数字经济、智能制造、信息通信技术、核能和绿色能源、生物工程和生物经济学、航空航天等领域的合作对于保证两国的"技术飞跃"有重要意义，可增加新的高生产率岗位，促进国内各地区的包容性发展；另一方面，它们本身就有加强经贸、科学教育和文化联系的潜力，这既表现在中俄大型科技中心所在地区之间的合作，也表现在新技术可为贸易和商业创造新条件的专业领域之间。

科技合作还可促进"一带一路"与欧亚经济联盟的对接。到目前为止，在这方面还未取得明显的成果。中俄需要在国家和学术层面上更加有效地就对接的战略规划开展工作。对接可在以下领域进行：用于政治对话的信息技术、用于加强两国联系的电信通讯，用于增强中国和俄罗斯物流潜力的现代基础设施，简化通关程序以促进自由贸易和用于商品流通的先进技术，推进电子支付和电子货币技术。需要注意的是避免项目的重复。科技合作分委会和有关专业协会可协助执行这项任务。

在实施长期合作计划时，可以列出几个需特别关注的科学、技术和创新领域大型框架方向。

学术交流领域的合作已是传统和稳定的，需要增加资源支持，在有共同兴趣的领域增加联合活动（举办"双向"竞赛、联合科学计划、发展科学基础设施，确保科学家相互使用独一无二的设备及科学资产等），认真周到完善和落实计划及规划文件。

应高度重视发展创新型中小企业，这些企业可以为科技和创新领域的合作发展做出重大贡献。中国和俄罗斯的科技型中小企业具有巨大的潜力，可以迅速适应市场的变化，但是在将研究成果引入生产时，它们却缺乏资金，往往对市场情况、出口支持机制和国际化缺乏正确的认识。首先，可以通过风险投资以及共同的科学技术和创新基金的支持来帮助它们增添活力，使它们增加资本流入，获得必要的管理和财务能力，在中俄两国第三方机构的协助下进入市场。

利用科技园区和创新中心来加强合作是十分重要的。在中国有100多个国家级高新技术开发区、数千个科技园和其他类似机构。而在俄罗斯的54个地区建有169个科技园，数个技术开发区，创新集群和科技谷。它们的经费主要依靠财政资金，政府机构参与管理。俄罗斯科技园区和中国高新技术开发区需要建立伙伴关系并实施互利的联合项目。中方认为，中俄科技园区之间的合作可以提高创新潜力，有助于利用高科技扩大生产，使两国工业基础实现现代化，并有助于创造新的技术和产业。

其次，随着中俄科技创新合作的不断深入，知识产权保护问题变得愈发迫切。应严格遵守知识产权保护方面的政府间协定，遵循关于技术商业化法律方面的联合指导建议，不断完善技术使用规定，建立有效的监督和争端解决机制。在签署每项科技合作协议时，必须考虑知识产权保护方面的规定。

在科技创新领域扩大合作，需要建立"软基础设施"，包括成熟的专业商业服务市场。公司（尤其是中小企业）需要技术支持、高质量的技术翻译、法律支持和其他服务。为了有效实施中俄联合项目，建议鼓励创建专业的、可靠的中介公司和咨询机构，使它们能以优惠的条件提供高质量的服务。培训具备必要能力的青年专家仍然是一项紧迫的任务。

最后，重要的是创造一个有助于相互了解、能提高互信水平的良好的合作舆论环境。两国专业部门和媒体应公正地报道科技合作项目，驳斥虚假信息，避免公开发表反华、反俄的言论。研究所、科学和分析中心应向有关方面提供必要的信息，以反映两国市场和科学技术发展的状态。

六、中俄人文合作

（一）人文合作发展背景

2019年中俄人文合作的重要背景是建交70周年的一系列纪念活动。2020年，中俄双方将纪念另一个重要的节日——第二次世界大战胜利75周年。

两国领导人之间的友好关系是一个重要因素，习近平主席表示普京是他最好的朋友，他们的友谊不取决于第三方，2019年夏天普京在中亚举行的上海合作组织峰会期间带着蛋糕为习近平主席庆祝生日。习近平就任中国国家主席后，自2013年春季首次访问俄罗斯以来，记者们就试图计算出普京与习近平之间的准确会晤次数，这一数字为"30次以上"。2019年春季，普京参加了第二届"一带一路"国际合作高峰论坛。2019年6月，习近平率领一千多人的代表团参加了圣彼得堡国际经济论坛。访俄期间，习近平与普京一同出席了约 20 项不同协议的签署仪式，并成为圣彼得堡国立大学的名誉教授。签署了《中俄关于发展新时代全面战略协作伙伴关系的联合声明》，包含关于人文合作的十一点内容，其中很大一部分涉及教育、青年交流、健康、文化和艺术、体育（包括为在中国举办的 2022 年冬季奥运会做准备）、旅游业、自然保护、森林和稀有动物、对英雄人物的永久纪念等。虽然普京曾在 2019 年圣彼得堡国际经济论坛期间失言，称俄罗斯在中美贸易战中将作为"聪明的猴子"，坐山观虎斗，但习近平与普京之间的友谊并未因此而黯然失色。普京曾解释说俄罗斯支持中方的立场，因为美国违反了当今世界国际合作的所有规则和惯例。

2019 年 9 月，国务院副总理孙春兰与俄罗斯副总理戈利科娃共同主持了中俄人文合作委员会第二十次会议，会上讨论了中俄在教育、体育、文化、档案、数字发展、媒体、电影、旅游、医疗保健和青年交流等领域的合作。戈利科娃指出，在卫生（母婴健康、抗击癌症和流行病、灾害医学）、青年企业家和创新（联合企业孵化器网络）、体育和旅游业等领域有进一步加强双方合作的巨大潜力。孙春兰副总理指出，2019 年 6 月，习近平与普京在莫斯科会晤期间，同意将两国人文交流纳入双边关系的 5 个优先领域。

政府和大型企业之间的密切交流持续影响着舆论，特别是在俄罗斯。根据俄公共舆论基金会的调查，有 62% 的俄罗斯人认为中国是"最亲密的国家"。而在 2014 年，只有 54% 的受访者给出了这样的答案。

2019 年 12 月在武汉暴发的新冠肺炎疫情对中俄人文合作的各个领域带来了严重的影响，主要是因为与该疾病作斗争所采取的必要措施导致了两国的联系几乎完全冻结。随着疫情的蔓延，国际交通受到极大限制；中国和俄罗斯对外国公民的入境实行了临时限制。

即使在2020年下半年抗疫措施缓和的情况下，一直以来在科学、教育、文化、旅游和体育交流领域保持很高指标的传统也将无法继续。在新的条件下，重要的是要维持中俄两国人民间的合作，在不影响合作质量的前提下更加积极地利用远程通信方式。

（二）2019年中俄教育合作

中俄在教育领域的合作是两国文化人文合作的基本要素之一。掌握伙伴国语言的人数是双边关系进一步发展的积极因素。

2012年，双方签署了发展中俄人文合作行动计划：目标是到2020年在合作伙伴国学习的学生人数达到10万。截至2019年，在俄罗斯大学学习的中国学生人数约为3万人。中国学生人数在俄罗斯排名第二，仅次于哈萨克斯坦学生人数。在中国的俄罗斯学生人数接近2万人。但是，如果加上短期的暑期或冬季学校、课程、代表团交流以及实习生和商务旅行的所有类别的学生，这一数字则达到8万人。在中俄人文合作委员会第二十次会议上，俄罗斯副总理戈利科娃说："考虑到短期教育计划，双边学生交流总数已超过9万人。"考虑到新冠肺炎疫情，到2020年，教育交流和许多教育领域的联系被暂停或取消，年底恢复的可能性似乎很小。

根据2019年的数据，俄罗斯有19个孔子学院和5个孔子课堂。俄罗斯已在中国开设了35个俄语语言和文化中心。在中国有153所大学和83所中学教授俄语。在俄罗斯，据统计在包括大专院校在内的230家教育机构中学习汉语的学生人数为2.6万。2019年以来，中文已成为俄罗斯学生高考的第五种外语，从2020年开始，俄高校将计入汉语高考成绩。

目前，中俄已经建立了11个大学联盟，还有中俄校长论坛等平台。中俄大学间签署了约950个合作协议（据其他数据，约2500

个)。仅位于莫斯科的大学就与中国大学签署了 200 多个合作协议。

每年复旦大学国际问题研究院与俄罗斯国际事务委员会、俄罗斯科学院远东研究所的中俄关系年度报告都指出了位于深圳的北理莫斯科大学的试点项目的作用。2019 年 7 月,有报道称,有 313 人在学学士和硕士学位课程,其中有 285 位中国公民和 28 位俄罗斯、独联体国家和欧洲公民。此外,根据发展计划,该校学生人数将增加到 5000 人。2019 年招收的学生人数已达到 518 人。

在以现有形式进行合作时,出现了诸如领域和合作方向狭窄的问题。中国专家称,在中国学习的俄罗斯学生中约有 70%选择了汉语为专业,来自俄罗斯的学生中约有 70%属于进修生,而不是攻读学士或硕士学位。因此有必要拓宽教育合作的内容,引入两国的优势领域。在俄罗斯,飞机制造和航空航天、新材料等领域的教育被认为富有前景,而在中国则是轻工业、电子、通信等领域。应当注意的是不仅需要实现交流的定量指标,而且需要对教育合作的有效性进行批判性研究。

新冠肺炎疫情对中国和俄罗斯发展教育合作带来了新的挑战。在教育领域,新的合作形式的发展正变得越来越重要。在当前情况下,应当密切关注中国和俄罗斯学生在对方国家所面临的问题。

(三) 2019 年文化领域的中俄关系

2019 年,中俄在文化领域的交流持续不断。俄罗斯许多知名文化人物,如尤里·巴什梅特、瓦列里·格吉耶夫等均来到中国举行了演出和音乐会,莫斯科克里姆林宫博物馆和北京故宫博物院分别在北京和莫斯科举办了互换展览。

中俄在电影领域的合作明显加强,考虑到中国市场的巨大容量,许多俄罗斯电影和电影发行领域的组织机构正在努力与中国合作伙伴开展联合项目。诸如《囧妈》《银河补习班》《鬼吹灯之天星术》，动画系列《熊猫和开心球》等电影正准备上映。同时，该领域也曾出现严重的失利。例如，观众们期待的由成龙和施瓦辛格等世界影星参演的电影《魔2：龙牌之谜》惨淡收尾。尽管有5000万美元的预算和好莱坞明星的参与，这部电影在票房上还是失利了，在俄罗斯仅有560万美元票房，而不是所期望的20亿美元。2019年，参与电影创作的已破产的俄罗斯电影集团公司起诉了演员和中国电影集团，诉讼金额为2.17亿卢布。莫斯科仲裁法院驳回了该诉讼。因此未来在电影领域的合作中应考虑到这一事件。

到2020年，由于新冠肺炎疫情和相关抗疫措施的实施，联合项目和计划被暂停或推迟。

（四）2019年中俄媒体合作

2019年，中俄在双边领域和国际框架内展开了积极的媒体合作。

为纪念中俄建交70周年，中俄举办了名为"我们在一起！"的多媒体活动，在专业的中俄双语手机应用程序"今日俄罗斯"上和中国国际广播电台"中俄要闻"的平台上使用了虚拟现实技术。在活动中，可以在该应用程序以及VK和微博等社交网络中进行互动，在2019年5月的两周时间里，用户在平台上发布了照片和视频问候语，从中创建了一张盛大的虚拟周年纪念贺卡。该项目收集了1600万件创意作品，有约10亿次观看量，在两国得到了高度评价。

在习近平主席访问俄罗斯期间，俄罗斯SPB电视集团（已获得中国广播电影电视集团在俄罗斯的独家转播权）与中国传媒集团签署了协议，以获取许可证并准备在俄罗斯转播CGTN、CGRN - Russian和CCTV - 4等中国频道播出。

中央广播电视总台与俄罗斯报共同打造"中俄锐评"联合评论

工作室。项目参与者发起了信息和人力资源交流活动,客观、详细地报道两国重大事件。很多中俄关系观察员、知名专家都加入了该联合工作室。这些做法将提高中俄人民相互了解的水平。

中俄政府间人文合作委员会媒体合作分委会确认了活动的良好效果。2019年8月,媒体合作分委会第12次会议在哈尔滨举行,中俄双方同意举办联合媒体论坛、书展、新闻发布会、电视和广播内容互换、学生交流、电影联合制作以及在俄罗斯建立电影和电视节目翻译中心。根据会议的结果,俄罗斯"卫星"新闻社与互联网门户网站东北网签署了合作备忘录,预计"卫星"新闻社和东北网将增加中文和英文新闻内容的交流,使两国用户得以关注国家和地区时事的发展。

"中俄电视周"是媒体合作分委会的重要活动之一。在"电视周"活动框架内,举行了关于推进电视节目的研讨会,目的是为两国间的制度化合作搭建一个平台。来自布里亚特共和国和滨海边疆区的电视公司与中国地方电视台,以及SPB电视集团和上海电视台之间达成了许多合作协议。这种交流将有助于在区域间发展更稳固的联系。

在这一背景下,广东广播电视台和"今日俄罗斯"新闻通讯社共同举办了"中国和俄罗斯:共同创造未来"的论坛,论坛期间,中国和俄罗斯的知名专家就包括人文合作和媒体领域在内的双边合作交换了意见,指出了在文化、科学和教育领域发展区域合作对双边关系的重要性。

传统上,俄罗斯会在国家的大型国际论坛上组织媒体合作活动。2019年东方经济论坛也不例外,在其框架下举行了第五届中俄媒体论坛。两国有关部门和媒体的100多名代表讨论了加强中俄媒体的协调与互信、人文和文化交流、加深两国人民之间的了解等问题,介绍了俄罗斯远东与中国各地方之间的示范合作项目,指出了在数字化转型中相互学习和相互借鉴优秀媒体实践的特别重要性。

来自中国和俄罗斯的代表在多边平台上就媒体合作进行了反复讨论。2019年第二季度,以这种形式进行了一系列磋商,话题涉及新技术平台上的媒体互动。在与"一带一路"倡议进行合作的国家专项会议框架内,俄罗斯媒体对中国在媒体中引入5G技术的经验越来越感兴趣。俄罗斯塔斯社是"一带一路"新闻合作联盟的创始人之一,后续发布了"一带一路"新闻网网站和手机应用程序。参加该联盟的共有来自86个国家的182个媒体组织。

2019年5月,在上海合作组织成员国协调员会议上,中俄双方审议了与加强数字化及信息和通信技术领域合作的有关问题。在上海合作组织比什凯克峰会前夕,举办了上海合作组织媒体论坛,来自12个国家的100多家媒体和政府机构的代表参加了论坛。论坛上通过了一项决议,认为有必要在上海合作组织的框架内建立一个专门的从事媒体合作管理的机制,需要一个有效的平台来促进媒体的务实合作。

中俄媒体机构继续朝着这个方向努力,在"一带一路"倡议框架内中俄媒体机构共同启动了在线经济信息交换系统。这个新的信息平台是由新华社发起的,目的是改善全球经济信息传播系统。参与该项目的有30多家知名的国际新闻社。

中俄媒体在国际舞台上的相互支持与协调是重要的合作领域,尤其是在西方拥有主导"话语权"优势的情况下。

(五) 2019 年中俄旅游合作

2019年,中俄之间的游客往来有所增加(参见表4)。在访问俄罗斯的游客数量方面,中国在远东国家中排名第一。自2015年以来，俄罗斯的中国游客数量一直在增长，这与赴俄旅行费用相对较低有关。货币波动为中国游客提供了更多赴俄旅行的机会。

表4 2014—2019年中俄入境和出境旅行次数（单位：千人次）

年份	2014	2015	2016	2017	2018	2019
从中国到俄罗斯的入境旅行次数	874	1122	1289	1478	1690	1883
从俄罗斯到中国的出境旅行次数	1731	1284	1676	2003	2018	2334

Источник: составлено А. В. Ларионовым на основе: Число выездных туристических поездок // Федеральная служба государственной статистики России. URL: https://www.gks.ru/free_doc/new_site/business/torg/tur/tab-tur1-2.htm.

此外，目前正在实施一系列旨在鼓励中国游客来俄度假的项目。例如，在东方经济论坛上签署了一项协议，中方北冰洋控股集团希望在俄方堪察加半岛建立"亚洲乡村旅游群"的活动，目标是进一步发展中俄地区、兄弟城市、小型旅游城市协会之间的游客交流。

同时，由于负责监管旅游业的俄罗斯机构缺少系统性的措施，中国游客日益增长的流量正在变得不平衡。过去的5年中关于这个问题有许多讨论，随着合作规模的扩大，该问题有可能成为双边人文合作中的一种刺激性因素。

很大一部分中国游客继续由"灰色"公司提供服务。质量低下的服务降低了中国游客再次到俄罗斯度假的兴趣。非法中国导游经常会提供有关俄罗斯的错误信息，而俄罗斯导游经常被排挤出接待中国游客的业务。许多俄罗斯媒体和专家认为，大量来自中国的游客实际上并没有为俄罗斯财政带来贡献，因为所有利润都被掌管酒店、饭店、公交车和纪念品商店的中国商人装进了口袋。因此，加强对旅游组织的监管对中俄旅游合作的进一步发展是必要的。

2020年上半年，新冠肺炎疫情使中俄整个双向游客流暂停。随着中国疫情暴发，俄罗斯联邦消费者权益及公民平安保护监督局建议俄罗斯人离开中国，建议在疫情形势稳定前不要前往中国。至2020年2月3日，共有5600名俄罗斯游客从中国出境，他们中的大部分是在海南度假。至2020年6月，拟赴中国旅游的有3万—3.2万人。

随后，中俄完全禁止外国游客入境。由于新冠病毒传播的形势和采取的相应限制性措施，2020年，中俄游客量将无法恢复到疫情前的水平。预计到2020年底，中俄之间的旅游合作收入将大幅减少。

七、建议

（一）在国际议程问题上加强战略协作

1. 中俄全面战略协作伙伴关系在复杂的国际环境中向前发展，这一国际环境的特点是潜在冲突增加，传统和非传统安全威胁加剧。2020年，新冠肺炎疫情成为全球和区域性规模的不确定因素。

中国和俄罗斯的地位决定了它们在全球治理和安全领域的特殊责任。在当今动荡的环境下，中俄在国际问题上的合作应具有系统性和长期性，要达成对世界发展的威胁与目标的共识。中俄两国解决一些问题的方法可能不尽相同，但对两国而言，重要的是在世界秩序的基本问题上保持战略一致，以多边主义、平等与互利的精神促进全球治理的发展，抵制安全和经济方面的单边主义、保护主义和其他破坏性趋势。

2. 在深化中俄战略协作伙伴关系的条件下，尤为重要的是遵循平等、相互尊重、互惠互利和长期合作的原则，尽管两国在对待合作的方式方法、经济实力、商业利益、商业条件和文化认同等方面存在差异。中俄两国应认真考虑伙伴国所有可能产生的令人忧虑的问题，保持联系，解决出现的分歧，以免对相互信任和整个合作的发展产生长期的负面影响。

中俄双方应继续努力，在所有领域加深务实合作，俄罗斯提议要逐步消除战略协作伙伴关系中的军事战略和贸易经济中的不对称现象。

3. 中国和俄罗斯的特点是在世界不同地区采用相似的方法解决安全问题。继续进行立场协调和积极的联合工作，减缓朝鲜半岛、阿富汗、近东和世界其他地区的紧张局势，这有助于稳定局势并减少损害中俄两国利益的风险。同时，中俄在西亚和非洲的合作要求形成共同的（至少是相近的）原则立场，中俄要为伙伴国的倡议提供更多支持。可以更积极地使用上海合作组织的平台来协调区域安全政策。

4. 中美之间日益紧张的对抗加剧了国际关系的不稳定性，给中国和俄罗斯的发展带来了更多的风险。俄罗斯认为，逐渐发展战略稳定和军备控制对话，吸引中国、俄罗斯和美国的加入，符合俄罗斯的利益。

中美贸易战和西方国家的反俄制裁促进了中俄关系的加强。因此，尽管俄罗斯无法在中国市场上完全取代美国，但可以加强在碳氢化合物和农产品贸易中的地位。鉴于与西方国家在投资和技术合作方面的限制，中俄两国可以建立更紧密的技术伙伴关系，发展联合研究和技术交流。吸引来自中国的投资资源对俄罗斯市场而言是有前景的。中美在人文领域合作状况的恶化为提高俄罗斯在中国教育市场上的地位、发展基础科学和研发领域的合作、整体上加强双边关系的社会人文基础创造了机会。不过,反美主义不能成为中俄伙伴关系的基础。为了充分发挥所有领域的合作潜力,必须消除行政和金融障碍,解决基础设施发展不足和人才短缺的有关问题,同时也要减少因相互依存度不断提高而引发的担忧。

5. 中国和俄罗斯继续在国际和地区组织以及对话机制中进行合作。中俄两国支持联合国在国际关系体系中的核心作用,但共同合作对联合国和安全理事会进行改革的必要性已经成熟。对于两国而言,特别重要的是在 G20、金砖国家和上海合作组织平台上的合作。中俄的共同努力可以实质性地完善这些机制,以期建立更加公正和平等的世界秩序,增加发展中国家在国际事务中的影响力。

印度是中国和俄罗斯的重要合作伙伴,三方应充分利用中俄印"战略三角"的潜力来协调在全球问题上的立场并解决共同关心的问题。促进文明间的对话也是有前景的方向,在第一阶段可以以中国、俄罗斯、印度和伊朗的合作为基础。

6. 当前,中俄面临着提高金砖国家和上海合作组织效率的任务,这两个平台对中俄都特别重要,它们也都面临着类似的困难。俄罗斯是这两个组织 2020 年的主席国,俄罗斯可以利用它的优先权将这一认识安排为峰会的重点。

新冠肺炎疫情证明了中俄就全球卫生和非传统安全挑战进行合作的价值。考虑到金砖国家和上海合作组织已有举行卫生部长会议的惯例,将这一定期接触制度化是合理的。

在全球经济衰退背景下,金砖国家和上海合作组织的迫切任务是发展经贸合作,包括增加贸易、建立金融和支付的基础设施,推进发展机构(如金砖国家新发展银行和建立上海合作组织银行)。此外,利用金砖国家和上海合作组织"+"和"拓展模式"建立伙伴网络也具有很大发展潜力。

7. 中俄在欧亚大陆合作的优先方向是"一带一路"倡议与欧亚经济联盟的对接，确保协调一致并为该地区的互利合作创造空间。中国和欧亚经济联盟成员国应认真开展联合工作，通过两者的结合取得切实的经济成果，这需要减少非关税壁垒、提高清关效率及发展运输和金融基础设施。最近，在对接框架内，技术和创新领域的合作变得尤为重要。中国和俄罗斯也可以吸引欧盟参与欧亚大陆互联互通的对话。

在北极问题上的合作也很有前景，特别是在开发北极航线作为亚欧航线的潜力方面，这将有助于俄罗斯北极地区社会经济的发展。日益加强的中俄在北极地区的合作需要仔细拟订初步的联合项目，同时考虑经济利益和各方利益，以及考虑北极国家的特殊地位。

8. 中国和俄罗斯可以积极致力于改革全球能源体系，建立一个考虑到发展中国家立场的稳定的能源管理架构。国际能源合作的发展很有前景，包括与日本和韩国进行磋商，以便在东北亚建立多边合作机制。

（二）新冠肺炎疫情

9. 新冠肺炎疫情表明，中俄在医疗领域的合作、预防和消除紧急情况后果方面的机制需要改进。

极为迫切的是加强交流，在病毒学、流行病学和医学领域进行联合科学研究，交流研究成果，促进医疗和卫生领域的合作。中国和俄罗斯可以共同制定预防和控制传染病的标准。

地方医学研究院、中心和实验室的合作起着重要作用。建立合资公司也很有前景，生产针对新型冠状病毒的消毒系统、试剂和诊断系统以及高科技抗病毒制剂。

10. 在流行病的情况下保护伙伴国公民权利的机制需要进一步完善，既要确保必要的生活条件和获得医疗的机会，又要解决签证和其他行政问题。必须认真观察和分析各方在合作方面的困难，防止互信水平和合作兴趣的下降。

（三）经贸合作

11. 贸易是中俄两国经济合作发展的主要动力，双边贸易增长传统上与能源有关。实现双边贸易结构的多样化仍然是紧迫的任务，尤其是在能源市场动荡的情况下。

农产品的供应富有前景，但是粮食贸易的大幅度增长需要解决植物检疫问题，加强双方对所供应产品的控制，改善基础设施并提高清关的效率。在俄罗斯境内组织全周期联合生产可以促进地区货物周转量的增加，这意味着要创造有利的经济环境，包括提供优惠的信贷条件。

高附加值产品的增加符合俄罗斯的利益，这在很大程度上取决于俄罗斯完善经济结构的可能性。俄罗斯在造船、航空和汽车工业领域的发展尤其具有潜力。这些领域有前景的产品可以在（包括在中国举行的）各种国际展览会上展出。

12. 发展相互投资仍然具有现实意义。中国在俄罗斯增加投资离不开实施已达成的协议。在这种情况下，有必要持续监督已启动项目的实施动态，在制订新计划时考虑合作的正面和负面经验。计划的制订应该是彻底和详细的，包括对预期收益的评估以及对合作伙伴国法律和技术标准。

通过进一步确定有前景的领域来扩大合作范围是合理的。俄罗斯经济结构的总体改善和双边贸易质的优化将有助于建立新的领域并改善吸引中国投资的环境。

中国和俄罗斯经济合作的实践表明，为大型项目提供国家担保以确保经济联系的稳定性是有效的。重要的是要提高中小企业在合作中的参与度。必须加强制度规范机制建设，以刺激商业组织之间的合作，减少人为因素的影响并消除不确定性。特别建议成立协助了解当地法律并建立业务联系的中介机构。增加联合投资基金的支持也将产生积极影响。中俄企业家积极参加圣彼得堡国际经济论坛和东方经济论坛等国际论坛，这为两国企业间关系的发展做出了贡献。

保护外国投资者的权利和建立透明稳定的商业环境仍然是非常重要的共同任务，特别是考虑到中国企业家经常认为俄罗斯的投资环境不好这一事实。同时，应在国家层面实施信息政策，这有助于增加合作伙伴对当前商业环境的认识。

13. 中俄在贸易和投资领域合作的提高需要有相应的金融基础设施建设的配合。在反俄制裁和中美贸易战的背景下，优先任务仍然是增加本币在相互结算中的份额及发展独立的支付基础设施，包括建立可供第三方使用的类似SWIFT系统的基础设施。支持以本国货币计价的有价证券的投资也很重要。

14. 基础设施的不发达（特别是在中俄边境地区）阻碍了经贸合作及运输服务的发展。为了增加贸易量和建立合资企业，应当使物流设施符合现代要求，对现有边关口岸检查站进行现代化改造，在短期内开设新的通关检查站，并加快清关速度。

15. 考虑到新冠肺炎疫情对中国和俄罗斯经济的负面影响，以及两国贸易和投资合作的预期下降，中国和俄罗斯政府应该重新考虑经济合作的方式。如今，贸易水平的保持在很大程度上取决于有效使用数字工具、在线支付和发展电子商务。特别重要的是医疗和必需品的供应。同时，现在就有必要制定国家措施，以恢复商业活动的活力，在疫情危机后以更快的速度恢复联合项目。

（四）科技创新领域的合作

16. 2020—2021 年中俄科技创新年为两国在这一领域加强合作增加了希望。双方有必要进行深度合作，包括共同研发、在生产中引入高科技、共同实现商业化和国际化。为提升合作水平，需要在一定程度上协调中俄在这一领域的利益和战略。重要的是防止人才和有前景的成果的单向输出。

随着中俄战略协作伙伴关系的加强，为解决"战略不对称"问题，俄方需要采取系统的、综合的合作方式。

17. 中俄在技术领域的学术合作已经建立，现在需要的是规划的落地并增加资金。建议增加联合活动的数量，包括举办中俄竞赛和科学项目，相互进入对方的独特设施和资产。

技术商业化也是加强科学界与企业界之间对话的重要内容。

18. 在商业合作中，中俄创新型中小企业的发展和参与也是迫切的任务。在国家和私营资本的参与下，通过设立专门投资基金予以支持，确保它们获得进入俄罗斯和中国市场的补充资金和必要权限。这些基金在实施大型联合项目中起着重要作用。

扩大合作伙伴关系，增加中国和俄罗斯科技园区、创新中心的联合项目数量也有助于增加创新潜力。

19. 在合作发展的同时，应在科技和创新领域形成一个成熟的专业商业服务市场。建议支持建立合格可靠的中介公司和咨询机构，提供技术支持、技术翻译、法律服务等。有必要加快对具有必要资质的、掌握高水平外语能力的人才的培训。

20. 应特别注意保护知识产权，遵守政府间知识产权保护协议及关于技术商业化的联合法律推荐建议，建立有效的争端监督和解决机制。

21. 同样重要的是形成有利的信息环境。两国媒体代表应公正地报道联合科技项目，有关部门、科研机构及合作过程中的其他参与者应向有关方面提供必要的信息。

（五）人文合作

22. 教育领域合作的意义在于它是中俄关系全面发展的基础，因此需要国家、企业和学术界给予特别关注。教育交流的重点不应放在短期研修和语言课程上，而应放在两国青年参加高等教育的计划上。同时，应从专注于俄语和汉语学习转移到鼓励选择对方国家有前景的专业学习。此外，不应将重点放在交流的数量的增加上，而应放在教育质量的提高上。

在疫情条件下，各项学术和教育交流被暂停或取消，研究和完善新的互动形式（包括远程学习和视频会议）具有现实意义。在实施防疫措施的情况下，有必要仔细地注意在中国的俄罗斯学生和在俄罗斯的中国学生所面临的困难，并提前采取行动。

23. 新冠肺炎疫情和对疫情蔓延的反应会影响社会舆论，可能给中俄两国人民带来信任危机。在当前环境下，必须防止第三方发布虚假信息行为的负面影响，避免一切形式的反华和反俄言论。

有必要增加相互的信息知晓性，继续在两国媒体间交流新闻内容，以便客观、详尽地报道中俄人民生活中的重大事件和国际议程，包括使用数字工具在内。中国和俄罗斯在全球和地区范围内协调信息工作的重要性正在增加，特别是在西方国家拥有世界优先"话语权"的情况下。

24. 在疫情下，中俄文化合作受到很大限制。应在此领域发挥数字形式的潜力，例如线上展览和观光、歌剧、芭蕾舞和戏剧等。

电影和其他视频产品的交流是有前景的，特别是考虑到近年来出现的中俄在电影领域合作加强的趋势。内容的联合制作可以在当前环境限制下继续进行。在实施新的联合项目时，有必要考虑累积的合作经验，并对中国和俄罗斯观众的需求进行深入分析。

25. 与新冠肺炎疫情有关的限制已导致中俄游客流量完全停止，短期内恢复交流的前景尚未清晰。在疫情过后合作的恢复中，要求优先解决长期未解决的问题，特别是旅游基础设施现代化、规范旅游市场，并加强对旅行组织的监管等。

26. 在新冠肺炎疫情的背景下，全球发展的不确定性增大、中俄合作新挑战出现、寻求合作的新形式和增长点的必要性增加，这使得中俄专家进行对话、开诚布公地探讨问题，以及寻求解决问题的方法变得尤为迫切。远程办公的形式为合作提供了新的可能性，包括召开网络研讨会，共同或分别发表分析材料。

第二编
学术论文篇

对深化中国国际问题研究的几点方法论思考*

冯玉军

[内容提要] 在世界处于大变局之际，中国的国际问题亟须提升研究水平，以为中国的和平发展提供有效的智力支撑。而改进方法论是突破中国国际问题研究"塬状态"、以科学咨询支撑科学决策、以科学决策引领科学发展的重要路径。针对目前中国国际问题研究领域存在的突出症结，作者提出，走出思维误区、摆脱"伪命题"、树立复合性思维和实现"历史回归"应成为深化中国国际问题研究的重要方法论选项。

当今世界，正处于百年未有之大变局，国际格局、世界秩序、经济发展以及社会思潮都与以往有着极大的不同。与此同时，中国也正加速走向国际舞台中心，其在地区和全球层面所产生的影响和引发的反应是强烈而又广泛的。这也决定了当下及未来一个时期中国崛起的地区和国际环境要远比前些年更复杂，战略机遇前所未有、战略风险也前所未有。乱云飞渡之际，如何正确地把握世界发展趋

---

* 本文是 2018 年国家社科基金重大研究专项"以总体国家安全观为指引补齐中国国家安全治理体系短板研究"阶段性成果，项目批准号 18VZL012。《现代国际关系》2020 年第 5 期，《中国社会科学文摘》2020 年第 11 期转载。

势、全方位了解竞争与合作的对象并为正确决策提供有力的智力支撑，是中国国际问题研究界的历史性重任。

但不能不遗憾地说，目前中国的国际问题研究与国家和人民的需求似乎并不相称。曾几何时，中国的国际问题学界为西方舶来的各种"主义""流派""范式"所充斥，"言必称希腊"；近年来，一些大而空洞的概念、口号又大行其道，外国人听不懂，中国人不明白。中国国际问题研究的诸多乱象在很大程度上是方法论缺失、错误导致的。因此，要整体性地提升中国国际问题研究的水平并使之切实服务于中华民族伟大复兴的事业，就必须从改进国际问题的研究方法入手。

一、走出思维误区

大千世界的变化是快速、复杂、深刻的，而人类的认知过程与思维方式受到诸多因素的限制，因此人类对客观世界的认知永远是一个不断趋近于真理的动态过程。在此过程中，如何突破狭隘、僵化、陈旧思维方式的束缚，更全面、准确地把握世界变化的脉动，是从事国际问题研究、也是做出正确战略决策的重要前提。

把握世界脉动，要突破僵化教条的思维误区，避免刻舟求剑，力求明察秋毫、见微知著。世界发展唯一不变的规律就是"变"，世界时刻在变，常变常新，人类认知相对于世界变化总是具有一定的滞后性。然而，风起于青萍之末，任何重大的战略变化都会有初始的细微征兆。要突破思维惯性和滞后性，增强研究的敏感性与洞察力。

2008年国际金融危机以来，人们看到了美国在金融危机中所受到的重创，看到了美国的政治极化和社会分化，看到了前所未有的

"特朗普现象"和美国"退群",据此得出了"美国加速衰落"的结论。但很多人没有关注或者有意忽略了另外的重要信息——美国在受到重创之后,正在逐渐进行自我修复。美国经济在经历了 2008 年的小幅衰退后,从 2009 年就开始了长达十年且年均增速接近 3% 的增长,[①] 这对于世界第一大经济体而言是相当不俗的表现。更为重要的是,美国还在对世界未来发展具有重大影响的新能源、新工业和新军事革命当中占据潮头。在能源领域,"页岩革命"使美国已经超越沙特和俄罗斯成为世界第一大油气生产国,[②] 不仅在一定程度上实现了"能源独立",而且正积极谋求扩大油气出口,其对国际油气市场和世界能源地缘政治带来的冲击是历史性的;在工业与技术领域,奥巴马执政时期推行的一系列产业政策改革以及特朗普上台后推行的减税等政策促使国际资本和高端制造业向美国回流,美国所拥有的科技与工业制造业优势依然巨大;[③] 在军事领域,尽管美国战略界不断渲染中俄军力扩展对其构成的挑战,但美国在核武器现代化、反导防御、高超音速武器、网络战、人工智能军事化等重要领域依然占据潮头,7000 多亿美元的军费开支更是令任何对手都无法与其比肩。[④] 这一切都意味着,尽管美国国内政治分野加剧、两党政治斗争激烈,但美国的综合国力并未实质性衰减,断言"美国衰落"似乎为时过早。未来一个时期,我们可能看到美国综合国力一定程度的反弹,也可以预见到美国霸权行为在"美国第一"的旗号之下强

[①] IMF, *World Economic Outlook Database*, October 2019, https://www.imf.org/external/pubs/ft/weo/2019/02/weodata/index.aspx.

[②] BP, *BP Statistical Review of World Energy* 2019, https://www.bp.com/content/dam/bp/business-sites/en/global/corporate/pdfs/energy-economics/statistical-review/bp-stats-review-2019-full-report.pdf.

[③] World Economic Forum, *The Global Competitiveness Report* 2019, http://www3.weforum.org/docs/WEF_TheGlobalCompetitivenessReport2019.pdf.

[④] Stockholm International Peace Research Institute, *Military Expenditure by Country as Percentage of Gross Domestic Product*, 1988-2018, https://www.sipri.org/databases/milex.

势回归，预见到美国对外行为的更加咄咄逼人。

更为重要的是，在评判国家实力的时候，我们应该从方法论上反思和超越过于简单、粗放的总指标——如国内生产总值、军事支出和国家能力综合指标（CINC）的模式。因为这些指数在一定程度上只能测量国家拥有的资源规模，而忽略了国家的成本和资源利用效率问题，这自然会导致夸大人口大国的实力水平。美国塔夫茨大学政治系助理教授、哈佛大学肯尼迪政府学院贝尔弗科学与国际事务中心研究员迈克尔·贝克利（Michael Beckley）认为，国家实力是减去成本之后的净资源。这里的成本可以包括生产成本、福利成本和安全成本。生产成本指国家为了获得经济和军事产出必须投入的资源，经济上包括消耗的原材料和产生的污染等，军事上指为了训练军队和研发先进军事装备而付出的成本；福利成本指国家用于维持人们生活的成本，如食物、医疗、社会保障和教育；安全成本指政府为了维护政权、打击犯罪和对外防御而支付的成本。显然，生产、福利和安全成本都消耗了大量资源，衡量国家实力必须去掉这些成本。因此，他提出了应该使用净指标即"GDP×人均GDP"指标。GDP可以体现国家经济和军事产出的总规模，而人均GDP则反映了经济和军事的效率，将二者综合起来便可以囊括净资源的规模和利用效率这两个重要维度，从而可以更加准确地测量国家实力。[1] 作者通过三种方法对比国际政治中总资源和净资源的区别：一是对大国竞争案例进行检验。选取案例的标准是两个大国长期竞争，且一国在总资源上占优势，另一国在净资源上占优势；二是使用大量数据来评估上述指标（GDP、CINC、GDP×人均GDP）在预测国际冲突和战争结果时的准确性；三是用三种衡量指标复制了部分现有

---

[1] Beckley Michael, "The Power of Nations: Measuring What Matters," *International Security*, 2018 (43), No. 2, pp. 7 – 44.

的国际关系模型，分别测算三种指标的样本内适合度。结果表明，"GDP×人均GDP"的指标适合度和解释能力远高于GDP和CINC指标。

世界变化的本身异常复杂，更何况今日为达成特定目的而展开的信息战、宣传战、心理战以及混合战此起彼伏，各种障眼法、迷魂阵不一而足，经常导致"眼见并非为实"。因此，把握世界脉动，要突破简单化的思维误区，避免人云亦云，力求去粗取精、去伪存真、由此及彼、由表及里。[1] 一段时间以来，有关美元国际地位的问题引起了广泛的讨论，一些专家对美元资产在俄罗斯国际储备中的份额急剧下降，黄金、欧元和人民币所占份额相应上升的现象做出了过于政治化的解读，他们认为这是世界"去美元化"的又一证明，表明了美元的国际地位在进一步衰落。但如果对比美国和俄罗斯两国的金融实力以及近年来双方的金融博弈，特别是考察美元在全球外汇储备、外汇交易以及国际贸易结算中的全面数据，[2] 就不能不得出截然相反的结论：这不是俄罗斯信心满满的"去美元化"，而是迫不得已的"避险措施"。其真实的含义在于，在受到美国强力金融制

---

[1] 毛泽东在《中国革命战争的战略问题》一文中突出强调，"指挥员使用一切可能的和必要的侦察手段，将侦察得来的敌方情况的各种材料加以去粗取精、去伪存真、由此及彼、由表及里的思索，然后将自己方面的情况加上去，研究双方的对比和相互的关系，因而构成判断，定下决心，作出计划，——这是军事家在作出每一个战略、战役或战斗的计划之前的一个整个的认识情况的过程"。参见《毛泽东选集》（第一卷），北京：人民出版社、解放军出版社，1991年版，第170－244页。

[2] 实际上，到2017年年底，在全球外汇储备中，美元的市场份额约为11万亿美元，占比为63%。Currency Composition of Official Foreign Exchange Reserves（COFER）series from the International Monetary Fund，http://www.data.imf.org/? sk = e6a5f467 - c14b - 4aa8 - 9f6d - 5a09ec4e62a4；在一些实行固定汇率或管理汇率制国家中，美元占比65%，即美元仍然是主要的锚定货币，而这些国家约占世界GDP的75%左右。Major Foreign Holders of Treasury Securities series from the Treasury International Capital reporting system of the U. S. Treasury Department，http://www.ticdata.treasury.gov/Publish/mfh.txt；88%的外汇交易量和至少40%美国以外国家进口发票中都是美元。此外，62%的国际债务发行、49%的所有债券发行，以及48%的跨境银行债权都是用美元计价。European Central Bank，The International Role of the Euro - June 2018，https://www.ecb.europa.eu/pub/ire/html/ecb.ire201806.en.html。

裁而且担心被踢出"环球同业银行金融电讯协会"（SWIFT）背景下，俄罗斯不得不尽量减少外汇储备中的美元资产，以防在极端情况下遭受更大损失。更何况，当时美联储的加息政策日益明朗，这意味着包括美国政府债券在内的债券价格势将缩水。在此情况下，俄罗斯压缩美元资产完全是一种理性的"经济行为"，而不是具有高度政治意味的"去美元化"。

把握世界脉动，要突破孤立、静止、片面的机械唯物论思维误区，走出非黑即白、非好即坏、非敌即友的"二元论"陷阱，以复合性思维观察世界。在这方面，马克思主义经典作家有关国际问题的传世之作，如《路易·波拿巴的雾月十八日》《沙皇俄国政府的对外政策》《十八世纪外交史内幕》《帝国主义是资本主义的最高阶段》等以高屋建瓴的战略视野、深邃的历史洞察力给我们今天的国际问题研究树立了值得认真学习的典范。就方法论而言，他们非常重视从全局、整体和联系当中把握事物的全貌和本质。正如列宁在《帝国主义是资本主义的最高阶段》的序言里所指出的，"社会生活现象极其复杂，随时都可以找到任何数量的例子或个别的材料来证实任何一个论点"，"在社会现象领域，没有哪种方法比胡乱抽出一些个别事实和玩弄实例更普遍、更站不住脚的了。挑选任何例子是毫不费劲的，但这没有任何意义，或者有纯粹消极的意义，因为问题完全在于，每一个别情况都有其具体的历史环境。如果从事实的整体上、从它们的联系中去掌握事实，那么，事实不仅是'顽强的东西'，而且是绝对确凿的证据"。①

中国老一辈的国际关系学者在国际问题研究方法论领域也进行了有益的探索，并为我们留下了宝贵的财富。中国现代国际关系研究院的陈启达先生突出强调，要充分研究客观世界存在着的多维辩

---

① 《列宁全集》第28卷，北京：人民出版社，1990年版，第364页。

证关系。这种多维辩证关系在国际问题领域中主要表现在"经济基础与上层建筑之间、阶级因素与非阶级因素之间、历史的继承性与历史的变异性之间、正面因素与反面因素之间、主要矛盾与非主要矛盾之间、宏观与微观之间、性质与数量之间、内因与外因之间、共性与特性之间"。他强调"正确的研究方法应该全面地掌握这九对关系的两个方面,而不能忽视其中任何一个方面"。[①] 这种全面考察、相互联系的方法对于破解孤立、片面、僵化的思维方式和研究方式是十分有益的。

与以复合性思维观察世界的方法相对应的实践行为,是用多元平衡手段处理外交关系。在国际议事日程日益复杂、多重博弈趋于紧张的现实面前,不选边站队而搞多元平衡成为绝大多数国家的务实外交选择:在经历了克里米亚危机之后的西方国家制裁之后,普京实际上已经在很大程度上改变了"美国已经衰落""多极化已成现实"等战略认知,开始回归实用主义,一面谋求调整、改善与西方的关系,一面加速"向东转"以从中国、日本、韩国、印度获取更多实际好处;土耳其总统埃尔多安在重重压力面前,不得不委曲求全,一方面与俄罗斯握手言和,并在叙利亚问题上相互利用,另一方面主动调整对美欧关系,避免与西方关系全面恶化;而沙特阿拉伯、哈萨克斯坦等中等强国也在纵横捭阖,以多元平衡外交获取更多实际利益。

反观中国的国际问题研究学界,一些人简单地套用西方国际关系理论的概念,教条化地把中美关系归结为"零和博弈",以"美帝亡我之心不死"作为认知和研究起点,否定主动作为的可能、否定外交谈判的空间,结论必然是落入"修昔底德陷阱"。这种学术思想的苍白、机械与官僚机器"屁股决定脑袋""宁左勿右""怠政"

[①] 参见陈启达:《多维的世界与多维的思维》,北京:时事出版社,1999年版,第3页。

的习气相混合，导致的结果就是"中美必有一战"的宿命论，从根本上限制了中国的政策选择空间，将把中美关系推向冲突不断升级，最终走向"新冷战"的深渊！

把握世界脉动，要走出"阴谋论"思维误区，以扎实深入的研究把握国际大势背后的真相与规律。"阴谋论"的认识论基础是"不可知论"，反映的是其鼓噪者的懒惰和无知。2014年国际油价断崖式下跌，不少人断言这是美国和沙特阿拉伯联手打压俄罗斯的地缘政治阴谋。但实际上，这是美国"页岩革命"导致的后果：随着美国非常规油气的大规模开发，国际油气市场出现了供过于求的局面，传统油气出口国沙特阿拉伯、俄罗斯起初为争夺市场份额竞相压价销售，继而又为避免恶性竞争而联手"限产保价"。这才有了以前无法想象的"欧佩克+"，才有了在叙利亚问题上立场相左的俄罗斯总统普京与沙特阿拉伯王储萨勒曼在2018年G20阿根廷峰会上击掌相庆的离奇场面。

"众里寻他千百度，蓦然回首，那人却在，灯火阑珊处。"这是王国维先生所谓治学之最高境界。悬思、苦索后的顿悟，来源于走出思维误区，来源于常识、逻辑与思索。国学如此，国际问题研究亦然。

二、树立复合性思维

当今世界，最大的特征就是"变"。变的速度加快、变的幅度增强、变的方向调整、变得更加复杂而难以捉摸。但无论世界变得如何复杂，人类的理性需要理解之，国家的决策需要理解之。因此，就出现了两个相互关联的问题：一是要清楚今天的世界究竟发生了怎样的变化；二是要调整我们的认知框架，用复合性思维来观察、理解、认知日益复杂的世界。

当代国际关系的第一个变化在于议事日程更趋复杂。与威斯特伐利亚体系、凡尔赛-华盛顿体系、雅尔塔体系下地缘政治、大国关系主导国际关系不同，当代国际关系的内容极大丰富，技术进步、人口增减、金融安全、气候变化、全球治理、人文互动、宗教因素、大规模传染病都成为国际关系的重要构成要素，而且这些要素本身及其相互关系都是多向度、多维度甚至是相反相成的：全球化既带来了世界经济、全球福利的普遍增长，同时也带来了不同国家、不同社群之间的贫富差距进一步拉大，利益诉求进一步分化，进而导致了全球性的保守主义和民粹主义回潮；在全球性挑战更加突出、推进各领域全球治理的必要性日益凸显之际，二战后形成的国际规制却已无法有效治理全球性难题。与此同时，构建全球治理新规则、新机制的努力却远未达成共识，因而出现了大量的"治理真空"；全球化条件下，各国间的相互依赖毫无疑问地深化了，但这种相互依赖往往是不平衡的，收益是不对称的。以往，人们更多强调了相互依赖和互利双赢；当下，这种相互依赖和收益的不平衡性却成为了国际关系中矛盾、冲突甚至局部战争的重要诱因。①

第二个变化在于国际关系行为主体更加多元。冷战结束后，民族国家在国际体系中的地位与作用曾经相对下降，全球化浪潮一度高涨。但近年来，国家主义却在世界政治中重新抬头。全球物流、人物、资金流、信息流较前受阻，"国家间政治"再次回潮。与此同时，国际组织、跨国公司、宗教派别、利益集团、部族团体甚至个人等非国家行为体都在对国际事务发挥着日益重要的影

---

① 冯玉军：《国际形势新变化与中国的战略选择》，《现代国际关系》，2017年第3期，第9-15页。

响。在这种情况下，不能把国际事务再视为"小薄饼"，而是要看作"多层蛋糕"。要在多层次上来观察当代国际关系体系，国际层面、国家层面、集团层面、个人层面的诸现象都需要深入剖析。

第三个变化在于国际关系的运行方式更加复杂。一方面，随着网络技术特别是社交媒体的广泛运用，国际信息空间既高度趋同、即时，又高度混乱、鱼龙混杂。各种"假消息""假新闻"满天飞，"可控混乱"与"混合战争"也大行其道。另一方面，在大规模战争风险下降的同时，各种制裁战、金融战、宣传战、心理战、情报战以及多形式、新形态的地区冲突却甚嚣尘上，国际关系体系呈现出高频振荡的不稳定状态。

认识复杂世界需要复合性思维。这种复合性思维必然不同于传统的线性思维，简单地认为世界发展只有一种可能、一种方式、一条轨道。要摆脱"牛顿力学"的思维定式，理解相对论有关"时空是统一而不可分割的整体，它们之间是此消彼长的关系"这一命题在国际关系中的流变，充分认识到世界不是线性发展的，而是复杂的"多元多次方程"；世界是多彩多姿的，要把当代国际关系放在多棱镜而非老花镜、近视镜和有色眼镜下细心观察，唯有如此，才能看到其七色光谱和斑斓底色；世界是混沌的，不是非黑即白、不是非好即坏，不能用冷战时期的"阵营思维"来处理对外关系，"一条线、一大片"式的写意手法已经无法适应当今需要"精细化"计算的战略需求。

这种复合性思维必然是开放的体系。不仅需要从自身经验和判断出发，更要善于倾听他者的声音；不仅要关注当下，更要关注历史与未来；不能仅仅就事论事，就政治谈政治、就经济谈经济，而是要看到政治、经济、安全、文化、社会等不同要素之间的复杂关系与多频互动；不能把国内事务与国际关系相互割裂，而是要深刻认识到内外两个大局的深度互动，甚至两个大局浑然一体，难以区分。

这种复合性思维应该是由历史发展、世界比较以及中国利益三维坐标共同组成的立体化体系。理解复杂世界，必须正确处理好理论和历史的关系。很多人拿着抽象的理论去阉割现实，而没有将当今世界放在历史长河中来考察，这是万万要不得的。我们不能完全不要理论，但在理论和历史之间，可能历史镜鉴要比抽象的理论更加重要；理解复杂世界，一定要看清人类文明发展大势，唯其如此，才能在世界体系的坐标中找准我者与他者的真正位置；更重要的一点是，对于中国来说，任何时候都要清醒地认识到，我们理解复杂世界、处理对外事务的根本出发点是维护和扩展中国的国家利益。① 否则，我们的研究就可能找不到方向，甚至可能会走入歧途。在国际形势乱云飞渡的当下，实现从理想主义和浪漫主义向理性现实主义的回归，有着特别重要的意义。

三、摆脱"伪命题"

国际关系中的各种现象纵横交错，国际问题研究也经常被不同类型的"伪命题"所困扰。

作为哲学和逻辑学概念，"伪命题"有其自身的界定。维特根斯坦继承了贝克莱、休谟的经验主义学说，将所判断的内容不属于"真实世界"的命题，如形而上学命题、神学命题、伦理学命题以及美学命题甚至逻辑学、数学、自然科学中的推演部分所涉及的命题定义为"无意义命题"。维也纳学派的重要成员艾耶尔将命题分为真

---

① 冯玉军：《对俄罗斯问题研究方法的几点思考》，《俄罗斯学刊》，2015年第2期，第6-7页。

命题（genuine proposition）和伪命题（pseudo proposition）两类。真命题包括永真性由逻辑来保证的先天分析命题和对事实进行陈述的后天综合命题，伪命题则对应着维特根斯坦的"无意义命题"。逻辑实证主义对于真伪命题的划分标准是证实原则，而可证实性可分为实践的可证实性和原则的可证实性两种。波普尔等理性批判主义者又提出科学和非科学划分的证伪原则，认为非科学的本质不在于其正确与否，而在于其不可证伪性。证伪主义应采用试错法，试错法对理论的修改和完善是没有止境的，试错法的结果只能是一个较好的假说，但不是最好的假说。最好的假说是终极真理的代名词，与科学精神相悖。

与作为严谨的专业哲学术语既有联系也有区别，今天我们所说的"伪命题"通常是指不真实的命题，既指该命题不符合客观事实和科学道理，也指无法断定其真假，既非先天分析命题也非后天综合命题的"无意义命题"。实际上，它包含了无实质意义的伪概念、不成立的伪问题和无法证实或证伪的伪陈述等多种含义。

时至今日，在国际问题研究领域仍然流传着形形色色的"伪命题"，道听途说、以讹传讹，不仅干扰学术研究、耽误学生获取知识、影响民众理解世界，甚至误导国家决策。

在诸多国际关系"伪命题"中，最不靠谱的就是一些耳熟能详的地缘政治理论了。比如，麦金德有关"谁统治了东欧，谁就统治了欧亚大陆腹地；谁统治了欧亚大陆腹地，谁就统治了世界岛；谁统治了世界岛，谁就统治了世界"[1]的论断不仅被诸多学者所引用，甚至被一些国家作为制定对外政策的理论支撑。大英帝国和沙皇俄

---

[1] ［英］麦金德著，林尔蔚、陈江译：《历史的地理枢纽》，北京：商务印书馆，1985年版，第13页。

国曾为争夺"世界岛"展开了惊心动魄的"大博弈",① 德国地缘政治学家豪斯霍费尔也推出了控制"世界岛"计划,并被纳粹德国奉为发动侵略战争的圭臬。② 即使在当下,当涉及有关阿富汗、中亚、中东事务以及俄美关系问题时,也经常听到一些学者言必引这一地缘政治学说的"金科玉律"。然而,麦金德的三段论推理本身就是一个包含伪概念的巨大逻辑陷阱:究竟哪里是"世界岛"、谁能清晰确定它的范围?谁、怎样、何时可以占据"世界岛"?如何才能证实或者证伪"统治了世界岛就可以统治世界"?这一切,都是一笔糊涂账。

较之地缘政治理论的明显缺陷,石油峰值论和增长极限论由于放大了对环境问题的关注而备受推崇,但实际上,其理论假设也大有可以推敲之处。石油峰值论源于 20 世纪 50 年代美国著名石油地质学家哈伯特发现的矿物资源"钟形曲线"规律。他认为,作为不可再生资源,任何地区的石油产量都会达到最高点,石油峰值是指某一区域(全球、地区、国家、油区等)石油产量的最大值及其来临的时间,达到峰值后该地区的石油产量将不可避免地开始下降。罗马俱乐部于 1972 年发布的《增长的极限》报告断言,由于石油等自然资源的供给是有限的,因而经济增长不可能无限持续下去。③ 这两种理论假设带有浓厚的消极悲观色彩,是"未来学悲观派"的典型代表。如果按照他们的假设,人类真的应该尽早制订"流浪地球"计划了。这两种假设的理论及社会价值在于关注了特定资源的总体有限性,并提出了通过对全球性问题的系统研究,提高公众全球意

---

① 参见[英]彼得·霍普柯著,张望、岸青译:《大博弈:英俄帝国中亚争霸战》,北京:中国青年出版社,2015 年版;Леонтьев Михаил. Большая Игра. Москва: АСТ; Санкт-Петербург: Астрель - СП6, 2009.

② 丁力:《豪斯霍费尔与德国地缘政治学》,《经济观察报》,2010 年 2 月 21 日。

③ 参见[美]丹尼斯·米都斯等著,李宝恒译:《增长的极限:罗马俱乐部关于人类困境的报告》,长春:吉林人民出版社,1997 年版。

识，改善全球治理从而使人类摆脱所面临困境的必要性。但其方法论的缺陷在于"静止、孤立、封闭地研究和看待事物，对战术接替和战略接替没有进行深入的研究"，[1] 忽视了自然资源的无限可能性和人类推动技术进步的主观能动性。实际上，一方面，技术进步使人类开发利用石油资源的可能性不断提升，近年来"页岩革命"所带来的世界能源市场剧变即是明证，没有人能够预测"石油峰值"何时到来；另一方面，技术进步使人类不断掌握利用非常规碳氢化合物（如可燃冰）、太阳能、风能、氢能的能力，从理论上讲，人类拥有利用自然资源的无限可能，除非海枯石烂、太阳爆炸。

多年来经常被一些战略界人士提及的"马六甲困局"实际上也是一个明显的"伪命题"。这一推断认为，马六甲海峡是中国能源供应的"海上生命线"，但中国海军鞭长莫及。一旦出现意外，将给中国的能源安全造成极大威胁，"谁控制了马六甲海峡和印度洋，谁就能随时切断中国的能源命脉"。基于这种认识，数条陆上石油管道得以修建或者提上议事日程。推进能源进口多元化是一项明智的决策，但如果以"马六甲困局"作为决策前提，却实在是让人啼笑皆非：一是如果有大国想切断中东对中国的石油供应，在波斯湾下手会更直接有效；二是精确制导导弹破坏固定而漫长的陆上油气管道非常容易，战争时期他国可以选择任意一点动手就可以使陆上油气管线陷于瘫痪；三是绝大多数通向中国的陆上油气管道都经过高风险地区，中国能源供应面临的非传统安全威胁不降反升；四是如果真要发生战争，肯定将实施战时经济状态，能源供需将是另一番完全不同的场景，哪里还可以有私家车可开？可以说，对于"马六甲困局"的担心"一定程度上是由于混淆了战时与和平时期的能源安全概念产生的。把战时能源供应与和平时期的能源安全保障放在一起谈，

---

[1] 张抗：《从哈伯特的两次石油峰值预测说起》，《石油科技论坛》，2008年第6期。

就不可避免会放大能源运输和能源安全的风险与威胁。一些中国学者诸多论述中的'一旦有事''紧急状态'和'遏制能源咽喉'等，多是指中国在战争或与某国敌对状态下的能源安全风险。而实际上战时与和平时期的能源安全有着很大区别。在发生直接涉我战争时，能源安全实际上也演变为军事安全，通常意义上的能源安全概念已不适用，传统的能源安全保障手段诸如战略石油储备、能源生产与运输设施等不但已无法保障战时的能源供应，反而会成为战时敌方主要的军事打击目标。战时能源供应的充足与否主要取决于军事实力，如对运输线的保障能力。在诸多战争中，表面看能源供应关系到战争结局，实际上军事实力是胜负的最终决定因素"。①

  国际关系领域的"伪命题"得以存在和流传有诸多复杂的原因。一是简单的"一元化"思维，过度强调单一因素在事物发展过程中的决定性作用，从而忽视了多种因素合力的影响。石油峰值论的缺陷就在于只关注了资源的有限性而忽视了技术进步的无限性和能源利用的多样性。二是不合理地使用连串的因果关系以得出某种意欲之结论，犯了将"可能性"转化为"必然性"的逻辑错误。麦金德的"世界岛"理论和"如果你偷懒，就会令公司受损；公司受损，就要解雇员工；遭解雇的人因失去收入，就会打劫；打劫时遇到反抗，就会杀人。所以如果你偷懒，你就是杀人犯"之类的"滑坡谬误"如出一辙。三是由于某种思维定式的制约。"马六甲困局"之所以流传甚广，很大程度上是由于中国是传统陆权国家而历史上又遭受过西方国家禁运和封锁造成的。在这种情况下，"战争逻辑"常常压制了"市场逻辑"，对能源供应被切断的担忧让我们忽略了中国的庞大市场本身也是一种重要的"能源权力"，在中国需要油气进口

---

① 赵宏图：《"马六甲困局"与中国能源安全再思考》，《现代国际关系》，2007年第6期。

的同时，能源生产国也迫切需要中国的能源市场份额。①

大变局下，摆脱国际关系"伪命题"对于中国至关重要，只有以立体多元的视野、开放包容的胸襟看待自己、观察世界，才能真正把握世界脉动，做出正确的战略决策。

四、实现"历史回归"

近年来，中国国际问题研究存在一种普遍的"去历史化"或者说"空心化"现象。就事论事、炒作新奇概念以及貌似高大上、实则假大空的"理论推导"贻害无穷。在日益复杂的国际大变局下，中国的国际问题研究必须将国际关系史、外交史、中国对外关系史重新纳入研究和思考的视野，实现"历史回归"。

实现国际问题研究"历史回归"，必须要树立深邃的历史观，不畏浮云遮望眼，把现实问题放在历史发展的长河中加以考察，而不能拘泥于一时一事。当今美国的内政外交都经历着前所未有的剧变，但这些变化并非无迹可寻。从第一次世界大战后威尔逊提出"十四点计划"试图以和平主义来改造世界到受挫后退回孤立主义，再到全面卷入第二次世界大战并确定战后国际秩序，美国对全球事务的关注和影响是持续的、上升的，而不问世事、洁身自好则是相对的、短暂的。一段时间的孤芳自赏之后，往往是美国对全球事务更广泛的参与和重塑。当下，许多人只看到特朗普加紧"退群"，因而认定美国是在搞"孤立主义"。但殊不知，美国正在国际经贸领域打破它曾经创立的旧秩序，并加紧建立对

---

① 冯玉军：《中国能源"软肋"中隐伏的结构性权力，如何转为手中"优势"》，https://www.thepaper.cn/newsDetail_forward_1894346.

其更加有利的新秩序：美加墨、美韩自由贸易协定已经签署，美日部分自贸协定也已达成，美欧正在加紧谈判，甚至不排除CPTPP未来也被美国"收购"的可能。一个以美国为核心，以"零关税、零壁垒、零补贴"为基本原则以及在环境、劳工等领域实施更高标准的高度一体化的大市场可能在不久的将来呼之欲出。

实现国际问题研究"历史回归"，必须全面呈现、还原历史，只有在丰富翔实的"大数据"支撑下，才能做到以史为鉴。2019年是中苏建交70周年，今天的中俄关系也达到了"新时代全面战略协作伙伴关系"的新高度。要使中俄关系平稳、健康、可持续发展，就不能只讲中俄关系的战略意义和巨大成就，也要看到曾经的困难和曲折；不能只讲苏联援建过中国156个工业项目，也要看到沙俄、苏联在外蒙古、我国东北、新疆等问题上对中国权益曾造成的巨大侵害。正如邓小平对戈尔巴乔夫所言，中（苏）俄关系有两大症结：一是自近代以来，"从中国得利最大的，一个是日本，一个是沙俄，在一定时期一定问题上也包括苏联……；二是中苏关系"真正的实质问题是不平等，中国人感到受屈辱"。[①] 只有全面地还原历史，才能真正地理解"不结盟、不对抗、不针对第三方、非意识形态化"四大原则对于中俄关系的重大价值，才能避免重蹈中苏关系由海誓山盟、如胶似漆很快演变为反目成仇、执刀相向的历史覆辙。

实现国际问题研究"历史回归"，要学会进行科学的历史比较。近代以来，俄罗斯在东亚的存在和影响经历过几轮波浪式起伏。1856年克里米亚战争战败后，俄罗斯调头东进，借中国陷入太平天国起义内乱和第二次鸦片战争之机，迫使中国签署了一系列不平等

---

① 邓小平：《结束过去，开辟未来》，《邓小平文选》第3卷，北京：人民出版社，2001年版，第293—295页。

条约，从中国割占了上百万平方千米土地，真可谓"失之东隅，得之桑榆"。之后，俄罗斯与日本在中国东北和朝鲜半岛展开了激烈角逐。1895年中日甲午战争后，俄罗斯借助李鸿章"以俄制日"的想法诱使中国签署《中俄密约》，通过修筑中东铁路等一系列措施在华攫取了大量利益。[①] 在日俄战争中被日本击败后，俄罗斯的东亚战略核心目标就是引导强势日本"南下"而非"北上"，最终在1941年以牺牲中国利益为筹码与日本签署《苏日中立条约》，把日本的侵略能量引向中国、东南亚和太平洋。而在二战行将结束之际，苏联却利用《雅尔塔协定》出兵东北亚并取得了巨大利益，特别是让外蒙古实现了法理上的独立。可以看到，尽管历史上俄罗斯在东亚缺乏足够的实力，但却有着连贯的战略并善于借力打力以获得最大利益。当前，东亚战略格局正经历着历史性转换，俄罗斯也开始了新一轮"向东转"进程。在此过程中，俄罗斯有着怎样的战略目标、会运用怎样的策略手法？历史不会给我们全部答案，但肯定会给我们有益的启迪。

五、结语

"当前，全面建成小康社会进入决定性阶段，破解改革发展稳定难题和应对全球性问题的复杂性艰巨性前所未有，迫切需要健全中国特色决策支撑体系，大力加强智库建设，以科学咨询支撑科学决策，以科学决策引领科学发展。"[②]

[①] 黄定天等著：《战后东北亚国际关系史研究》，北京：社会科学文献出版社，2018年版，第77-78页。

[②] 中共中央办公厅、国务院办公厅：《关于加强中国特色新型智库建设的意见》，《人民日报》，2015年1月21日第1版。

国际问题研究是与国际战略运筹、对外政策实践具有高度相关性的学科领域，在国际格局和世界秩序深刻演变、中国发展与外部世界高频互动的今天，中国国际关系学界必须承担起时代的责任，始终以维护国家利益和人民利益为根本出发点，从改善研究方法入手，在由世界发展、历史比较和中国利益为坐标轴的立体空间里，开展科学性、前瞻性、针对性的理论和政策研究，全方位地获取和传播真知识、实学问，提出专业化、建设性、切实管用的政策建议，着力提高综合研判和战略谋划能力，为实现"两个一百年"奋斗目标做出切实贡献。

中俄美关系与国际秩序*

赵华胜

[内容提要] 中俄美关系不仅反映着国际秩序建设中的主要内容和基本矛盾，还代表着新国际秩序建设基本的不同理念和主张，并且在相当大程度上决定着未来国际秩序的走向。对于自由主义国际秩序的衰落，中俄美各有其作用。与一般的看法相反，中国不是自由主义国际秩序衰落的直接原因。俄罗斯对现行国际秩序的作用有两重性：在维护现行国际秩序的同时对其亦有冲击。自由主义国际秩序衰落的根源在于自身，一方面是西方国家世界整体性相对衰落，另一方面是西方国家将自由主义思想推向极端，超出合理性边界，它在国际政治的实践中遭受重大失败，国际社会对它的"普世价值"的认同降低，并为众多非西方国家所抛弃。对于现行国际秩序，中俄美存在不同认识。美国把中俄界定为国际秩序的"修正主义国家"，而中俄认为它们是现行国际秩序的维护者，其原因是三国所理解的国际秩序不同。在基本理念和立场相同或接近的情况下，中俄在国际秩序建设上也存在差别，在一些具体理论和实践问题上两国有不同的风格和特点。未来国际秩序的形成将是一个长期和曲折的过程，任何一个国家或国家联合都不可能单独构建起普遍的国际秩

---

* 本文原发表于《俄罗斯东欧中亚研究》，2020年第3期。

序。在中俄美形成的竞争性结构下，不可能出现一元化的国际秩序，未来国际秩序有三种可能的形态：碎片化、多元型和"新东西方"体系。"新东西方"体系有可能演变为以中美对立为主要框架。2020年暴发的新冠肺炎疫情大流行对国际政治产生巨大的冲击，包括对国际秩序和中俄美关系。不过，它更可能是加速了原有的过程，而不是改变了它的方向。

国际秩序是被创造出来的。[①] 在国际秩序的创造中，大国具有更大的作用。而在当今的大国中，中俄美的影响又最为突出。不论作为个体还是它们的整体关系，中俄美都是塑造未来国际秩序最重要的因素。[②] 中俄美在国际秩序发展方向上最具代表性，它们反映着国际秩序建设中的主要内容和基本矛盾，体现着新国际秩序建设基本的不同理念和主张。它们的关系在相当大程度上决定着未来国际秩序的走向。当然，这并不意味着轻视其他国家必不可少的重要作用，也不意味着中俄美可以包办新国际秩序。

国际秩序是一个复杂的理论问题，许多博学之士对此有深入研究。以最简单的解释，国际秩序就是由国际规则、原则、制度等构成的处理国家关系的稳定和结构性的系列安排。

国际秩序也是一个复杂的实践问题。在现实的国际政治中，它不是一个简单明晰的存在，而是表现为错综复杂的形态。即使是对现行国际秩序是什么这一最基本的问题，也存在着十分不同的理解和解释。这种不同不仅是学术性的争鸣，它往往也体现着国家之间的政治分歧和对国际政治"制高点"的争夺，中俄美在国际秩序问

[①] Haass, Richard, How a World Order Ends: And What Comes in Its Wake, Foreign Affairs, New York Vol. 98, Iss. 1, (Jan/Feb 2019): 22.

[②] Andrey Kortunov, China, Russia and US define world order, July 17, 2019, https://russiancouncil.ru/en/analytics-and-comments/comments/china-russia-and-us-define-world-order/.

题上的矛盾即是如此。

本文不是对中俄美关系与国际秩序问题的全面考察，它集中探讨三个问题，即中俄美与国际秩序衰落的关系、中俄美在国际秩序建设中的角色，以及中俄美与未来国际秩序的形成。

一、谁导致了自由主义国际秩序的衰落？

二战之后形成的以西方国家为主导的国际秩序在衰落是公认的事实。新兴力量的崛起和西方国家自身的相对衰落是它的基本背景和根源。西方国家的相对衰落是整体性的，它不仅表现在经济和军事等物质指标上，更主要的是表现在它的政治、文化和发展模式的吸引力上。随着新兴力量的崛起和它经济上的成功，随着西方国家内部种种问题的出现，西方模式的吸引力下降，它的至高地位开始受到挑战。[①]

那么，在这一宏观背景之下，中俄美对自由主义国际秩序的衰落各是什么作用？

中俄美对现行国际秩序的理解有重大差异。在美国的国际政治词典中，现行国际秩序也即自由主义国际秩序，这也是西方通常的理解。

关于自由主义国际秩序衰落的原因有两种主要观点：一种是归

---

① 法国总统马克龙认为西方在政治上衰落，失去了政治想象力，而新兴国家在经济崛起的同时，民族文化复兴，给国际政治带来新思想，这都是西方霸权可能终结的原因。Ambassadors' conference – Speech by M. Emmanuel Macron, President of the Republic，Paris, 27 August 2019. https：//lv. ambafrance. org/Ambassadors – conference – Speech – by – M – Emmanuel – Macron – President – of – the – Republic.

咎于特朗普；① 另一种是指向中国。后一种观点不仅在美国学术界流行，也为美国官方所认可。

尽管这一观点符合国际秩序变化的抽象逻辑，即大国兴衰是国际秩序变化的根源。不过，具体到中国与当今自由主义国际秩序的衰落，这一观点不是没有问题的。

毫无疑问，中国崛起对由西方国家主导和以西方价值体系为基础的自由主义国际秩序带来重大压力，但在自由主义国际秩序的衰落中，中国崛起的作用是次要的，它更多表现为一种背景，而不是直接冲击。

自由主义国际秩序是一个复杂的问题，有关它的看法和阐释缤纷繁杂。② 一般认为，自由主义国际秩序的核心思想是民主政治、市场经济、国际机制。也有学者把它的核心特征解释为以规则为基础的自由贸易体系、强大的联盟和实施遏制的足够的军事能力，以多边合作和国际法解决全球问题、在世界推广民主等。按照西方学者对国际秩序的分类，在自由主义国际秩序之外，还有以实力为基础的国际秩序和以利益调节为特点的保守主义国际秩序。③

中国从来没有在整体上接受自由主义国际秩序，④ 中国也不使用自由主义国际秩序的概念，中国甚至也不把战后形成的国际秩序理解为是纯粹的自由主义国际秩序，也不把它作为总体的国际秩序和规则。

---

① Грэм Эллисон, Миф о либеральном порядке, 11 июля 2018. http：//www.globalaffairs.ru/number/Mif – o – liberalnom – poryadke – 19668.

② 袁正清、贺杨：《国际关系研究的 2018 年热点与新进展》，参见张宇燕主编《国际形势黄皮书：全球政治与安全报告（2019）》，社会科学文献出版社，2019 年版。

③ Michael J. Mazarr, Miranda Priebe, Andrew Radin, Astrid Stuth Cevallos, Understanding the Current International Order, Published by the RAND Corporation, Santa Monica, Calif. Copyright 2016 RAND Corporation. p. ix.

④ 于滨教授对此有详尽的阐述。参见于滨：《中俄与"自由国际秩序"之兴衰》，《俄罗斯研究》，2019 年第 1 期，第 33 页。

与此同时，不可否认的是，作为在国际政治中占有主导地位的自由主义国际秩序，它与二战后形成的国际秩序存在着大面积的重合，并且难以完全分割。二战后形成的国际秩序的理念、规则和机制在相当大程度上体现着自由主义国际秩序的特征，或者是它的主要构成部分，联合国、世贸组织、国际货币基金组织这些最重要的国际多边机制都存在于自由主义国际秩序之内。因此，所谓接受和进入国际秩序，不能不在某种程度上也是接受和进入自由主义国际秩序。从这一角度出发，中国崛起的过程，总体上是逐渐接受和进入国际秩序的过程，同时也是进入西方所理解的自由主义国际秩序的过程，而不是摧毁它的过程。

中国的崛起过程与国内改革开放过程是同步的。中国的改革开放在政治上向民主化和法治化方向发展；在经济上从计划经济转向市场经济；在对外关系上从封闭转向开放，与国际规则接轨，并融入世界。虽然中国从未在整体上完全接受所谓自由主义国际秩序，特别在意识形态的层面，但中国的发展大部分是与自由主义国际秩序的主张相洽，而不是与自由主义国际秩序对立和对抗。

从大国冲突对自由主义国际秩序冲击的角度，中国的影响也不是主要的。自1989年以来，中美关系一直磕磕绊绊，矛盾不断。但除了在一些阶段性的短暂时期，在冷战结束后的大部分时间里，中美矛盾都不是对国际秩序最强烈的冲击因素。近几年情况发生改变，中美矛盾上升到国际政治的最前沿，但这已经是在自由主义国际秩序被严重削弱之后。

从时间顺序的角度说，中国崛起的过程与自由主义国际秩序衰败的过程虽然平行，但两条曲线并不同步。中国崛起对国际秩序的显著效应只是在近年才凸显，但自由主义国际秩序远在此之前已经开始衰落。以"一带一路"为例。有观点把"一带一路"看作是对自由主义国际秩序的替代。但"一带一路"只是在2013年才提出，也只是在近几年才形成整体性效应。从这个角度说，即使"一带一路"有取代自由主义国际秩序的功能，它也是自由主义国际秩序衰落的结果，而不是它的原因，况且这是外界加之于"一带一路"的功能，它本身并没有设定这种目标。

中国的崛起改变了国际力量格局，但并没有改变现存国际秩序的基本框架和基本规则。从改革开放至今，中国40年来的国际政治主张有发展和演进，但没有根本性的方向改变。中国维护联合国的权威，主张国际政治多极化和经济全球化，加入世贸组织，发展市场经济，推动多边贸易机制，接受国际规范的约束，持续加大对外开放。中国也一贯主张尊重国家主权，反对干涉内政，各国有权自主选择发展道路，在外交上非意识形态化，实行不结盟不对抗政策。中国主张对现行的以联合国、世贸组织、国际货币基金组织为基础的国际政治、经济、金融机制进行改革，但在性质上是改良而不是革命，更不是摧毁它们。中国的基本目标是使这些国际机制适应已经变化了的形势，更加公正合理平衡，并提高中国在其中的合理权益和地位。

简言之，中国崛起对现行国际秩序是建设性因素，而不是破坏性力量，这是中国崛起与现行国际秩序关系的基本性质，在一定意义和一定程度上，这也是中国与自由主义国际秩序的关系。①

俄罗斯对现行国际秩序衰落的作用较为复杂。它有两重性：一方面，俄罗斯坚持维护二战之后形成的国际秩序的骨架；另一方面，俄罗斯也被认为对现行国际秩序的稳定性带来了冲击。

在冷战之后的大部分时间里，俄美矛盾都占据着突出地位，它

---

① 西方学术界也有认为中国不是自由主义国际秩序衰落原因的看法。Robert Farley，China's Rise and the Future of Liberal International Order: Asking the Right Questions, February 23, 2018, https://thediplomat.com/2018/02/chinas-rise-and-the-future-of-liberal-international-order-asking-the-right-questions/.

是后冷战时期大国冲突的主线。自1993年开始，俄美冲突一波接一波，连续不断，屡屡挑战规则，使国际秩序风雨飘摇，处于不断的被冲击中，其中也包括自由主义国际秩序。

客观地看，俄美冲突的挑起方是美国，俄罗斯是应对和反击方。诸如北约东扩、车臣问题、科索沃战争、反导条约、伊拉克战争、俄欧能源关系、中导条约问题、俄罗斯国内政治等问题，都是美国发动在先，俄罗斯回应在后。这也是冷战后俄美关系的基本态势，即美国处于对俄罗斯的战略攻势，俄罗斯处于战略守势。

在俄美关系的所有问题中，对国际秩序最强烈的冲击是2008年的俄格战争和2013年开始的乌克兰危机。这两次事件的形式和结果都超出了国际秩序的底线，打破了国际秩序的规则。俄美抛弃了对已经所剩无几的"秩序"的表面遵守，走到直接军事冲突的边缘，国际秩序因此摇摇欲坠。俄罗斯瓦尔代国际辩论俱乐部每年一度的年会主题清楚地反映了这一点。在乌克兰危机发生后的2014年，国际秩序成为瓦尔代年会的主题，当年它的题目是"世界秩序：新规则还是无规则？"它的潜台词不言而喻：国际秩序已经瓦解，世界正进入无规则状态。在这一状态的形成中，俄罗斯也有某种程度的参与，虽然可能是被动的参与。

但自由主义国际秩序衰落的根本原因还是在其自身。一方面，是西方国家内部自身的发展出现问题，西方世界整体性相对衰落；[①]另一方面，是西方国家将自由主义思想推向极端以致"异化"，美国的单边主义一步步升级，它在国际政治的实践中遭受重大失败，国际社会对它的"普世价值"的认同降低，它的价值贬值，并为众多非西方国家所抛弃。

[①] 郑永年教授认为自由主义国际秩序是西方内部秩序的外部延伸，今天自由主义国际秩序面临的挑战是由于西方内部秩序出了问题，影响到外部秩序。郑永年：《如何理解西方的新一轮反华浪潮》，《联合早报》，2020年2月11日。

自由主义国际秩序虽是西方思想的反映，并以服务西方国家为出发点，但在一定的时空和条件下，它不是没有现实合理性，并且在全世界范围受到过相当程度的欢迎。苏联解体和冷战结束后，自由主义的声望达到高峰。冷战结束在西方国家被视为自由主义的胜利，同时也是自由主义国际秩序的胜利。它表明，由苏联所代表的社会政治和经济制度是低效和错误的，苏联所支持的思想和制度无法与自由主义国际秩序相抗衡。美国和西方国家陷入了历史狂欢。在这种背景下，"历史终结论"应运而生，"泛自由主义"思潮兴起，认为自由主义是社会理想的顶峰，是人类历史发展的终点，所有国家都应走这条道路，除了自由主义实现人类理想再无它途。

一般说，社会理论都有合理性边界，并需有相适应的时空环境，这样它才会正常地开花结果。如果越出合理性边界，将其绝对化，则不免走向极端，它的合理性会失真和变形，蜕变为某种意识形态"原教旨主义"，即使是正确的思想理论也会发生异化，并最终走向它的反面。

自由主义在西方国家也在一定程度上发生了这种现象。自由主义是一种有着长久历史的思想和价值体系，它在不同的时代和不同的领域有不同的表现形式。像任何社会理论一样，它需要有相适宜的时空和社会环境才能产生理想的结果。但冷战结束激起的热情使自由主义在西方国家走向极端。一些人认为，自由主义不仅是唯一正确的思想和价值，而且也是人类社会唯一应走的道路。这使自由主义隐含了对真理的垄断性和道德的至高性。这对国际政治产生了重大影响，其最主要的表现是自由主义被视为最高价值，成为西方国家的政治正确。同时，自由主义的社会制度是普世楷模，西方国家应将这一理想制度加之于各国。这为西方国家超越现行的国际法和国际制度提供了合法性的理论依据。

不能不看到的是，虽然自由主义国际秩序从它诞生就首先是服务于西方国家的需要，但在自由主义国际秩序形成后，它也对美国和西方国家形成了一定的规则和机制的制约。而且，二战后自由主义国际秩序的形成也是在具有一定约束性的环境之中，即苏联和世界社会主义体系的存在和竞争。

冷战结束后，由于美国唯我独尊的地位，自由主义国际秩序对美国出现了两种相反的意义：一方面，它成为美国建立单极霸权和推行单边政策的便利工具；另一方面，在某些情况下，特别是在它与美国的现实利益发生矛盾时，它对美国外交也是一种羁绊。正如俄罗斯外长拉夫罗夫所说，中国在现行国际秩序中发展起来，而美国则被自己制定的规则打败。[1] 在某种情况下，一些规则不再对美国有利。

苏联解体后，美国失去了最大的战略制衡，成为唯一的超级大国，综合国力遥遥领先，世界地位至高无上，出现了百年不遇的建立单极霸权的形势，美国的战略冲动也油然而生。在这个过程中，美国对自由主义国际秩序的滥用越来越严重，它跨越了国际法的基本准则，超越了国际主权、不干涉内政等处理国家关系的基本概念，它赋予了新干涉主义政治和道德的正当性，成为新干涉主义的理论支撑。

在自由主义国际秩序对美国形成制约的方面，美国采取了完全相反的做法，即置自由主义国际秩序的规则和精神于不顾，不惜毁掉自由主义国际秩序的框架。这表现在美国对构成自由主义国际秩序的规则和机制的无视和破坏，蔑视联合国的权威，包括不经联合国安理会同意对主权国家发动战争，在国际事务中我行我素。在某种意义上，这是美国对自由主义国际秩序的抛弃，它也与自由主义

---

① Ответы на вопросы Министра иностранных дел Российской Федерации С. В. Лаврова в программе 《Большая игра》 на 《Первом канале》, Москва, 22 декабря 2019 года, https：//www.mid.ru/ru/foreign_policy/news/-/asset_publisher/cKNonkJE02Bw/content/id/3968263.

的精神相悖。美国把西方国家政治制度强加于他国的做法，鼓励和支持通过"颜色革命"进行非正常的国家政权更迭，这对他国来说既不自由也不民主。作为自由主义国际秩序的主导国，美国的行为极大地降低了自由主义国际秩序的可信度和可靠性，它对自由主义国际秩序的打击更为致命。如果说许多国家的抵制对自由主义国际秩序只构成一种压力和挑战，那么美国的抛弃则是釜底抽薪。

对自由主义在国际关系中的滥用可说是国际政治中的泛自由主义。泛自由主义为自己制造了强大的对立面，成为推动许多国家国际合作的重要媒介。对他国主权的侵犯、对他国内政的干涉、推动"颜色革命"，支持不合法的政权更迭，直至不经联合国同意对他国使用武力和发动战争，这不能不受到对象国的激烈反对，而且也不为中俄印等持不同政治理念的大国所接受。

事实上，新干涉主义的对象国往往都是弱国和小国，而西方国家也不是真正抛弃了国家主权的思想。在2016年美国大选中，所谓的俄罗斯干预问题演变成美国国内重大政治事件，大大加剧了美俄关系的恶化。这说明，在涉及本国时，国家主权不可侵犯和国家内政不可干预不仅仍是美国的信条，而且美国的反应甚至比一般国家更为强烈。由此，可以说泛自由主义实质上更多是一种变相的霸权主义，是国际关系中的一种双重标准，而不是纯粹的出于对民主理想的忠诚。

泛自由主义对自由主义国际秩序造成的损害不仅来自许多国家的抵制和反对，它最根本的问题在于其导致的消极乃至是灾难性的效果。在以民主之名发生了"颜色革命"和非正常政权更迭的中东和原苏联国家，不仅没有出现真正的民主政治和经济繁荣，相反，多数国家出现政治、经济和社会危机，甚至陷于混乱和战火之中，民众遭受困苦，国计民生大倒退。这种结果反证了泛自由主义的错误性和危害性，使自由主义国际秩序的光环失色，吸引力下降，它的道德性被蒙上了阴影。加之西方国家自身也遇到了严重的国内问题，这对自由主义思想和自由主义国际秩序的威望更是雪上加霜。也正是在这个背景之下，俄罗斯总统普京公开宣称自由主义已经过时。①

二、中俄美的角色

一个有意思的现象是，在谁是国际秩序维护者和破坏者的问题上，中俄美的看法相互矛盾。美国把中国和俄罗斯定位于国际秩序的"修正主义国家"，指责中俄从内部削弱和破坏二战之后形成的国际秩序，腐蚀它的原则和规则。②而中国和俄罗斯的看法恰恰相反，它们认为破坏二战后国际秩序的是美国，而它们是现行国际秩序的维护者。

这一矛盾的原因不难解释，那就是它们所理解的是不同的国际秩序，或者是它们侧重的是现行国际秩序的不同部分。

美国所说的自然是指自由主义国际秩序。它认定中俄是破坏者有几重含义，而最实质的问题是指中俄挑战美国在国际秩序上的主导地位，在新国际秩序的构建中与美国分庭抗礼，推行不同于自由主义国际秩序的价值体系和原则规范。③

而中俄所理解的国际秩序首先是以联合国为核心的国际体系和

---

① Интервью газете The Financial Times. В преддверии саммита 《Группы двадцати》 Владимир Путин ответил на вопросы представителей газеты The Financial Times: редактора Лайонела Барбера и главы московского бюро Генри Фоя. 27 июня 2019 года, http://www.kremlin.ru/events/president/news/60836.

② Summary of the 2018 National Defense Strategy of the United States of America, p. 2, https://dod.defense.gov/Portals/1/Documents/pubs/2018 - National - Defense - Strategy - Summary. pdf.

③ The National Security Strategy of the United States of America, December 2017, p. 45, https://www.whitehouse.gov/wp - content/uploads/2017/12/NSS - Final - 12 - 18 - 2017 - 0905. pdf.

以国际法为基础的国家关系准则。从这一角度说，美国从战后国际机制的主要参与者和主导者转为主要不满者和破坏者，而中俄从相对次要乃至被动的参与者转为主要的维护者。这特别反映在是维护还是抛弃战后形成的主要国际机制和制度上，包括联合国的核心地位、多边贸易体制、军备控制制度等。

但不管是从美国还是从中俄的角度，在国际秩序问题上都出现了一道政治鸿沟，这道鸿沟把中俄美一分为二，它的一边是美国，它的另一边是中国和俄罗斯，虽然中俄也都保持着各自的独立性。

中俄与美国在国际秩序建设上的分歧表现在多个方面。

应建立一个多极化还是单极化的世界是中俄与美国最基本的分歧之一。中俄都主张多极化和多边主义，这是中俄国际合作最重要的共同立场。正是在这个问题上，确定了中俄与美国的方向性分野。中俄都不愿看到形成美国一个国家的霸权，都不接受世界的单极结构，都反对国际事务中的单边主义。

在国际秩序的制度构想中，中俄都主张继续把联合国作为基本框架，都坚持联合国在国际事务中的中心地位，都要求维护联合国在国际事务中的权威性。这既是因为中俄都是联合国安理会常任理事国，这赋予它们重要的国际政治地位和权力，对捍卫本国的国家利益有重要作用，也是因为联合国仍是当今世界最重要的国际机制，有着最广泛的代表性，是多边主义最重要的制度体现，在全球治理中发挥着重要作用，没有任何其他机制可以代替。中俄都认为联合国存在许多问题，需要改革，但如果联合国解体，二战之后所形成的国际秩序将彻底不复存在，世界将陷入完全的"无政府"状态。在此之后，要重建一个包括世界绝大多数国家且得到它们认同的政治组织将难上加难。

国家关系准则是中俄与美国的又一个分歧焦点。中俄都坚持把主权置于最高地位，认为主权应是国际关系不可动摇的基石，① 不干涉内政是国际关系的不可替代的规则。互不干涉内政为联合国文件所确认，② 符合《联合国宪章》精神和国际法，它仍应是国际行为合法性的来源。互不干涉内政所针对的是新干涉主义。中俄认为新干涉主义为国际和地区的混乱和动荡打开了方便之门，不仅中俄都是新干涉主义的受害者，国际和地区稳定也深受其害。

中俄与美国在国际安全秩序建设上也持对立立场。中俄主张建设共同安全体系，维护国际战略稳定，反对美国谋求单方面绝对军事优势。中俄都要求维护多年来所形成的防扩散和军控国际制度，而美国继在退出《苏美关于限制反弹道导弹系统条约》后，又在 2019 年退出了《苏美关于消除中程和中短程导弹条约》（《中导条约》），对《第三阶段削减战略武器条约》在 2021 年到期后的政策语焉不详。按照俄罗斯外长拉夫罗夫的说法，国际战略稳定的三个支柱条约已经坍塌了两个，剩下的一个也摇摇欲坠，③ 不出意外的话最终也将垮掉。④ 中俄主张防止外空军备竞赛，并就防止在外空放置

---

① 中俄相关的表述可见：王毅国务委员兼外长在外交部 2020 年新年招待会上的致辞，2020 - 01 - 20，https：//www.fmprc. gov. cn/web/wjbzhd/t1734329. shtml. Владимир Путин выступил на итоговой пленарной сессии XIV ежегодного заседания Международного дискуссионного клуба 《Валдай》 под названием 《Мир будущего： через столкновение к гармонии》. 19 октября 2017 года. http：//www. kremlin. ru/events/president/news/55882.

② Выступление и ответы на вопросы Министра иностранных дел Российской Федерации С. В. Лаврова на 《Правительственном часе》 в Совете Федерации Федерального Собрания Российской Федерации, Москва, 23 декабря 2019 года, https：//www. mid. ru/ru/press_service/minister_speeches/ - /asset_publisher/7OvQR5KJWVmR/content/id/3977671.

③ Выступление и. о. Министра иностранных дел Российской Федерации С. В. Лаврова на общем собрании членов Российского совета по международным делам, Москва, 21 января 2020 года, https：//www. mid. ru/ru/foreign _ policy/news/ - /asset _ publisher/cKNonkJE02Bw/content/id/4003236.

④ 鉴于美国对俄罗斯一再提出的就延长第三阶段削减战略武器条约的建议置之不理，俄罗斯外交部 2020 年 2 月宣布谈判的机会窗口已经关闭。МИДе заявили об исчерпании возможностей РФ и США для продолжения СНВ 10 февраля 2020, https：//iz. ru/974312/2020 - 02 - 10/v - mid - zaiavili - ob - ischerpanii - vozmozhnostei - rf - i - ssha - dlia - prodolzheniia - snv.

武器、对外空物体使用或威胁使用武力问题缔结国际协议，但美国对此加以阻扰。中俄还准备协作进行战略新疆域安全治理，以联合国为平台，研究人工智能等新科技对国际安全可能造成的影响，形成相应的国际规范。

中俄在国际秩序建设的经济层面也有原则性共识，它们的共同点是提高新兴经济体在国际机构中的地位，反对单边制裁政策，反对保护主义，反对贸易战，坚持自由贸易制度等。

除了双边形式和在联合国等多边国际平台上的协作外，中俄在国际秩序建设上还有重要的共同平台，它们主要是上海合作组织、金砖国家集团、带盟对接，以及中俄印三边框架等。

不过，中美和俄美关系对国际秩序的影响又有所差别。美俄是世界上两个最强大的军事大国，尤其是在战略和核武器的指标上，它们在国际战略安全、战略武器控制等方面是传统的规则和秩序的制定者，俄美关系的这一作用未来仍将基本保持，它们仍将是国际军事战略安全秩序的关键角色，它们建立的机制和确定的规范具有基础性意义。随着中国军事能力的快速上升，未来中国在战略安全秩序上的影响会越来越大。而中美作为世界第一和第二大经济体，两国关系对国际经济秩序的作用更突出。两国国民生产总值占世界的约40%。如果它们不能在国际经济秩序上达成妥协，形成共同接受的安排，也就不会有稳定和制度化的国际经济秩序。

在基本理念和立场相同或接近的情况下，中俄在国际秩序建设上也存在差别，在一些具体理论和实践问题上两国不完全一样，并且有不同的风格和特点。

总的来说，在理论上俄罗斯更为清晰和透彻，棱角突出，对美国和西方国家的国际秩序观批判更彻底，是非对错鲜明，重逻辑和法理，但也有二元思维特征。中国在理论上相对模糊，表达含蓄，迂回曲折，不是黑白分明，有中庸思维特征。

在实践上,俄罗斯相对激进,更具革命性,在做法上信奉俄罗斯谚语所说的"和狼在一起,就要像狼嚎",不固守成规和作茧自缚,对方践踏规则,俄罗斯也就可以不受规则约束。俄罗斯谴责美国和北约轰炸南斯拉夫联盟、入侵伊拉克、出兵利比亚的主要论据是它们都违背了国际法。[1] 它包含着西方国家已失去指责俄罗斯的道义和法律权力的逻辑,这也为俄罗斯的自我辩护提供了一个逻辑起点。在为合并克里米亚辩护时,俄罗斯是以西方制造科索沃独立、乌克兰国家政变和克里米亚民意为援例,实际上也暗合这个逻辑。[2] 中国相对谨慎,走渐进改良路线,在做法上更善于以柔克刚,注重长期效果,不争一时之短长,即使美国抛弃规则,中国仍循着"己所不欲,勿施于人"的思想,仍愿恪守正确的理念和规则。不过,随着国内外形势的变化,中国外交的风格也在变化,开始更强调针锋相对和正面斗争。

在国际秩序建设的途径上,相对来说,中国更注重新要素的创造和植入,包括新的概念、理念、框架、机制等,如新安全观、新型国际关系、新型大国关系、人类命运共同体、"一带一路"、亚投行等。换言之,中国更多是从国际秩序建设的"供给侧"入手。俄罗斯对西方国家及其所主张的国际秩序有强大的批判力,在阻止西方的某些意图时能力有余,但提供新元素的能力相对较弱,在提供替代公共产品上有所不足。这不是因为俄罗斯缺乏想象力,也不是俄罗斯没有自己的思想和构想,而主要是由于俄罗斯的国力不足,缺乏足够的推进国际秩序构建的资源和号召力。

就中国的国际秩序观的本源来说,它更多是出于中国传统文化

---

[1] Заседание Международного дискуссионного клуба 《Валдай》, 27 октября 2016 года, http://www.kremlin.ru/events/president/news/53151.

[2] Владимир Путин выступил в Кремле перед депутатами Государственной Думы, членами Совета Федерации, руководителями регионов России и представителями гражданского общества. 18 марта 2014 года, http://www.kremlin.ru/news/20603.

的大同理念和对未来国际关系的美好期许，因此带着一定的理想主义色彩，如新型国际关系和人类命运共同体，而俄罗斯的国际秩序观更多是在与美国持续不断的冲突中产生，因而较多实用主义的成分。不过这是个有争议的问题。俄罗斯学术界的看法恰恰相反。它认为中国外交重实用，轻价值，而俄罗斯外交受较强的道德和正义感驱使。① 从根本上说，两国外交都以现实主义为底色，但它们有不同特点，这是广泛承认的事实。

在俄罗斯学术精英界，一种对俄罗斯传统外交思想具有颠覆性的认识和思潮正在出现。这突出地反映在瓦尔代俱乐部为2019年会所发布的报告中。在这篇名为《成熟起来，或是迎接无秩序：世界秩序的缺失如何促进国家的负责任行为》报告中，提出了一系列超越俄罗斯传统外交概念的观点。它的核心思想是二战后形成的国际秩序已经无可挽回地崩溃，重建国际秩序的努力徒劳无益，世界将进入没有国际秩序的无政府状态；但国际秩序的缺失并不是灾难，无政府是国际关系更自然的状态，它比现今建立在霸权基础之上的国际秩序更民主，这将为人类社会发展提供更大的可能性；未来独立国家共同的民主将代替原来的国际秩序，它将为国际政治制定规则，在这种情况下，国家领导人的道德、正义和责任感将至关重要；国家不能再期待"秩序"的庇护，而需要各自为政，各自为自己的生存而斗争，等等。②

尽管俄罗斯官方尚未接纳这一理论，但鉴于瓦尔代俱乐部与官方的密切关系，鉴于报告作者包括多位接近官方的有影响的学者，

---

① Тимофей Бордачёв, Без идеологии и порядка, 4 декабря 2019, https://globalaffairs.ru/number/Bez-ideologii-i-poryadka-20281. Статья была опубликована в журнале 《Россия в глобальной политике》, №5 за 2009 год.

② Oleg Barabanov, Timofei Bordachev, Yaroslav Lissovolik, Fyodor Lukyanov, Andrey Sushentsov, Ivan Timofeev, Time to Grow Up, or the Case for Anarchy, The absence of world order as a way to promote responsible behaviour by states, Valdai Discussion Club Report, September, 2019.

不能不认为这一理论反映着俄罗斯精英界对当今世界的一种情绪。这种情绪包含了俄罗斯的孤独感、对当今世界的失望、对西方国家不接纳和压制俄罗斯的怨怒、对改变这个世界的无奈，以及由此产生的独自上路的悲愤和孤傲。

这种情绪的出现不是偶然和孤立的。被认为是俄罗斯政坛重要思想家的苏尔科夫在2018年发表了一篇引起广泛反响的文章。在这篇名为《混血儿的孤独》的文章中，作者说俄罗斯的文化和地缘政治属性就像一个混血儿，它对自己的身份迷惑茫然。到处都把它当亲戚，但却不把它当亲人；在外人中它是自己人，在自己人中它又是外人；它懂得所有人，但却不被所有人所理解。① 其强烈的孤独感油然而生。另一位俄罗斯著名学者卢基扬诺夫断定，原有形式的全球化已经完结，世界正在向国家自私的方向发展，曾几何时的"共同利益"已经让位。② 对世界的失望和悲观可见一斑。俄罗斯官方坚持国际秩序建设，坚持维护联合国的地位，这符合俄罗斯的利益和需要，但在内心里俄罗斯深信国际秩序已经失序，联合国软弱无力，原有的治理体系已经失效，没有可靠的国际安全体系，因此在实践上俄罗斯是向确保自助自保和自成一体发展。③ 2020年俄罗斯宪法修改，根据普京提议确立了国内法高于国际法，虽然这不意味着俄罗斯将脱离国际法体系，也不是俄罗斯宪法思想的根本改变，但做出这一修正的含义十分清楚，那就是从立法上强化俄罗斯在国际政治中的独立自主，增加俄罗斯外交的行动自由。国内法高于国际法

---

① Владислав Сурков, Одиночество полукровки, апреля 2018, http：//www.globalaffairs.ru/number/－19490.

② Федор Лукьянов, Только вперед, 15 января 2020, https：//globalaffairs.ru/redcol/Tolko－vpered－20318.

③ Владимир Путин принял участие в итоговой пленарной сессии XI заседания Международного дискуссионного клуба 《Валдай》, Тема заседания －《Мировой порядок：новые правила или игра без правил?》, 24 октября 2014 года, http：//www.kremlin.ru/news/46860.

意味着当两者冲突时以国内法为优先，意味着俄罗斯可以不接受西方法律机构的裁决，俄罗斯不受它未接受的国际条约的限制和约束，俄罗斯可依据国内法所赋予的合法性对美国和西方国家的行为做出反应。①

在国际安全的重要领域战略武器控制问题上，中俄没有直接的矛盾，但有不同想法。美国试图把中国拉入美俄战略武器控制谈判中，中国予以拒绝，理由是中国的战略武器数量远少于美俄。俄罗斯对中国的立场表示理解，不对中国提出要求，同时表示如果美国要求中国参加战略武器谈判，那另外两个核国家英法也应参加。② 不过，这不单单是为中国的辩护，它也反映了俄罗斯希望看到中国加入并形成五核大国协商机制的想法。这一想法在普京 2020 年《国情咨文》中已经清楚地表达出来。③ 俄罗斯虽不强力推动中国参加军控谈判，但希望中俄美或中俄美英法多边形式出现，并认为它迟早有形成的可能。俄罗斯愿接受美国的说法，即这一机制主要是谈规则和透明度，不是谈削减和限制战略武器，因此战略武器数量少不再是不参加的理由。在中国的军费已是俄罗斯的 2 倍之多、军事实力迅猛提高的情况下，俄罗斯希望中国也被纳入战略武器控制进程的想法是自然的。俄罗斯外长拉夫罗夫认为俾斯麦的名言仍然有现实意义，即"在军事问题上决定性的因素不是意愿，而是潜力"。④ 这虽是针对美国说的，但也是普适的思维。如果美俄成功促压英法同

---

① Полный примат, Эксперты оценили предложение президента зафиксировать в Конституции приоритет российского права над международным, 15.01.2020, https://www.kommersant.ru/doc/4220873.

② Глава государства ответил на вопросы российских журналистов по завершении саммита БРИКС в Бразилиа, 14 ноября 2019 года, http://www.kremlin.ru/events/president/news/62047.

③ Послание Президента Федеральному Собранию, 5 января 2020 года, http://www.kremlin.ru/events/president/news/62582.

④ Ответы на вопросы Министра иностранных дел Российской Федерации С. В. Лаврова в программе《Большая игра》на《Первом канале》, 22 декабря 2019 год, https://www.mid.ru/ru/foreign_policy/news/-/asset_publisher/cKNonkJE02Bw/content/id/3968263.

意加入战略武器谈判，则将形成中国面对美俄英法的局面，这对中国来说也将形成倒逼的很大压力。

此外，中俄在其他一些具体问题上也存在一些不同。如在联合国安理会的改革上，中俄的指导思想相同，都主张增加发展中国家的代表性，但俄罗斯率先明确表态支持印度（以及巴西）"入常"，[1]而中国在这一问题上持谨慎立场，这给中国带来一定压力。虽然俄罗斯的做法是从俄印关系的考虑出发，并不是与中国存在矛盾，但在问题进入实质性操作阶段时，中俄之间会出现政策上的不协调，也有因此引起不和谐的可能。

三、中俄美与未来国际秩序的形成

从历史上看，崭新国际秩序的出现通常是世界形势巨变的产物，尤其可能是战后安排的结果，胜利者凭借其支配性地位确立起新国际秩序，如一战和二战之后发生的情况。在和平时期，新国际秩序的形成通常是通过缓慢的积累和改造，不可能推倒重建，也不可能一蹴而就。

这也是现在的情况。不能期望出现重起炉灶的国际秩序，未来的国际秩序只能是在现有基础之上的发展，也难以期望在短时期里形成新国际秩序，这将是一个长期和曲折的过程。从总体上看，现在世界还处于国际秩序的解构阶段，旧秩序正在或已经瓦解，新秩序尚未形成，这个阶段还将长时间持续。

---

[1] Выступление и ответы на вопросы Министра иностранных дел Российской Федерации С. В. Лаврова на пленарной сессии Международной конференции 《Диалог Райсина》, Нью - Дели, 15 января 2020 года, 15 - 01 - 2020, https://www.mid.ru/ru/foreign_policy/news/-/asset_publisher/cKNonkJE02Bw/content/id/3994885.

有悲观的看法认为国际秩序将不复出现。不管从理论还是现实上说都存在着这种可能。国际秩序与国际体系不同，它是创造的产物而不是自然的存在，国际社会不必然有国际秩序，在一定时期它也可能处于无序状态，而无序状态不是国际秩序的形式。

更多人相信国际秩序仍会存在。国际社会发展至今，不会再让自己生活在蛮荒的"丛林"中，也不可能不试图建立国际秩序，共同的理念、规则、制度仍将是国际社会的长期需求和追求。

但未来国际秩序将是什么样的，却存在着极大的不确定性。这种不确定性源于多种因素，中俄美关系是其中最主要因素之一。世界被认为正在进入新的大国竞争时代，而中俄美是这场新大国竞争的主角。[1] 三国关系在很大程度上决定着未来国际秩序的走向。联合国、世贸组织、国际货币基金组织等二战之后形成的国际秩序的基本框架还会继续存在，但它们的有效性同样在很大程度上取决于中俄美关系。在一定意义上，三国关系的形态和性质也就是未来国际秩序的形态和性质。

现实是，无论是中国、俄罗斯还是美国，也无论是以它们为中心的哪个国家集体，都不可能单独建立起新国际秩序。美国和西方国家既已无法维持对国际秩序的主导，也难以挽回自由主义国际秩序的衰弱。新兴国家的国际权力在上升，但同样不能一统天下，未来的国际秩序只能是国际权力的传统强国与新兴国家之间博弈的产物，当然也还有其他大量国际角色的参与和影响。

可以断定，在中俄美关系业已形成的竞争性结构下，不可能出现一元化的国际秩序，这种前景可以完全排除。事实上，世界也不曾有过全面覆盖的国际秩序，从来不存在过被全世界普遍接受的规

---

[1] Munich Security Report 2019, The Great Puzzle: Who Will Pick Up the Pieces? p. 6.

则、规范和制度。① 在大一统的国际秩序不会出现的条件下，未来国际秩序的结构在横向上将呈现出更强的板块化，由多个板块共同组成；在纵向上它将更有层次化，由国际、地区、次地区层次共同组成。

如果这将不是统一的国际秩序，那它将是什么形态？最可能的前景有三种，即碎片化、多元型、体系对立型。当然，这是就其最突出的特征而言，也是就其使三者分离的主要标志而言，但不意味着三者完全没有重复的成分和因素。

碎片化是当前国际秩序的重要特点，也将是未来一段时期国际秩序的特点，甚或未来国际秩序就是碎片化的。瓦尔代 2019 年度报告实际上已经认同国际秩序的碎片化，2019 年慕尼黑安全报告的题目即是"大拼图：谁来重整碎片？"②西方还有 G0 也就是零集团的观点，意指世界上没有任何国家有能力和意愿管理国际日程，国际结构"归零"，③ 也等于是碎片化。但从根本上说，碎片化是国际秩序的破碎，没有内在关联的碎片化已不是真正意义上的国际秩序，而更接近于无秩序。碎片化是大国无法达成妥协、又不能形成相对集中的多边结构的结果。它不是中俄美的追求，不论中国、俄罗斯还是美国都不把碎片化作为国际秩序构建的目标。新国际秩序建设也正是要从这种碎片化状态走向某种有序状态。

多元型国际秩序。这是一种多元成分有序共存的国际秩序。这种看法在学术界得到较多的认同，特别是在中国学术界，虽然对它

---

① 基辛格的看法，转引自北京大学国际战略研究院，国际战略研究简报，第 88 期，2019 年 12 月 4 日，第 3 页。

② 2019 年慕尼黑安全报告的题目即是"大拼图：谁来重整碎片？"Munich Security Report 2019, The Great Puzzle: Who Will Pick Up the Pieces?

③ 伊恩·布雷默："'G0 时代'孕育地缘政治剧变"，2019 - 01 - 11, https://news.sina.com.cn/o/2019 - 01 - 11/doc - ihqhqcis5199478.shtml.

的叫法可能不一样。① 应该指出的是，许多学者在使用国际秩序和国际体系概念时没有一条严格的界限。这是可以理解的，尽管在理论上可以对国际体系和国际秩序做出清晰的区别，但在实践中难以完全分割，它们来自同一个国际政治本体，本身即存在着某种交织，过于拘泥于细致的划分没有很大的实践意义。中国官方在使用这两个概念并不刻意区分，经常是并列或互替。② 也有欧洲学者把国际秩序、国际体系和国际社会进行理论上的整合，这也是为了能更方便于对国际政治进行解释。③

多元型国际秩序也是中俄的官方主张，多极化即是这种思想的体现。两国的设想都是形成一个包容性的国际体系和国际秩序，使不同成分融为一个共生共存和平相处的整体，既有共同规则又保留其差别。

中国的构想集中体现在人类命运共同体的概念上。人类命运共同体是一种理想，在这个杂乱纷争的世界里，构建人类命运共同体是极其艰难的任务，但在价值观上这是人类社会发展的正确方向。从另一个角度看，它作为抽象概念也是相对现实的，因为它超越了社会主义和资本主义的对立，超越了东方和西方的差异，超越了国家、民族、宗教的纷争，因而它具有更大的被共同接受的基础。

俄罗斯没有提出类似的宏观抽象概念，但它的想法与中国接近。普京提出应建立一种有弹性的体系，各种价值观、思想、传统能够

---

① 唐世平教授将其称为复合型国际秩序，国际秩序将不是质变，只是量变。秦亚青教授把它叫作"新多边制度秩序"，美国霸权的主导减弱，多边协商的成分趋强，多元价值会得到较为充分的反映。参见秦亚青：《世界秩序刍议》，《世界经济与政治》，2017 年第 6 期。

② 如王毅部长即把国际体系与国际秩序并列。参见王毅国务委员兼外长在外交部 2020 年新年招待会上的致辞，2020 – 01 – 20. https://www.fmprc.gov.cn/web/wjbzhd/t1734329.shtml.

③ Trine Flockhart, The Coming Multi – Order World, Contemporary Security Policy, Vol. 37, No. 1, 2016, pp. 3 – 30.

共同存在，相互协作相互丰富，同时保留各自的特性和差别。①

中俄的这种想法是自然的。对中国和俄罗斯来说，国际秩序变化的意义在于提高新兴国家的国际地位，增加它们的国际政治和经济权力，使它们的国家理念和生活方式得到认可。从根本上说，它们是追求与西方国家的平等地位，与西方国家和睦相处，而不是排斥和取代西方国家。

还应看到，尽管有自由主义国际秩序已不复存在的断言，②也有对"西方的缺失"的沉重叹息，③但西方国家还将继续存在，自由主义国际秩序在当今历史阶段也不会真正消亡，消亡的更可能是它在国际秩序中的统治地位，以及西方国家在国际秩序中的主导身份。西方国家不会完全放弃自由主义国际秩序，自由主义是西方价值观的核心，自由主义国际秩序是西方价值观的国际体现，在未来一定时期，自由主义国际秩序仍将是西方国家的模式，也看不到西方国家有其他替代性构想。而西方国家也仍将是国际政治最主要的角色之一，西方国家的衰落不是西方国家的边缘化，更不是从世界舞台出局，国际权力转移不意味着西方国家失去全部权力，而只是它的能力和影响的缩小，并不得不与其他国家特别是新兴国家分享它曾独占的地位。

包容性的国际秩序在理论上容易构建，但在实践上极为困难。这首先是因为国际权力的转移不会是友好的过程。十分自然，对于国际权力的转移，新兴力量国家张开双臂欢迎，但传统力量国家不

---

① Владимир Путин выступил на итоговой пленарной сессии XVI заседания Международного дискуссионного клуба《Валдай》, 3 октября 2019 года, http://www.kremlin.ru/events/president/news/61719.

② 德国外长海科·马斯认为西方熟悉的世界秩序已不复存在。Heiko Maas, "Courage to Stand Up for Europe," Speech at #EuropeUnit, 13 June 2018, https://www.auswaertiges-amt.de/en/newsroom/news/maas-europeunited/2106528.

③ 2020年慕尼黑安全报告的主题即是"西方的缺失"。

会情愿相让。这本身就是一个冲突性的矛盾,它最突出地通过中俄美关系表现出来。以多极化和单极化为例,它的焦点是在中俄与美国之间,而不是在中俄与整体的西方国家之间。事实上,在现今的国际政治中,多极化的主要障碍是美国,而欧洲、日本这些西方国家成员不是多极化的主要阻力,它们相对较易接受多极化,而且可能是多极化的参与者和同盟军。[①] 而所谓单极化,在西方国家内部涣散特别是美欧分离趋深的情况下,它越来越成为美国的单极化,而不是西方国家的单极化。在一般意义上,单极化所指的是美国,而不是指整体的西方国家。

不同理念和规则制度和平共存于同一秩序,其前提是相互承认其存在的合理性,并建立起某种共存的结构性关系。从严格意义上讲,秩序应是共同认可和遵守的,否则难以称其为秩序。这里的认可不是指认同对方的观点,而是认可对方存在的权力;遵守也不是指遵守对方的规则,而是遵守共同的商定。

在这一问题上,矛盾焦点也在于中俄美关系。中俄美是不同国际秩序主张的主要代表者,它们的主张能否相容是最大的问题。困难在于,中俄与美国在许多思想理念和政策主张上具有对立性甚至是相互排斥性,如多边主义和单边主义、不干涉内政和新干涉主义。俄罗斯不接受美国和西方国家提出的"以规则为基础的秩序"理念,认为它的实质是以本国的标准替代公认的国际法规则,由西方国家制定规则并把它强加于国际社会。[②] 显然,中俄与美国的思想和主张

---

① 即使在俄欧关系处于冷淡和紧张的状态下,俄罗斯也是把欧盟作为多极化的一极。С. В. Лавров, Россия – ЕС: тридцать лет отношений, 18 декабря 2019 года, https://www.mid.ru/ru/foreign_policy/news/-/asset_publisher/cKNonkJE02Bw/content/id/3960550.

② Выступление и ответы на вопросы Министра иностранных дел Российской Федерации С. В. Лаврова на 《Правительственном часе》в Совете Федерации Федерального Собрания Российской Федерации, Москва, 23 декабря 2019 года, https://www.mid.ru/ru/press_service/minister_speeches/-/asset_publisher/7OvQR5KJWVmR/content/id/3977671.

和平共存十分困难,如果它们最终能够相容,只有通过艰难的博弈并达成对相互关系的某种妥协和共识。

许多学者试图解决这一难题。借鉴19世纪的"欧洲协调"是方案之一。这种观点认为,"欧洲协调"是迄今为止维护国际秩序最成功的事例,它为如何在多极世界中共同管理安全事务提供了一个范式。① "欧洲协调"形成于战胜拿破仑之后1815年的维也纳会议,在此之后直到第一次世界大战的100年里,欧洲发生战争的频率和烈度较前两个世纪明显降低。"欧洲协调"成功的原因被认为是把战败国法国也容纳进世界秩序,这与一战后对德国和冷战后美国对俄罗斯的政策大不相同;更重要的是,"欧洲协调"强调以合作理念取代均势思想,各大国逐渐习惯在发生利益冲突时寻求通过协商和谈判解决。②

如果说"欧洲协调"在今天能有所启示,那就是可以形成某种广义上的"大国协调"机制,以协商方式处理大国关系和解决国际争端。"大国协调"形式简单灵活,它是非排他性和非意识形态化的,它的效率也会比综合性的国际机制更高。"大国协调"的参与者不限于传统意义上的大国,也可包括其他重要的国际行为体。在一定意义上,20国集团和俄罗斯倡议的中俄美英法协商已经具有"大国协调"的某些特征。

受到欧洲历史上汉萨联盟的启发,还有学者提出建立现代的"汉萨联盟",以此为国际秩序建设开辟新路径。汉萨联盟是13-17世纪在欧洲存在过的城市商业联盟。建立现代"汉萨联盟"的含义就是在国家受制于意识形态和地缘政治束缚而不能自拔的情况下,

---

① Haass, Richard, How a World Order Ends: And What Comes in Its Wake, Foreign Affairs, New York Vol. 98, Iss. 1, (Jan/Feb 2019): 22.

② 理查德·埃文斯著,胡利平译:《竞逐权力:1815-1914》,中信出版集团,2018年12月第1版,第33页。

绕开国家，以城市为单元发展国际合作，形成城市合作联合体。

这种观点认为，城市是现代社会的主体，城市面对着社会生活的大部分实际问题，城市是经济发展的主要发动机，是新技术的孵化器，是商品和服务的主要市场，是财政资源主要来源。城市的意识形态色彩弱，务实性强，它比国家之间更容易找到共同话语，因而更容易形成合作网络。城市联合体没有中心，没有等级，更为平等；它结构更稳定，机制更灵活；它以自愿代替了强制，以利益平衡代替了力量平衡，以目标导向代替了战略导向。城市联合体虽然不可能替代国家关系，但对构建未来国际秩序也是一种有价值的补充。[①]

多元型国际秩序符合现实世界的变化，是最理性和最现实的选择。但它不是自然和必然实现的，还存在着与之相反的另一种可能，即体系对立型国际秩序。

这是以新的东西方体系对立为主轴的国际秩序，它不同于碎片化的国际秩序，它的构成不是杂乱无章的，而是有清晰的支撑结构；它也不同于多元型国际秩序，它的内部关系不是有序共处，而是二元对立。

新东西方体系是指以中俄和美国为代表的两大国际力量形成系统化和体系化的对立。新东西方体系是形象性比喻，不必在字义上做过多的解读，不能把它与冷战时期的东西方体系等量齐观，它们在内容和性质上存在着重大差别；但在一定程度上，它确实有诸多类似冷战时期之处，特别是在政治特征上，这也是将其比喻为"新东西方"的原因。

与多元型国际秩序的情况相反，新东西方对立的推动者是美国，

[①] Андрей Кортунов, Ганзейский союз как прообраз грядущего миропорядка, 31 декабря 2019, https：//russiancouncil.ru/analytics-and-comments/analytics/ganzeyskiy-soyuz-kak-proobraz-gryadushchego-miroporyadka/.

中俄是反对者。但尽管有中俄的反对，这个过程仍可能发展，而且中俄也会被动地被拖入这个过程。

在现阶段，新东西方体系的轮廓已隐约浮现，并在继续发展。

在冷战结束不过20多年后，新冷战的氛围就开始重新充斥着大国关系。在今天俄美和中美关系中，关于新冷战的话题不绝于耳。虽然对中俄美是否已经进入新冷战判断不一，但问题本身已表明新冷战即使还不是现实，那也已在大国关系的门口徘徊。冷战与东西方对立密不可分。同理，新冷战与新东西方对立也如影随形。当新东西方对立出现，新冷战必不可免。反过来说，一旦新冷战出现，说明新东西方对立已成现实。

美国已经把世界划为对立的两半。如同冷战时期一样，意识形态是它的标杆和先锋，只是它不再是社会主义和资本主义，而是所谓自由主义和专制制度。美国认为在世界上正在出现一场代表着不同思想的地缘政治竞争，它的一方是自由主义国际秩序思想，另一方是专制的国际秩序思想。① 自然，美国自认是自由主义世界秩序思想的代表，专制的世界秩序思想是中国和俄罗斯。由此，美国给出了新东西方的政治特征，那就是西方民主和东方集权的思想及制度。意识形态化重回国际政治，也重回美国国内政治，其氛围之浓厚，以致俄罗斯外长拉夫罗夫称其为"新麦卡锡主义"。②

需要特别指出的是，把中俄的主张界定为专制思想的国际秩序是一种政治武断。实际上，中俄所主张的国际秩序包含着自由民主、公平公正、社会发展、市场经济、多边合作，这些思想与自由主义的精神并不相悖。客观地看，它汲取了自由主义思想的精华，并且

---

① The National Security Strategy of the United States of America, December 2017, https: // www. whitehouse. gov/wp - content/uploads/2017/12/NSS - Final - 12 - 18 - 2017 - 0905. pdf.

② Ответы на вопросы Министра иностранных дел Российской Федерации С. В. Лаврова в программе 《Большая игра》 на 《Первом канале》, 22 декабря 2019 года, https: //www. mid. ru/ru/foreign_policy/news/ - /asset_publisher/cKNonkJE02Bw/content/id/3968263.

反映了自由主义国际秩序进步的一面。它不强制他国接受本国的意志，因此它在本质上没有专制的属性。就此而言，美国以自由主义国际秩序之名而将其意志强加于他国更多专制性。

这种意识形态分类在价值观上给中俄和美国贴上了不同标签，使美国占据了道德高位，代表着进步，而中俄代表着落后。不过，也如同冷战时期一样，意识形态是夺目的旗帜，在它的背后则是国际权力的竞争。意识形态与权力之争互为表里，也互为表现形式。中国学术界对中美之争的实质有不同理解，有制度之争说、有模式之争说、也有领导力之争说，但意识形态和权力之争的综合应是更全面的解释。

中俄美都在推动着自己的区域计划，包括中国的"一带一路"，俄罗斯的大欧亚伙伴关系，美国的"印太战略"。相对于美国的"印太战略"，中俄在战略追求和相互关系上接近，并且采取对接战略，①在更宏观层次可视为一个大进程。由此，可认为三国所推进的是两大宏观进程。这两大进程是新东西方体系的机制载体。两大进程在政治关系上南辕北辙，"印太战略"把中国和俄罗斯作为对立面，美国对此直言不讳。而俄罗斯和中国也不接受美国的"印太战略"。②

在国际安全领域，美国把中俄并列为最大威胁，在军事上对两国进行战略压制，使美国与中俄在军事安全体系上的对立越来越明显。在欧洲方向，美国联合北约和东欧国家构建针对俄罗斯的半包

---

① 普京认为欧亚经济联盟和"一带一路"在精神和要解决的任务上都相近。Владимир Путин выступил на итоговой пленарной сессии XVI заседания Международного дискуссионного клуба《Валдай》. 3 октября 2019 года, http://www.kremlin.ru/events/president/news/61719.

② 俄罗斯反对和不接受印太战略，认为这是美国在重构亚太地区现有框架，带有分裂这一地区和遏制他国的用意。Выступление и ответы на вопросы Министра иностранных дел Российской Федерации С. В. Лаврова на пленарной сессии Международной конференции《Диалог Райсина》, 15 января, 2020. https://www.mid.ru/ru/foreign_policy/news/-/asset_publisher/cKNonkJE02Bw/content/id/3994885.

围圈，战线推进到了波罗的海、里海、高加索一线。在亚太地区，美国通过盟友网络和"印太战略"对中国实施军事战略包围。与此同时，中俄安全关系则不断向战略纵深进展。仅以2019年来说，中俄发表了《关于加强当代全球战略稳定的联合声明》，协调了在国际战略稳定问题上的立场。2019年5月中俄举行"海上联合—2019"联合海上军演；2019年7月中俄战略轰炸机首次联合在东北亚地区战略巡航；2019年9月中国参加俄罗斯"中部—2019"战略演习；2019年10月普京透露俄罗斯帮助中国建设导弹防御系统；2019年11月中俄和南非在南非海域进行联合军演；2019年12月中俄和伊朗在阿曼湾举行联合海上演习。显而易见，中俄在军事安全上的战略性接近在加速。

值得注意的是，2019年12月北约伦敦联合声明第一次把中国称为挑战。[1] 在这前后，波罗的海三国也首次宣布中国为威胁，有的甚至认为其程度超过俄罗斯。[2] 与俄罗斯一向不睦的波兰总理也呼吁俄罗斯与欧洲联合应对中国威胁。[3] 不排除以后还会有其他国家步其后尘。这些宣示并不一定表明它们真正感受到了中国的威胁，但它们有一个重要意义，那就是北约和北约国家在安全上开始提出亚洲议题并向亚太移动，这为美国在安全体系上把亚太和欧洲连接起来提供了黏合剂。在亚太地区，美日印澳四方机制受到很多关注，尽管它并未如许多人预测的那样成为东方的"小北约"，但"印太战略"

---

[1] 北约的表述是中国既是机会也是挑战。London Declaration, Issued by the Heads of State and Government participating in the meeting of the North Atlantic Council in London 3 – 4 December 2019, https：//www.nato.int/cps/en/natohq/official_texts_171584.htm.

[2] 立陶宛、拉脱维亚、爱沙尼亚安全情报机构分别在2019年2月、2019年12月、2020年2月把中国列入威胁名单，它主要是指间谍等形式的威胁，不是直接的军事威胁。挪威也在2019年2月的文件中把中国作为威胁。

[3] Россия делает стратегическую ошибку, считая Европу врагом — Моравецкий, 12.01.2020, https：//www.ukrinform.ru/rubric-world/2854199-rossia-delaet-strategiceskuu-osibku-scitaa-evropu-vragom-moraveckij.html.

与北约客观上是在形成战略呼应。

在经济、金融、能源、技术等领域,也存在着美国与中俄分割和分裂的过程。它主要表现在两个背道而驰的趋势上:一方面,美国与中国和俄罗斯在这些领域的联系在削弱。多年来,美国对俄罗斯实行制裁政策,这使俄美原本也不密切的经济联系更加薄弱,俄罗斯实际上从美国主导的世界经济圈中被逐出。对于中国,美国开始实施"脱钩"政策,降低两国经济关系的紧密度,拆散它们业已形成的产业链,经济关系不再是中美关系的"压舱石"。另一方面,中俄在这些领域的联系却在加深,中俄都希望深化两国的经济联系。在金融领域,中俄逐渐扩大本币结算,降低对美元的依赖;在国际金融结算系统上,中俄推动建立平行于SWIFT的独立支付系统,包括使用金砖国家的平台,以避免完全受制于美国。[①] 在能源领域,中俄已经是战略伙伴,从俄罗斯到中国的石油和天然气管道都已建成,俄罗斯既是中国最大石油来源国,并可能将是最大天然气来源国。中俄在各个重要的科技领域进行联合研究和开发,包括航空航天、核能、信息通信技术、人工智能、大数据、新能源、新材料、生物技术、现代农业、环境保护,等等。

此外,在地区多边经济机制的构建中,中俄与美国之间的界限也越来越明显。中俄美都在推进自己的多边区域经济机制。美国在抛弃原有多边机制后,并不是真正退回到孤立主义,而是以新的标准进行重建。它的一个重要用意被认为是要把中国以及俄罗斯阻挡在外。也就是说,美国的新多边机制将排斥中国和俄罗斯,中俄的进入将十分困难,它的客观结果是在美国和中俄之间竖起一道屏障。

有必要再次说明,这里所说的"新东西方"是一种形象性比喻,

---

① BRICS Pay – Single Payment System of the BRICS Countries, 05.03.2019, http://valdaiclub.com/a/highlights/brics – pay – single – payment – system – of – the – brics/.

它与冷战时期的东西方不完全一样。不论是在广度还是深度上，新东西方体系对世界的分裂都不会像冷战时期那么深广。而在内部关系上，不管是新东方还是新西方也不会像冷战时期那么紧密和一致。

假使这种新东西方体系将会出现，它未来还有发生演变的可能。它的方向是从以中俄－美国为框架演变为以中－美为基本框架，俄罗斯退为支持性或独立角色。在某种程度上，它可能会类似于冷战时期的中美苏关系，只是中国与俄罗斯交换了位置，中美是对立的主角，俄罗斯居于其间或其外。

做出这种判断是基于某些假设。

美国在最新的《国家安全战略报告》中把俄罗斯和中国并列为最大威胁，但未来情况可能发生改变，美国将把中国作为头号目标和对手。事实上，现在这一趋势已经出现。这种转变的根本原因在于，虽然美国把中俄都看作是挑战和威胁，但它们对美国的意义不一样。中国是正在崛起的超级大国，它的挑战威胁到美国世界第一大国的地位；而俄罗斯虽然也是美国的威胁，但按俄罗斯学者的话说，它没有与美国战略竞争的本钱，在美国的眼里，它只是一个只要有可能就给美国制造麻烦的"世界级坏蛋"。[1]

意识形态是美国与中俄政治分界的基础，它的内容有可能变得更为复杂和加深，美国不仅把它看作是自由民主与专制集权的对立，也不仅是自由资本主义和国家资本主义的竞争，而且也向资本主义与共产主义的对立演变。美国政界和学术界已经有人把与中国的对立看作是资本主义和共产主义两种意识形态和制度模式的对立，这将使意识形态内涵及其对立更加升级，中美之争在政治上也将被标签化为意识形态和制度模式之争。俄罗斯不是社会主义制度国家，

---

[1] Андрей Кортунов, О мудрой обезьяне, спускающейся с горы, 4 мая 2020, https://russiancouncil.ru/analytics-and-comments/analytics/o-mudroy-obezyane-spuskayushcheysya-s-gory/.

因而美俄在意识形态上的对立易于弱化，特别是如果俄罗斯领导人发生更替，或是美俄关系出现缓和。

2020年暴发的新冠肺炎疫情对国际政治产生了深刻影响，其中一个结果是把中美推向了更尖锐的对立，中美突出成为最严重的矛盾，中俄美关系中的中俄—美对立形态减弱，而中—美对立形态强化。俄罗斯学术界对此有敏锐的反应，虽然大多数人认为俄罗斯仍将更多地与中国站在一起，但客观上俄罗斯将是在"坐山观虎斗"的位置，而且主观上俄罗斯也会认为这是更有利的选择。① 虽然现在还很难对这场疫情的结果做出最后的全面定论，但可以说，它显示出中美关系将成为大国竞争的焦点。与此同时，对未来国际秩序的竞争也更多是在中国和美国之间展开，一些人认为，疫情使自由主义国际秩序加速衰落，而中国将填补真空。②

美俄关系存在结构性矛盾，学术界对美俄关系的前景较多悲观看法，两国关系的根本改善十分困难，但未来某种程度的缓和及改善仍有可能，或者是其矛盾在美国外交中的重要性相对下降。现在可见的主要变数有两个。

一个变数是2024年俄罗斯总统更替。美国有对俄政策"普京化"的现象，普京在美国被固化为负面形象，与普京的任何妥协都会面临国内政治压力，这也成为美国调整对俄政策的某种政治束缚。2024年俄罗斯总统换届给美国调整对俄政策提供了机会窗口，美国期望可以不再同普京打交道。现在出现了另一种形势，即普京有可

---

① 可参见：Андрей Кортунов, О мудрой обезьяне, спускающейся с горы, 4 мая 2020, https：//russiancouncil.ru/analytics–and–comments/analytics/o–mudroy–obezyane–spuskayushcheysya–s–gory/; D. Trenin, How Russia Can Maintain Equilibrium in the Post–Pandemic Bipolar World, May 1, 2020, https：//carnegie.ru/commentary/81702; Timofei Bordachev, Threat of a New Bipolarity? 30.04.2020, https：//valdaiclub.com/a/highlights/threat–of–a–new–bipolarity/.

② Kurt M. Campbell and Rush Doshi, The Coronavirus Could Reshape Global Order. China Is Maneuvering for International Leadership as the United States Falters, Foreign Affairs, March 18, 2020, https：//www.foreignaffairs.com/articles/2020–03–18/coronavirus–could–reshape–global–order.

能继续执政，美国将不得不在未来很长时期继续面对普京。在这种情况下，美国欲在对俄政策上有所改变，这仍是一个合适的机会窗口。

另一个变数是美国对中俄的策略是否改变。在美国外交和学术界，一直有对中俄采取分而治之或联俄制华的主张，这种主张的声音近年来渐高。从策略上说，它对美国有合理性，不排除美国未来转向这种策略的可能。

中俄关系也可能有某种变化。在中俄国力差距拉大到一定程度时，两国的国际秩序观有可能发生分化，导致两国在国际秩序主张上的统一阵线松散。另外，政治安全是中俄重要的共同利益，它的威胁主要来自美国。不过，美国对中俄政治安全的威胁有所差别。美国对中国的目标是针对中国的政治制度，而对俄罗斯的目标主要是针对特定的政权，并不一定是其制度。假使美国对俄罗斯政权的态度转为容忍，美国对俄罗斯政治安全威胁的程度将减轻，中俄在政治安全上共同利益的基础也将减弱，这也可能影响到两国在国际秩序问题上的一些相关概念，进而影响到两国所持有的某些共同主张。但这不意味着中俄整体关系的逆转。

中俄美关系与国际结构：从多极到两极？*

赵华胜

[内容提要] 冷战结束初期，国际结构的主旋律是单极论，而后多极论压倒了单极论；近年来两极论兴起，又对多极化提出了挑战。国际结构的变化是世界力量变化的反映。两极是指中美，它的基本指标是经济总量。就此而言，两极论有其理由。不过，从综合指标的角度，中国还有明显的弱项，两极论还得不到一致认同。现今国际结构的独特现象是，在主观认识和客观现实中，两极和多极都共同存在着，它们的关系可描述为多极框架中的两极结构，或是两极占突出地位的多极结构，这是现实国际结构复杂性和矛盾性的反映。这种状态在未来很长一个时期会继续保持，但趋势是两极结构特征向强。在中国成为两极之一的情况下，它应以多边主义为总体理论和概念，不再使用多极化概念。多边主义不与任何特定的国际结构挂钩，这使中国外交理论可以对应各种可能的国际结构形态，不受中国在其中地位变化的影响，并可保持中俄国际合作的理论基础。多边主义不否定多极化。多极化是相对更加公正合理的国际结构，但不是绝对的平等，同时多极结构也不自然导致国际战略稳定。

---

* 本文原发表于《国际关系研究》2020 年第 4 期。

不管当今的国际结构如何变化，不管它将是单极、两极还是多极，中俄美都仍将是主要角色，中俄美关系都仍将是它的主要塑造因素。

国际结构是一种自然状态，它是基于国家的能力和影响力及其相互关系所形成的一种自然权力关系，是对世界具有结构性影响的国际权力框架。国际形势会发展变化，但国际结构都会存在，只是形态会不相同。

国际结构也可以表现为一种理念和政策，不同国家会追求不同的国际结构，以期更能符合和反映本国的理念和利益。

对于中俄美与国际结构的关系、它们对国际结构的思想和政策，以及它们立场的相近或相异，学术界都已有大量的研究，没必要重复。本文的重点是在此基础之上，探讨中俄美关系与国际结构的一个新题目，即中俄美关系中的新两极结构问题。

冷战结束之后，在国际结构问题上，中俄美一直是以单极与多极的对垒分为两大阵营：美国固守单极，中俄推动多极。随着美国地位的相对下降和新兴力量的成长，单极霸权日渐式微，多极化成为大势。但近年来，关于国际结构两极化的观点兴起，这从根本上改变了对现今国际结构的认识，对中俄美关系也是一个重大挑战。

所谓两极是指中国和美国。那么，两极结构是否已经形成？如果两极结构成立，多极化将何去何从？它是否将被两极化取代？中国作为新两极结构中的一极，它是否还应坚持多极化？这与它两极之一的地位是否有矛盾？在两极结构下，中俄美关系将会怎样变化？中国与俄罗斯的国际合作能否保持？这些问题是本文探讨的重点。

一、新两极结构？

在冷战结束之后的大部分时间里，单极与多极之争是国际结构的主要矛盾和焦点。冷战刚刚结束之时，苏联解体并继而陷入混乱，中国、印度等新兴经济体尚未崛起，美国傲视群雄，是世界唯一超级大国，其国力为其他任何国家望尘莫及。与此同时，自由主义思想大行其道，不仅在西方国家风头强劲，而且在世界其他许多国家也受到热烈追崇。其时，多极化更大程度上是一种主张，而不是足够强大的现实力量。美国的霸权似乎难以撼动，霸权稳定论也应运而生，世界最接近于单极结构。不过，随着中国的快速崛起，俄罗斯大国地位的重新恢复，新兴力量的不断壮大，美国的霸权地位开始动摇，单极化受到越来越大的挑战，单极与多极的对峙和角力成为国际格局基本形态。

但两极论的出现打破了这一状态。在后冷战时期世界向着多极方向发展的过程中，各国的发展表现出不平衡，中国超速发展，大大领先其他国家，并直追于美国之后，两极论也由此而生。两极论超出了冷战后形成的"传统"思维和视野，给未来国际结构的前景增加了一个新的重大变项。在两极格局状态下，不仅世界的发展将被置于完全不同的国际结构环境中，而且大国关系也将受其深刻影响并可能发生重构，中俄美关系将首当其冲。

那么，两极论的依据是什么？

国际上对于何为"极"并没有严格的定义和标准，同样对于单极、两极和多极格局也没有严格的定义和标准。它们主要是一种描述性的概念，没有绝对的量化指标，在不同的使用环境中有较大的相对性。

两极格局的观点初现于2010年前后,这种看法既出现在中国学术界,① 也出现在西方国家以及俄罗斯学术界。② 所谓两极自然是指中美两国。这一判断产生的宏观背景是中国的快速崛起,它的基本依据是国力和经济指标。③

从经济及国力的角度衡量,两极格局的形成具备了一系列基本要素。

其一,中国经济总量向美国接近,两国经济之间的差距实质性缩小,已经具有了可比性。1980年,中国的GDP只有美国的10.7%、德国的35.9%、英国的50.5%、法国的43.3%。到2017年,分别升至美国的62%,日本的2.5倍,德国的3.3倍,英国的4.6倍,法国的4.7倍。④ 中国的发展速度在最近十几年的表现尤为突出。2007年中国GDP是美国的23.7%,十年之后的2017年中国GDP上升到美国的近63%。⑤

这表明美国经济正常增长,而中国经济超速发展。一般预期这一趋势将持续下去,在经济总量上中国将与美国越来越接近,甚至可能赶上和超过美国。以国内生产总值衡量,两国已经可以有条件列为一个等量级。

其二,美国、中国分别作为世界最大和第二大经济体,它们各

---

① 在中国学术界,阎学通教授是最早提出两极论观点的学者之一,也是这一观点最有影响的代表。参见学者:《中美两极格局或2020年定型 中国需要盟友》,《环球时报》,2016年7月15日。
② 2008年美国彼得森研究所所长弗雷德·伯格斯滕(C. Fred Bergsten)首次提出中美"G2"概念,这被认为是美国学术界对中美两极格局的最早认识。
③ 国内已有学者对两极格局成立的这一条件做过详细分析,认为前两大经济体各自的经济总量超过排名第三国家的一倍以上,两极格局即成立。参见林利民、王轩:《试析中美"新两极"结构及其特点》,《现代国际关系》,2019年第10期,第4页。
④ 《中国改革开放40年经济发展成果与世界主要经济体比较》,2018年10月24日,https://www.sohu.com/a/270965796_99981128。
⑤ 刘贞晔:《全球大变局:中国的方位与出路》,《高等学校文科学术文摘》,2019年第2期,第121-122页。

自的经济总量远超出身后的第三大经济体。就世界主要国家的国民生产总值而言，现在是一个典型的金字塔形态。2019年全世界国民生产总值超20万亿美元的国家只有一个，即美国（22万亿）。超10万亿的也只有一个，即中国（12万亿）。4万亿—6万亿俱乐部有2个成员，为日本和德国。2万亿—3万亿俱乐部有6个成员，它们是英、法、印、意、俄、加。此后是更庞大的1万亿俱乐部，再其后是占世界大多数的万亿以下国家。① 按照中国官方的说法，2019年中国国内生产总值与日、德、英、法2018年国内生产总值的总和相当。② 显然，中国虽不是在世界经济金字塔的最顶尖，但已经是与美国共同站在塔顶上。

其三，中美两国经济总量之和在世界经济总量中占有重大比重，对世界经济具有举足轻重的影响。2018年世界经济总值约84万亿美元，美国约占24%，中国约为16%。③ 中美经济总量占到了世界的约40%。在国际贸易上，2018年中国进出口额约4.62万亿美元，占全球贸易量的11.75%，美国为10.87%，④ 两国占到了世界贸易总量的五分之一多。

其四，在当前正在进行的新科技革命中，中美也是佼佼者，处于世界最前列。以人工智能为例，中美的人工智能人才和企业数量在世界上名列前两位，中国仅次于美国，占世界第二；在人工智能的专利数量上，中国略多于美国。⑤ 再以数字经济来说，在区

---

① 根据世界银行网站的数据整理。
② 国新办发布会：国家统计局局长宁吉喆介绍2019年国民经济运行情况，2020年1月17日，http://v.people.cn/n1/2020/0116/c43911-31551748.html.
③ 阎学通："为何5G会成为中美战略竞争核心？"政治学与国际关系论坛，2019年7月1日。
④ 工信部原部长："中国是全球唯一拥有所有工业门类的国家，但还欠了这些账"，http://news.ifeng.com/c/7qARwI78CTc，2019-09-22。
⑤ Russian International Affairs Council, The Institute of International Studies of Fudan University, The Institute of Far East Studies, Russia-Chinese Dialogue: The 2019 Model, Report 46/2019, p. 67.

块链、物联网、云计算等领域，中美所占比重都大大高于其他国家，2018年世界十大互联网企业都是中美企业，其中美国6家，中国4家。① 新科技革命代表着世界经济的发展方向，也将是世界财富增长的重要方式，它预示着中美在未来的世界经济格局中的地位将更为突出。

其五，中美维持有最庞大和先进的军事力量。在这个方面，俄罗斯在相当多指标上强于中国，特别在战略核武器上是世界两强之一，数量远多于中国；但中美两国的军费开支遥遥领先于其他各国，拥有最大的国防力量潜力。根据瑞典国际和平研究所的数据，2019年美国军费开支为7320亿美元，中国为2610亿美元，其后各大国分别是印度711亿美元，俄罗斯651亿美元，沙特阿拉伯619亿美元，法国501亿美元，德国493亿美元，英国487亿美元，日本476亿美元，韩国439亿美元。② 这就是说，虽然美国的军费开支远超中国，但与英、法、德、俄、日、印等大国相比，中国的军费都在它们的近4倍及以上，差距是巨大的，而且每年新增加绝对数量的差距也同样巨大。

从以上的标准看，不管从绝对数量还是从相对于美国之外其他大国的角度评判，中国确实已经脱颖而出，可与美国共同跻身于世界第一集团，认为两极格局将会或已经形成有其理由。

二、两极与多极之惑

两极结构无疑是对多极的重大挑战。那么，两极论能够被普遍

---

① 阎学通：《2019年开启了世界两极格局》，《现代国际关系》，2020年第1期。
② Trends in World Military Expenditure 2019, SIPRI, April 2020.

接受和认同吗？如果两极结构成立，它能取代多极而成为国际结构的基本框架吗？

两极论的出现使得后冷战时期国际结构的核心问题为之一变，在单极论逐渐销声匿迹的同时，两极论越来越热，并接替了单极论的位置。单极与多极之争不再是国际结构的主要矛盾，而两极与多极成为国际结构的主要问题。

在未来一个时期，在对国际格局的认识上仍将是两极与多极争执不下的局面。两极论如欲压倒多极论，从而成为被普遍接受的国际结构基本框架，它需跨越两个主要的屏障：一是思想认识上的认同；二是对事实的共同认定。

（一）多极化的价值与事实认定

思想认识的认同是一种价值判断，它的实质是对不对和该不该的问题，具体说就是两极与多极谁是正确的，它们中谁应是追求的目标。

多极论在冷战时期即已出现，在冷战结束之后汇成潮流。对多极化的追求从一开始就具有反对霸权、追求政治平等的含义，是国际关系民主化的体现，反映着新兴国家的利益和诉求。因而，多极化在一定意义上具有了"政治正确"的性质。中俄多年来坚持多极化的外交政策，把多极化作为重要的国际政治原则，把建设多极化视为世界发展的正确方向。多极化的这一政治含义是两极论所不具有的，而且以后也不会有。

而且，对多极化的认同在相当大程度上已成为对国际政治的思维定势和认识惯性。冷战之后国际格局的大趋势是从单极向多极发展，多极化或被认为已经是现实，或被认为将是现实。多极化概念主导着主流思想，深入人们的观念和思维，人们已经把多极化视为理所当然。

不过，如果细加考察，可以说多极化的"政治正确"是相对的，也不是被普遍接受的。它所相对的是单极结构，在单极结构消失之后，它"政治正确"的比较对象也会改变，因而它"政治正确"的基础也可能改变。从根本上说，多极化不是合法性问题，不是道德性问题，它的核心问题仍是国际权力分配。它否定单极霸权，给予其他大国或集团平等的国际权力，使其他大国的国际地位和权力提高，就此而言它是公正的。

但多极不是绝对的平等结构，它仍是以大国为基础形成的权力结构，只是它的数量由一个变为多个。要能在多极结构中占有一席之地，首先需要成为一极，而在当今国际政治中，被认为具有"极"的资格通常是中美俄欧日印等大国或国家集团，一般中小国家很难独成一极。多极化客观上对中小国家更有利，在理论上多极化对它们也是开放的，这可为它们提供更大的政治自由空间，使它们的利益更能够得到更多的反映，但它们的大多数不是多极结构中的一极。多极结构的数量虽没有限定，但它仍是一个由有限数量国家构成的有限结构。它不可能无限延伸，不可能扩大到众多国家，更不可能把每个国家都包括进来。没有边界的多极化等于无极化，也就没有了单极、两极或多极，所谓多极化也就失去了意义。

简言之，多极化相对更加公正、合理、民主，但不是绝对的平等。世界可能没有秩序，但仍存在着层级，存在着能力差异巨大的大小国。虽然国家在政治上平等，但基于能力的原因，强国和弱国对国际事务承担着不同的责任和义务，大国在世界事务中仍起着更重要的作用，因而具有"极"的地位。这是世界的现实。国际政治不可能超越世界现实，从这个意义上说，多极是最合理和最现实的选择。

就功能而言，多极结构使霸权得到制约，国际权力的分配相对公正，因而有利于国际平衡和稳定，但多极结构并不是国际稳定的绝对保障，也不是解决世界一切问题的万能钥匙。① 反多极化的观点乃至认为多极化是一种竞争理论，它不是由共同的思想和认识所构建，它有助于避免战争，但无助于建设和平。② 多极化没有绝对标准，通常认为存在多个力量中心即是多极。但对国际政治来说，更重要的问题在于这些力量中心的相互关系，这种相互关系决定着多极结构是有序的还是无序的，而有序或无序的多极结构又与国际战略的稳定或动荡密切相关。结构形态对其政治性质的影响不是线性的，多极结构不必然是合作导向，它也可能是冲突导向。这就是说，多极结构既可能通向战略稳定，也可能导致动荡和冲突，而只有合作型多极结构才是结构性稳定的途径。从理论上说，单极和两极也是如此，它的根本原因就在于"极"是自然而成，它本身不具有特定的政治属性，不与特定政治选择自然对应，它的政治性质是被赋予的，它与其政治主张之间的关系是开放的，它可以做不同的政治选择，既可以奉行平等合作的理念，也可以推行强权霸道的政策。

有必要澄清一个认识，思维上往往习惯把强国与强权政策等同，但实际上不是这样。国力强弱与强权没有必然对应关系，强国不意味着一定采取单边主义和走向霸权，而弱国也不必然恪守公正合理的思想和政策。强弱也是相对的。世界上绝大多数国家都有双重身份，它们在更强大的国家面前是弱国，但在更弱小的国家面前是强

---

① 俄罗斯是多极化最主要的支持者和推动者之一，但它也认为多极化不是万能的。Владимир Путин выступил на итоговой пленарной сессии XVI заседания Международного дискуссионного клуба 《Валдай》, 3 октября 2019 года, http://www.kremlin.ru/events/president/news/61719.

② 美国前国务卿赖斯语。转引自 Денис Дегтерев, Многополярность или 《новая биполярность》? 16 января 2020, https://russiancouncil.ru/analytics-and-comments/analytics/mnogopolyarnost-ili-novaya-bipolyarnost. 俄罗斯知名学者 V. A. Inizemtsev 和 C. A. Karaganov 也曾说以美国为制衡对象的多极化本身就是竞争而不是合作导向。转引自 А. Кортунов, Между полицентризмом и биполярностью: о российских нарративах эволюции миро порядка, Рабочая тетрадь РСМД, No 52 2019, c. 35.

国。它们在不同的境况下都会有"强国"和"弱国"地位的转换，都存在着面对强国和弱国时的政策选择问题。

这种观点与结构决定论格格不入。这里并不否定结构对政策选择的基础性作用，也不否定存在决定意识的基本原理，而且也理解结构决定论强有力的历史和现实论据，[①] 但与结构决定论不同的是，这里在"存在"里看到的不仅是国际结构，还有历史文明背景、政治制度和文化、时代条件、技术发展等因素，而且认为存在对意识的作用方向不是绝对单向的。

合作型多极结构的形成在更大程度上取决于强国的意愿。在多极结构中，国家实力仍存在巨大差距，只有强国愿意相对平等地分享国际权力才可能形成合作型的多极结构。强国主要通过国际机制和制度的安排实现国际权力的分配。合作型多极结构需要多边机制，但多边机制并不自然是多极结构的体现，这取决于多边机制的开放性和其内部的权力分配原则。如果多边国际机制为个别国家所垄断，则不能表明多极化的存在和反映它的特征。联合国、世贸组织、国际货币基金组织自冷战时期就存在，但这不意味着多极结构的自然存在。在这期间有过两极、单极和多极。可见，多极结构一定要求与之相适应的多边机制，但多边机制不一定与多极结构同步。一般来说，多极结构必然对国际多边机制的权力分配提出相应的要求，是多极结构决定着多边机制权力分配的多边性质。20国集团之所以有超越传统的国际机制的趋势，表现得更有活力，包括在新冠肺炎疫情大流行期间，原因也在于它在国际权力的分享上更为平等。

有观点认为只有在几个大国力量相差无几的条件下才可能形成

[①] 米尔斯海默教授对结构决定论的观点有清楚的表述，他认为国强一定扩张，而扩张一定引起其他国家的抵制，因此冲突不可避免。这与"修昔底德陷阱"的逻辑是一样的。参见米尔斯海默：《美国霸权虽败，遏制中国不会停息》，2020年6月9日，https://www.guancha.cn/MiErSiHaiMo/2020_06_09_553471.shtml.

多极结构,[1] 但力量的不平衡也会促使弱方的联合,以联合的形式对强方进行制衡。因此,从理论上说,即使大国之间的力量存在一定程度的不平衡,也仍有形成多极结构的可能。相对平衡和相互具有制约力是多极结构的形成要素,但这不一定是单个国家的力量对比。以力量平衡为基础的多极结构是传统的模式,它是通过不断地相互制衡来维持平衡,这种结构的稳定是以内部紧张来维持,它蕴含着不稳定因素。

(二) 对"两极论"的质疑

"两极论"者一定会指出:两极是一种客观结构,它是否存在并不取决于对它的认识,也与它是什么政治性质无关,它的存在是客观的,是现实的物质力量的反映。这一看法是正确的,不过在事实的认定上,"两极论"也有被质疑之处。

这反映在两个方面:一是中国的分量是否足够重,使其能够成为两极之一;二是中美两极结构对世界的影响是否足够大,使其能够成为国际结构的主导框架。

"两极论"的主要依据是经济指标。毫无疑问,经济指标是国力的基础,也是任何形式的国际结构的基础。就经济指标来说,中国发展的数据是有力的,但仅有经济指标是不够的,而且仅以 GDP 作为标准是不全面甚至不科学的,更重要的是它需体现为综合的现实国际政治能力和影响力。

从能力和影响力的角度,中国有其强项,但也存在一系列严重不足。中国尚不具对世界产生广泛吸引力的价值体系,缺乏稳定可靠的伙伴或盟友体系,国际话语权力较弱,在国际组织中的结构性

---

[1] 阎学通:《2019 年开启了世界两极格局》,《现代国际关系》,2020 年第 1 期。

权力较小。由于历史原因，世界最重要的多边机制联合国机构的总部多数设在欧美国家。在国际货币基金组织中，尽管在2016年改革后中国份额占比从3.996%增加到6.394%，从原来的第六位提高到第三位，但美国的占比是16.5%，仍拥有一票否决权。在被认为"可以赋予一个国家不可思议的力量"的国际货币储备中，美元的比重约占55%，而人民币只有约2%。① 即使是在中国的强项经济领域，中国虽是工业制造大国，但并不是强国，中国虽在一些科技领域领先，但总体上在高精尖技术领域并不占优，科技创新能力还不强。此外，以人文发展指数来衡量，中国的水平也不是很高，在联合国发布的2019年人文发展指数中，中国在189个国家和地区中排名第85位，国内发展任务艰巨，这将是中国长期面临的重大挑战。由于存在这些弱点和不足，可以说中国还不是羽翼丰满的"超级大国"。但对"两极论"有利的是，在以上所有这些不足的方面，它的总趋势是对中国越来越有利，也就是弱点和不足在不断地减少或克服。

在更宏观的层面上，中美两极不仅是两个国家之间的对比。虽然西方国家出现散化，但以美国为中心的西方国家依然存在，美国仍在世界上维系着意识形态联盟和军事联盟体系，尽管已比较松散，却仍享有较强的号召和动员力。这更加大了中美两极实力的不平衡，在一定意义上，中美两极是单个国家与国家集团之比。

对世界的影响程度也是判定两极格局的关键因素，它的核心问题在于它是否是国际结构的基本框架，是否是国际政治的唯一中心。人们习惯以冷战时期的美苏两极作为参照。与之相比，中美两极在国际结构中的地位明显要低，它对世界的影响程度也明显要小。在

---

① Ray Dalio, "从货币、信贷和债务看变化中的国际秩序", 2020年4月27日, http://finance.sina.com.cn/money/fund/jjzl/2020-04-27/doc-iircuyvi0060532.shtml。

美苏两极的格局下，几乎整个世界被分为两半或受其裹挟，世界围绕着两极转，两极左右着世界的议程。中美两极结构尚达不到这样的程度。中美关系是世界上最重要的双边关系，不管从对国际事务的建设性还是破坏性角度来说，中美关系都有着最大的影响。但中美两极不代表着世界，也不带领着全世界。有观点认为，在新冠肺炎疫情后中美将分成两个"半球"，中国将同俄罗斯和"一带一路"国家形成与美国对立的新体系。① 中国与美国出现对立是可能的，但形成以中国为中心的"半球"没有可能。从一定意义上说，现在的两极化是中美关系的极化，但不是世界的两极化。世界没有因中美关系而一分为二。形成以中俄为中心的"半球"同样可能性很小，中俄能够进行不同形式的战略合作，但两国都是大国，都具有强烈的独立身份意识，它们可以形成某种松散的体系，但不是一体化的联盟。它们有很多合作者，但不会有大批的地缘政治追随者。与冷战时期相比，现在的世界处于更加多元的状态，国际权力分配呈现出扁平化和分散化状态。出现了更多的力量中心，各力量中心更追求独立身份；也出现了更多形式的力量结构，如地区组织、非政府组织、跨国集团等，它们已成为国际政治中的重要角色；中小国家也更加自主和自立，它们不愿再是国际政治的被动接受者。就国力来说，所有这些角色单独都不能与中美比肩，但它们不依附或不完全依附于中美，不会被消解到两极框架中；在中美关系呈现极化结构的情况下，它们中的相当大一部分会选择自由和独立的角色，而不是加入其中一方。它们在国际政治的作用同样极为重大，而且可对两极结构形成一定制约。

---

① 翟东升：《值得警惕！特朗普大概率会向中国转嫁危机》，https://www.sohu.com/a/392780843_378279。

三、两极结构趋势与中国的政策选择

在对两极论的主要论点进行了正反两方面的考察后，需要得出最后结论：当今国际结构究竟是多极还是两极？对此的回答是：这个世界既存在着多极，也存在着两极，它们共同构成了当今的国际结构。

（一）两极结构的趋向

从逻辑上说，两极和多极不能相容，如果世界是两极的，它就不能是多极的；而如果世界是多极的，它就不能是两极的。但现实情况却不是这样，当今世界结构并不泾渭分明。现实的情况是，在某种程度和某种意义上，在主观认识和客观现实中，两极和多极都共同存在着，这是现今国际结构的独特现象。[①]

不过，它们不是平行地存在，而是相互交织和相互作用。它们的关系可描述为多极框架中的两极结构，或是两极占突出地位的多极结构，这是一种非典型的两极结构，也是一种非典型的多极结构。多极结构不否定两极结构的存在，两极结构也不否定多极结构的存在，但在最基础的层面上，仍以多极化为整体框架。多极与两极的共存与一般的理论和逻辑相抵牾，但它是现实的存在，是现实世界结构的复杂性和矛盾性的反映。

---

① 国外学术界也有类似认识，如俄罗斯科学院美加所所长 Валерий Гарбузов 即持此种看法，不过他认为在多极框架中同时存在两个两极结构，除了中美外还有俄美。Валерий Гарбузов, Две биполярности полицентричного мира, 22.12.2019, http://www.ng.ru/dipkurer/2019-12-22/9_7758_compromise.html.

国际结构的这种状态在未来很长一个时期会继续保持，但趋势是多极结构的特征向弱，两极结构的特征向强。正在发生的科技革命和新冠肺炎疫情是有力的验证。这两个对现今世界产生着最大影响的过程有一个共同特点，就是它们使得中美竞争和对立更加激烈，并因此使中美两极结构更为突出。

新科技革命将深刻影响和改变着世界。但从以往的历史来看，它对国际政治来说是一场技术革命，而不是政治革命。新技术革命可以导致国家力量对比迅速变化，可以使国际结构发生重构，可以改变军事技术手段和战争形态，乃至改变人类生活方式和历史的进程，但它不否定国际政治的基本概念，不改变国家关系的根本性质，也不会消除国家间对抗的可能。新科技革命没有改变中美关系的轨道，它不仅没有为中美合作提供新的需求，反而成为加深两国关系恶化的刺激因素。事实上，它本身就成为两国竞争的重要形式和内容。从根本上说，是政治关系决定技术关系，技术革命服务于政治目的，而不是技术改变政治，也不是政治服从于技术。以往的科技革命都是如此。冷战时期的美苏关系也是例证，核武器和卫星技术都是划时代的军事技术革命，它们的出现改变了战争的样式，也改变了对战争的认识，但都没有改变美苏关系的政治性质，反而是把两国竞争带到了新领域和推向了新高度。

2020年暴发的新冠肺炎疫情是百年不遇的大灾难，从来没有一个敌人像新冠病毒一样构成了对所有国家乃至整个人类的共同威胁。在世界和人类处于大灾难的情况下，中美合作对国际社会团结自救的全球意义凸显，没有任何其他双边关系具有这种能力。但与国际社会的期望相反，疫情却使中美关系的恶化加剧，一路滑向危险的深渊。

新冠肺炎疫情对国际政治带来了强烈冲击，引发了对未来世界的预测浪潮。两极的形成也是其中的热点之一。中美俄学术界都有这种看法,尽管也存在否定的观点。① 不过,俄罗斯学术界所说的两极形成含义与一般的理解有所不同,它是指中俄美关系的形态出现重大变化,中国成为美国的主要目标,中美两极对抗结构凸显,国际政治面临新局面,俄罗斯也需在这种新形势下考虑自己的角色选择。这与把中美两极作为国际结构的主导框架还是有差别的。但无论如何,新冠肺炎疫情突出了中美两极结构是多数人的共同看法。

两极结构对中国提出了重大外交理论和实践挑战。问题的实质在于:如果中国既已是两极结构之一,它将如何继续实行多极化政策?从理论上说,继续坚持多极化政策将自相矛盾,但放弃多极化将产生一系列后果,在这种情况下中国应如何选择?多极化是中俄国际合作的重要基础,如果中国放弃多极化,中俄国际合作又将以什么为基础?

破解的路径并不难找,那就是全面以多边主义为基本概念,不再使用或少使用多极化概念。多极化和多边主义都是中国外交使用的概念,政治多极化是中国一贯的政策追求,多边主义也一直是中国坚持的外交思想。② 不过,今后中国可以不再把多极化表述为政策目标,而以多边主义为总体概念。

(二) 中国的政策选择

如同国际政治中的许多概念一样,对多边主义概念的界定也是形形色色,出于不同的视角,对多边主义的理解也纷繁不一。作为

---

① 例如,俄罗斯科学院欧洲研究所所长 A. 葛罗米柯认为所谓新两极不过是虚幻。Alexey Gromyko, Illusions of a New Bipolarity, May 8, 2020, https：//russiancouncil. ru/en/analytics – and – comments/analytics/illusions – of – a – new – bipolarity/.

② 王毅外长在 2020 年 5 月 24 日回答中外记者提问时,也重申了中国坚持多极化和多边主义的立场。国务委员兼外交部长王毅就中国外交政策和对外关系回答中外记者提问,2020 年 5 月 24 日,https：//www. fmprc. gov. cn/web/zyxw/t1782257. shtml.

中国外交使用的多边主义，这里还是以中国官方的解释为参照。①

多极化和多边主义有密切关联，因此经常被当作相近甚至相同的概念，在实践中也常常会被混用，但实际上它们是不同的概念，不管在中文、英文还是俄文里，它们都是含义不同的名词。从性质上说，多边主义是一种政治思想和态度，具有价值取向，而多极化是一种结构形态，在政策上是一种对具体目标的追求。多边主义具有完全开放的性质，以普遍的政治平等为原则，而多极化主要还是基于大国关系的政策，它追求的是大国间的平等，对其他国家而言也可能意味着大国的特权。多边主义考虑各国的利益，以各国的利益平衡为基础，多极化则重视权力，以权力为主要构建要素。多边主义不否定多极化，也可以包容多极化，但多极化不能包纳多边主义，它与多边主义可以相容，也可能相悖。②

以多边主义全面取代多极化在理论和实践上都有实质性意义，它不是针对矛盾的技术性处理，不是解决问题的权宜之计。不再使用多极化概念与现今中国所处发展阶段的地位相适应。多极化更多体现着中国崛起过程初期的发展阶段的需求，这一时期中国的首要关切是跻身于世界大国之林，在国际权力结构中占有应有的地位。多极化既是对美国单极霸权结构的突破，也为中国提供了在国际政治中占有一席之地的结构空间。而在中国的大国地位已经十分稳固的今天，在中国已经不仅是多极之一而且是两极之一的情况下，中国与世界的关系更多转向如何看待他国，而不是对本国地位的担忧。在这种背景下，以否定单极和提高本国地位为着眼点的多极化理论已不适宜，以与他国关系为重心的多边主义更适应中国外交的需求。

---

① 外交部政策规划司：《以习近平外交思想为指引深入推进中国特色多边主义》，《学习时报》，2019 年 10 月 25 日，http：//www.qstheory.cn/llwx/2019-10/25/c_1125151043.htm.
② A. 科尔杜诺夫教授也对多极化与多边主义的区别做过总结。参见：А. Кортунов, Между полицентризмом и биполярностью: о российских нарративах эволюции миро порядка, Рабочая тетрадь РСМД, No 52 2019, с. 36.

多边主义超越了多极化暗含的大国中心思想,体现着普遍主义的原则,它在思想和理念上是一种提升,在价值和道义准则上站得更高。在政策目标的追求上,多边主义不与某种特定国际结构挂钩,并超越国际结构的制约,因而也具有更开阔和更自由的空间。

不使用多极化和以多边主义为总体理论不会导致中国外交政策的断裂,它不是对原外交政策的改变和否定,而是中国外交理论与时俱进的发展和优化。在多极化被认为已是现实乃至两极结构业已出现的情况下,特别是中国已被认为是两极之一,继续推动多极化已无十分的必要,而且在外界看来与中国的身份不相符合,甚至会影响它的可信度。多边主义不再强调对多极结构的追求,这可理顺中国在国际结构中的地位与目标之间理论上的不协调,但同时仍能反映多极化含有的合理思想。多边主义不与任何特定的国际结构挂钩,这使中国外交理论可以对应各种可能的国际结构形态,不受中国在其中地位变化的影响,不管被认为是多极之一还是两极之一,中国的外交概念都无须因之改变。多边主义本来也是中国的外交原则,以多边主义为总体理论仍是在中国外交原有的思想轨道上,不过这不是简单的继续,而是把多边主义提到更高层面,使之成为中国外交的上位理论。

在中俄综合国力差距持续拉大的背景下,多边主义也是保持两国国际合作的可行途径。可以感到,在国际结构两极化的趋势下,俄罗斯对它在中俄关系中可能处于不平等地位的担忧在增加。[①] 在过去这些年,多极化一直是中俄国际合作的重要基础,推动多极化的共同目标是联系两国国际合作的主要纽带。但现在的形势是两国在国力对比上正在发生重大变化,中国正从多极之一变为两极之一,

---

① Глеб Ивашенцов, Китай, в отличие от СССР, не способен выступить инноватором переустройства мира, 3 июня 2020, https://russiancouncil.ru/analytics-and-comments/analytics/kitay-v-otlichie-ot-sssr-ne-sposoben-vystupit-innovatorom-pereustroystva-mira/.

而俄罗斯仍将为巩固它作为世界大国的地位而艰苦努力。在国力相对较弱的情况下,多极化对俄罗斯的重要性只会增加不会减小,只有在多极结构中才有俄罗斯作为大国的位置,因此坚持多极化将是俄罗斯的坚定立场。俄罗斯提出未来的多极化应具有公正和民主的性质,它不应只是建立在力量平衡的基础上,而应是以国家的利益、模式、文化、传统的互动为基础。① 这可以理解为是俄罗斯对国际政治的道德性要求,当然是正确的,也可以理解是以其他因素来弥补其弱势地位,这也是自然的。从理论上说,中国不再使用多极化概念会使两国在国际结构上失去共同的目标追求,两国国际合作的基础有解体之虞。不过,在中国奉行多边主义理论的情况下,这种情形实际上不会发生。多边主义反对单极化,但不否定多极化,它仍为俄罗斯在多极世界中的地位敞开着大门,在理念上也与俄罗斯的外交思想相符,因为俄罗斯本身就是多边主义的拥护者,多边主义也是俄罗斯外交的旗帜。因此,不论在理念还是政策上,多边主义都可以成为中俄继续国际合作的基础。

如果说国际结构已是两极化,中国为两极之一,但中国的外交思想却不是从两极的地位出发,不是以两极之一的地位构建其理论,而是主张多边主义,这与它的地位是否存在矛盾?或者说,作为两极之一,中国应否和能否选择多边主义?

如前面已经提到过的,国际结构具有自然属性,不管是单极、两极还是多极,它们都是自然形成的客观状态。就此而言,在以国

---

① 俄罗斯多次表达这一思想。参见:Выступление и ответы на вопросы Министра иностранных дел Российской Федерации С. В. Лаврова на пленарной сессии Международной конференции 《Диалог Райсина》, 15 января 2020 года, https: // www. mid. ru/ru/foreign_policy/news/ - /asset _ publisher/cKNonkJE02Bw/content/id/3994885; Статья Министра иностранных дел России С. В. Лаврова 《Мир на перепутье и система международных отношений будущего》для журнала 《Россия в глобальной политике》, 20 сентября 2019 года, http: // www. mid. ru/ru/foreign_policy/news/ - /asset_publisher/cKNonkJE02Bw/content/id/3792556.

力为指标的国际结构中,中国的地位是无须也不能选择的。中国是什么"极"由国力决定,它既不是国家选择的结果,也不取决于国家的选择。国家会有对某种国际结构的追求,但它只是一种主观意愿,与客观事实并不是一回事。而多边主义是一种政治态度,政治态度是可以选择的。

可以断定,即使新两极能够成立,即使中国被认为是新两极之一,中国都仍将选择多边主义。这就是说,中国不以两极为世界中心,不把两极看作是凌驾于世界之上的超级结构,即使中国国力超出其他国家。中国会负起更大国际责任,但不追求超级国际权力,而仍愿与其他国家以政治平等身份相处。

但两极的相互关系是一个困难问题。对于两极结构的性质有十分不同的认识。有观点认为两极对立具有天然性,这在西方国家和俄罗斯学术界尤为流行。这就是说两极对立是不可避免和不可改变的。两极结构即意味着对立,物理上的两极相斥、俗语里的一山不容二虎、国际政治中的"修昔底德陷阱"等,都可以作为这种观点的注脚。不过,作为纯自然状态的两极,它只是两个国家的国力相差不多、且都远远超越了其他国家,它并没有固有的政治内涵,它既不是天然对立,也不是自然合作。它的政治性质是被赋予的,而赋予者就是两极本身。这也意味着两极的关系是可塑的,决定着它的政治性质的是两极的选择。中国提出的新型大国关系即基于这一认识前提。中国的选择十分清楚,即希望与美国建立合作共赢的关系模式,但问题在于合作关系的形成需要两极的共同选择,而对立关系只需一方的选择即可出现。因此,如果美国选择对立,则不管中国是否愿意,中美两极也将是对立的性质。

尽管美国没有公开表示,但从事实判断,美国并不认同两极。事实上,美国不接受中国与美国平起平坐的地位、不认可中美两极结构正是中美冲突的主要原因。在不接受中国为平等大国的情况下,战略压制和打击是美国政策的自然选择。对于美国来说，使挑战者失去挑战能力是维持世界霸权地位最可靠的方式。在这一点上，现在的中美关系与当年的美苏关系有重大不同。在苏美两极时期，美国是把苏联作为平等的对手，认可苏联与美国有相同的国际权力和地位，在平等的基础上与苏联博弈。因此，美苏两极既能竞争对峙，但也能够形成相对的稳定，这也可以说是一种"共治"状态。在一定意义上，真正的两极结构不仅是两极对立，还应是两极"共治"。两极对立是世界最强国和次最强国你死我活的搏斗，而"共治"才是两极结构的稳定状态。从这个角度看，只有当美国接受中国为平等大国后——不管是作为对手还是伙伴——才可能有真正的相对稳定。因此，美国接受中国为平等对手是中美关系结构性稳定的前提，现在的两极结构尚是在这一过程的途中。

两极化对中俄美关系的结构将产生重大影响，它使中俄美三角关系呈现出崭新形态。有看法认为，中美两极结构的出现意味着中俄美三角关系的结束，但与其说这是中俄美三角关系的结束，不如说是它的新开始。中俄美关系仍将存在联动反应和效应，只是它的表现形态和作用将有所不同。由于相互位置的变化，中美竞争对立将结构化，在中俄美关系中，中美问题上升为焦点和核心，并成为三国考虑相互关系和政策的基本背景。在中美对立结构突出的情况下，俄美对立的程度可能减低或缓和，美国会有更强的分离中俄的需求，甚至会试图把俄罗斯拉到自己一边，[①] 而改善对美关系也是俄罗斯一直期望的。中俄战略合作可以继续保持，中俄美关系的大框架依然将是中俄关系好于俄美和中美关系。但两极化改变了俄罗斯的角色位置，给俄罗斯带来新的挑战，也增加了新的选择空间。俄

---

① 2020年6月1日美国邀请俄罗斯参加G7峰会即是一个迹象。Телефонный разговор с Президентом США Дональдом Трампом, 1 июня 2020 года, http://www.kremlin.ru/events/president/news/63444.

罗斯会追求更独立的角色,在中美之间采取更灵活和更有弹性的政策,并且寻求与其他国家发展关系,以增强本国的地位和对中美的强势进行平衡。

四、结语

国际结构仍在演变中,尽管评估不一,但中美两极结构增强是它的重要特征。不过尚不能确定地说这是不可逆的进程,它的变数不仅在于中美自身未来的发展变化,也在于其他力量的发展变化,还在于国际形势的发展变化。在现今阶段,可以认为中美两极化仍是在世界多极结构的大框架之内,是中美两极在多极化大框架内的突出生长,但未来它是否会突破这一框架并凌驾其上,则还存在不同可能。

中美两极结构的出现使中俄美关系的形态发生重要改变,将其置于全新的形势之下。这对三国关系是新的考验和挑战,中俄美关系都因此产生政策调整的需要,但它们将如何调整,也存在不同可能。

新形势也是对中国外交的挑战,在身份发生变化的情况下,如何在理论和实践上继续坚持多边主义,如何保持与俄罗斯国际合作的基础,以及如何避免或控制中美走向体系性对抗,这都是中国外交需要面对的问题。

"后疫情时代"的世界秩序与俄罗斯的战略选择*

冯玉军

[内容提要] 新冠肺炎疫情蔓延激化全球既有矛盾,深刻改变冷战结束以来的全球政治、经济与安全图景。近来,俄罗斯领导人和智库专家对"后疫情时代"的国际格局、世界秩序、全球化进程、大国关系进行深度思考,认为在国际格局与世界秩序加速重塑之际,俄罗斯迎来克里米亚危机甚至冷战结束以来最大的战略机遇。在俄罗斯战略界看来,新形势下俄罗斯需要重塑对外政策思想,巩固自联合国成立以来就享有特权的安理会常任理事国对全世界的特殊责任,深化欧亚一体化合作,巧妙运筹俄中美三角关系,借助多方力量平衡对华关系,谋求实现俄美关系改善。

新冠肺炎疫情全球蔓延犹如一场没有硝烟的"世界大战",不仅威胁人类生存、重创世界经济,也对世界秩序产生重大影响,深刻改变着冷战结束以来的全球政治、经济与安全图景。大变局下,每

---

* 本文是2018年国家社会科学基金重大研究专项"以总体国家安全观为指引补齐中国国家安全治理体系短板研究"(编号:18VZL012)、国家社会科学基金一般项目"页岩革命背景下的美国能源权力及其影响研究"(编号:19BGJ032)的阶段性成果。《亚太安全与海洋研究》2020年第5期,《人大报刊复印资料·国际政治》2020年第12期转载。

个国家都在以各自的视角看待世界的变化，评估自身所受影响并力图更好地维护自身利益。

2020年3月底以来，俄罗斯新冠肺炎疫情形势急剧恶化，政府被迫改变原来比较松弛的心态，进一步强化防疫力度。与此同时，俄罗斯领导人和重要战略智库的顶级专家对"后疫情时代"的国际格局、世界秩序、世界经济与全球化进程、大国关系，特别是俄中美三角关系等重大问题进行了深度思考，对俄罗斯在国际大变局下的战略选择做出了细致谋划，总体认为在其他大国严重受损、国际格局与世界秩序加速重塑之际，俄罗斯迎来了自克里米亚危机甚至冷战结束以来最大的战略机遇。

知其然，方知其所以然。国际问题研究的首要前提，是要切实了解世界正在发生怎样的变化，洞悉研究对象的所思所想，而不是陷入空洞的理论推导和自娱自乐式的闭门造车。风起于青萍之末，俄罗斯战略界的思考是战略制定和政策调整的重要先导。及时跟踪和全面总结俄罗斯战略界的分析与思考，有助于准确地把握"后疫情时代"的俄罗斯战略走向。

一、国际格局与世界秩序

近年来，国际社会各种矛盾深度交织，新冠肺炎疫情全球蔓延成为其进一步激化的催化剂，促使国际与地区秩序陷入紊乱和动荡。

俄罗斯战略界敏锐地观察到，这种紊乱表现在诸多方面：一是疫情之下人类的共同利益被置于政治和经济利益之后，疫情本身也被视为各国提升地缘政治和经济地位的有利条件，世界各国仍在围绕暂时的利益得失争吵不休；二是民粹主义势力借机抬头，社会团结受到严重冲击，全球政治呈现民族主义、排他主义、仇外心理、漠视国际法等特征；三是人类在应对共同挑战方面采取集体行动的意愿持续下降，包括世界卫生组织在内的国际组织的脆弱性凸显，许多国家政府面临严重的信任危机，国际社会形成了互不信任的循环。①

与此同时，新冠肺炎疫情引发的危机也正在加速世界格局的转型进程，"美国的全球领导地位遭受冲击且转向关注国内发展，欧盟无力应对危机且内部矛盾加深，中国积极推行全球外交且民族主义持续高涨"。未来，"世界将主要存在两种相互竞争的政治经济模式：一种是以西方为代表的自由主义，另一种是以中国和俄罗斯为代表的国家资本主义。而中国和美国将成为世界政治的两大联盟的中心，其不断加深的冲突将对整个国际关系体系以及各国政治进程产生巨大影响"。②

俄罗斯前外交部长、国际事务委员会会长伊戈尔·伊万诺夫认为，"新冠肺炎疫情使全球安全体系迅速发生变化，安全问题从传统军事安全向流行病、气候变化、移民问题等领域延伸……新冠肺炎疫情危机或将成为国际政治的分水岭。面对疫情的全球挑战，一方面，多方政治力量呼吁在世界范围内暂停冲突，集中力量抗击疫情；但另一方面，部分国家企图通过危机获得相对于传统竞争对手的比较优势，围绕信息战、疫情扩散的责任、威权国家和民主国家抗击病毒能力以及经济模式等问题争论不休。这充分表明，人类正面临着建立新世界秩序的政治斗争。这场斗争的结果将取决于政治家是否能将全球安全置于个人政治抱负之上，以及是否能将国际利益置

---

① Андрей Кортунов., *Коронавирус: новый баг или фича мировой политики*? https://russiancouncil.ru/analytics-and-comments/analytics/koronavirus-novyy-bug-ili-ficha-mirovoy-politiki/［2020-08-02］.

② Дмитрий Тренин. *Как России удержать равновесие в посткризисном биполярном мире*, https://carnegie.ru/commentary/81541［2020-08-16］.

于传统国家利益之上"。①

围绕疫情之后世界是否会形成类似冷战的两极格局，俄罗斯战略界存在不同看法。

一种观点以瓦尔代俱乐部项目主管、高等经济大学欧洲与国际综合研究中心主任季莫菲·博尔达切夫为代表。其核心观点是，以中国和美国为中心的新两极格局将是国际政治在2020年以后面临的最大风险。他同时强调："与冷战时期的两极格局相比，正在形成的新两极格局或将成为世界大战的前提。如果说苏联的存在刺激了美国和欧洲的发展，那么中国的崛起则是对西方直接的威胁。在新两极的竞争中，作为改变格局主要因素的中国力量还不够强大，需要其他盟友支持，而美国也将采取同样的措施拉拢盟友。"②

另一种观点的代表人物，是俄罗斯科学院欧洲研究所所长阿列克谢·葛罗米柯。他强调当前国际形势与冷战时期有本质区别，以中美为核心的两极格局难以形成：（1）美苏两极格局不仅是两个全球权力中心的竞争，双方还共同致力于消除大规模武力对抗并稳定了国际关系。可以说，美苏格局稳定了国际体系，是"稳定的两极"。而中美对抗将触发诸多不稳定因素，导致国际关系混乱甚至引发战争。（2）冷战期间美国和苏联领导下的国际社会几乎分裂为两个相互独立的部分；反观当下，尽管中美两国无法建立完全符合双方共同利益的相互依存关系，但在全球化影响下，两国在各个领域的密切联系无法切断，难以独立成为相互隔离的两极。（3）美苏对抗的背后是资本主义和社会主义两个阵营；但如今，美国的传统盟

---

① Igor Ivanov., *Rethinking International Security for a Post - Pandemic World*, https://russiancouncil.ru/en/analytics-and-comments/analytics/rethinking-international-security-for-a-post-pandemic-world/ [2020-05-16].

② Тимофей Бордачев., *Биполярное расстройство: Какие риски несет миру переход к новой биполярной системе*, https://profile.ru/columnist/bipolyarnoe-rasstrojstvo-271423/ [2020-08-03].

友纷纷企图摆脱其控制，所谓"西方"已不复存在。而中国只有俄罗斯一个战略伙伴，且由于两国对彼此实力的忌惮及地缘利益的不同，俄中结成同盟抵抗美国的可能性微乎其微。（4）意识形态对抗已成为过去。虽然中美的政治制度与意识形态有着本质差别，但中国既没有像苏联一样依赖社会主义和共产主义思想彰显优越性，也没有表现出任何形式的救世主义。仅仅基于地缘政治的矛盾，不足以升级为以集团为单位的两极竞争。①

俄罗斯外交学院院长亚历山大·雅科文科与葛罗米柯的观点相近，他认为中美矛盾将会升级，但是双方并没有将其他国家拉入其对抗的潜力。一是中国没有建立世界霸权的企图，也不存在拉拢军事盟友的想法。俄中关系虽然紧密，但双方不可能结盟；二是多边外交机制将持续存在，没有国家会拒绝已经形成的联合国和二十国集团等传统多边外交机制，即便美国可能从中退出；三是各国将更加关注本国利益，新两极结构及其对全球政治影响的基础非常脆弱。②

苏联解体以来，俄罗斯基本上是以"华盛顿共识"为核心的自由主义世界秩序的失利者，超级大国地位不复存在、国际影响迅速下滑、参与全球治理能力明显不足，这一切都使俄罗斯对既有世界秩序充满了愤懑，希望其加速重构甚至早日崩塌。与其他国家的忧心忡忡不同，俄罗斯战略界对新冠肺炎疫情带来的变化表现出按捺不住的兴奋。俄罗斯外交与国防政策委员会名誉会长谢尔盖·卡拉加诺夫坦言："现代世界政治的本质依旧：这是一场为建立新秩序而展开的斗争，以取代正在迅速瓦解的现有秩序。单极世界和长达五

---

① Алексей Громыко., *Об иллюзиях новой биполярности*, https：//russiancouncil.ru/analytics-and-comments/analytics/ob-illyuziyakh-novoy-bipolyarnosti/［2020-05-08］.

② Александр Яковенко., *Новая биполярность：кто не с нами, тот против нас*, https：//russiancouncil.ru/analytics-and-comments/comments/novaya-bipolyarnost-kto-ne-s-nami-tot-protiv-nas/? sphrase_id=47916484［2020-06-12］.

百年的西方统治的时代即将终结。"①

瓦尔代俱乐部发表研究报告，从国际无政府状态抬升、国家主义回归、自由主义世界秩序崩溃等多个层面，论证了国际关系的深刻变化。该报告看到了新冠肺炎疫情使国际社会分崩离析，多边合作正逐渐收缩。国际制度的危机导致无政府状态加剧——每个国家都将依靠自己去解决生存问题。主权国家仍然是能够实现组织化且以高效方式行事的唯一机制。当经济已真正变成全球性之际，政治仍然是国家间的，甚至国家在经济领域的作用也在增强……由国家而非市场提供的应对非经济冲击的稳定性，正在变成最重要的国家能力指标。②

更为重要的是，不同国家为应对疫情而采取的临时性管控措施成为俄罗斯论证其威权制度合理性的重要依据。该报告称，多数曾被指责为集权国家使用的社会管控措施，如今在民主国家中也非常流行。"现代技术强化下的隔离措施为政府开发管控社会的工具提供了更多可能……'专制—民主'二元论再次被证明是虚假的。建立在自由民主与市场经济相结合基础上的社会组织模式尚未证明自身具有绝对道德伦理正当性和普适性，国家依赖于自己的社会文化经验走出危机。每个国家都是基于自己的道德伦理观念来制定政策，以'对错'的标尺来审视它们是错误的，它们只是不同而已。"③

无独有偶。谢尔盖·卡拉加诺夫也强调："除了主权国家以外，没有人能够提供公共物品。主权的作用被强化，国家拒绝外部统治，

---

① Сергей Караганов, Дмитрий Суслов. , *Россия в мире после короновируса: Новые идеи для внешнейполити*, https://www.globalaffairs.ru/articles/rossiya – mir – koronavirus – idei/ ［2020 – 08 – 23］.

② Иван Тимофеев, Олег Барабанов, Тимофей Бордачёв, Ярослав Лисоволик, Фёдор Лукьянов, Андрей Сушенцов. , *Не одичать в《осыпающемся мире》*, https://ru.valdaiclub.com/files/33222/ ［2020 – 05 – 18］.

③ 同上。

其自由选择政治、文化道路、发展模式和外交政策取向的要求日益迫切。"①

可以看到，这种对国际变化的解读，与俄罗斯多年宣扬的"主权民主""主权高于人权""国家主义高于国际主义"等政治理念一脉相承，俄罗斯战略界似乎为论证俄式国家治理观和国际政治观的正确性找到了重要佐证。

在世界秩序方面，瓦尔代俱乐部的报告断言，"从20世纪80年代末至21世纪10年代中期的自由主义世界秩序时代已经结束"，国际社会未来面临两种选择：要么维护既有最重要的组织（联合国），并在此基础上构建新的功能性组织；要么出现另一种两极对立，即美国和中国两大巨头之间的搏斗。而且，美中对抗是在完全不同国际条件下、不同类型玩家之间的不可调和的冲突，将不会再现20世纪下半叶美苏之间的稳定模式。其结果是，"我们完全不是回到幸福且相当稳定的冷战年代，而是一战之前的帝国主义竞争阶段。更何况，在道德吸引力方面，无论中国还是美国，今天都不能与冷战时期的苏联和西方相提并论，这两个国家都没有给世界提供明显的替代性选择"。②

从瓦尔代俱乐部报告的表述中，我们可以看到俄罗斯对当年美苏"冷战"的留恋、赞美，仿佛那时是给人类带来稳定、祥和、幸福的美好时光。而对中美两极格局，俄罗斯则充满了忧虑、担心甚至不屑，一面抱怨中美两极可能会给世界带来类似一战的灾难，一面耻笑今天的中美没有当初美苏那样的"道德水准"。该报告的另一

---

① Сергей Караганов, Дмитрий Суслов., *Россия в мире после короновируса*: *Новые идеи для внешнейполити*, https: //www. globalaffairs. ru/articles/rossiya – mir – koronavirus – idei/ ［2020 – 08 – 23］.

② Иван Тимофеев, Олег Барабанов, Тимофей Бордачёв, Ярослав Лисоволик, Фёдор Лукьянов, Андрей Сушенцов., *Не одичать в 《осыпающемся мире》*, https: //ru. valdaiclub. com/files/33222/ ［2020 – 05 – 18］.

段表述耐人寻味："美国重新思考自己的世界角色，正加速退回孤立主义。中国则恰恰相反，雄心勃勃。两者背道而驰，对国际安全构成主要威胁。"①

对于疫情之后世界的发展趋势，俄罗斯战略界也进行了相应展望。谢尔盖·卡拉加诺夫认为，在国际社会长期积累的矛盾和新冠肺炎疫情共同作用下，世界发展将呈现以下几种趋势：（1）国际力量重新分配，世界将在新一轮全球化的背景下恢复传统的多中心性，大多数国际机制失去效力，军事力量的重要性再度凸显；（2）美国创造的全球经济体系将会崩溃，全球经济将呈现零散化、区域化和政治化的特点；（3）环境污染、气候变化将成为国际社会关注的重点，但相关问题将基于国家或区域层次的决策，而非通过全球合作解决；（4）中小国家的政治主观性及其精英的独立性加强，或将拒绝盲目跟随大国且在中美之间摇摆博弈；（5）国际社会呈现再意识形态化，随着思想真空的产生，民族主义、不满情绪和环保激进主义或将蔓延；（6）大规模杀伤性武器和核武器扩散的危险增大，但长久以来的和平环境会降低人们对战争的恐惧。②

俄罗斯国际事务委员会执行会长安德烈·科尔图诺夫跳出传统的"东西方"视角，沿"南北轴心"审视后疫情时代的世界秩序。他认为，危机减缓了权力和资源从北方国家向南方国家的转移，从而增强了南方对北方的依赖，并导致后危机时代全球不稳定因素主要集中于南方。随之而来的将是地区冲突局势加剧，南方国家的政治、经济和社会危机此起彼伏，南方大多数国家被排除在世界技术链和新经济体系之外。南北之间发展、安全和治理鸿沟的扩大，将

---

① Иван Тимофеев, Олег Барабанов, Тимофей Бордачёв, Ярослав Лисоволик, Фёдор Лукьянов, Андрей Сушенцов., *Не одичать в《осыпающемся мире》*, https://ru.valdaiclub.com/files/33222/［2020－05－18］.

② Сергей Караганов., *Новые идеи для себя и мира*, https://globalaffairs.ru/articles/novye－idei－dlya－sebya－i－mira/［2020－08－09］.

对国际体系的稳定构成巨大挑战。为克服这一挑战，必须实现南北之间新的"大交易"，弥合南北之间的文明鸿沟，提升全球治理水平。①

可以看到，俄罗斯战略界的主流观点断定，新冠肺炎疫情使美国、中国、欧洲等各大力量中心都遭受重创，但在疫情面前，国际社会不仅未能携手合作，反而陷入了更深刻的矛盾与冲突。特别是中美对抗日益显现，将对世界安全构成严重威胁。但同时，美国和中国之间不会形成美苏冷战时期两大阵营全面对抗的两极格局，俄罗斯不会与中国结盟对抗美国。在国际制度的危机导致无政府状态加剧的背景下，国家的作用进一步凸显，这对于奉行国家主义的俄罗斯来说无疑是巨大利好：一方面俄罗斯国内体制的合法性因此而进一步巩固；另一方面，俄罗斯可以在一个国际制度弱化的世界里纵横捭阖。

二、世界经济、全球化与地区一体化

新冠肺炎疫情严重冲击世界经济，可能导致类似20世纪20、30年代之交的大萧条。世界经济下行，无疑将恶化俄罗斯的外部经济环境，但由于俄经济素来具有自给自足的特点且参与世界经济一体化程度不高，因而所受冲击较小。在俄罗斯人的世界观里，国际政治从来都是零和博弈，他国所失就是俄之所得。因此，俄罗斯战略界人士踌躇满志："全球经济衰退将引发世界经济体系深度调整。危机条件下，各国竞争的实质不是控制全球生产链中最重要的技术部

---

① Андрей Кортунов., *Кризис миропорядка и глобальный Юг*, https://russiancouncil.ru/activity/publications/krizis‐miroporyadka‐i‐globalnyy‐yug/［2020‐06‐10］.

门和短期内最具发展前景的公司，而是实现生产和技术的相对自给自足，以确保本国优先利益。"①

围绕疫情对世界经济及全球化进程的影响，瓦尔代俱乐部的报告强调，与以往的危机不同，疫情割裂了国家与地区间的交通往来和经贸联系，令整个世界经济体系在瞬间轰然倒塌，全球与地区的价值链也随之发生变化，给多边机制与国际协作造成了剧烈的冲击与震荡。而在这些表象的背后，全球化的世界正从"无限机遇的社会"转变为"无限风险的社会"，"无论从行为实践还是道德准则上，全球化时代的大规模跨界流动都可能成为过去，实现可持续发展、对生活品质的追求将成为无法企及的奢侈品"。②

在全球经济陷入衰退之际，有俄罗斯专家认为世界经济体系将具有五个主要特征：（1）全球经济体系崩溃、去全球化进程加速，未来的再全球化将十分缓慢；（2）全球能源市场管理体系因疫情而崩溃，其稳定结构短期内不会恢复；（3）民众生活水平普遍降低，不同社会发展模式均面临严峻挑战；（4）缺乏实体经济基础的"后工业社会"危机涌现；（5）金融投资活动的区域化及其与美国的全球金融霸权相抗衡。③

安德烈·科尔图诺夫不同意全球化在可预见的将来可能扭转或大幅减缓的看法，他强调全球化浪潮与未来世界秩序深刻交织，并将在根本上保持不平衡的特点，失败国家甚至成功国家内部的失败地区都将被排除在外。未来世界秩序的最大分歧，将发生在全球化

---

① *Мир после коронавируса：будущее постсоветского евразии*，https：//eurasia.expert/mir-posle-koronavirusa-budushchee-postsovetskoy-evrazii/［2020-07-08］.

② Иван Тимофеев，Олег Барабанов，Тимофей Бордачёв，Ярослав Лисоволик，Фёдор Лукьянов，Андрей Сушенцов.，*Не одичать в《осыпающемся мире》*，https：//ru.valdaiclub.com/files/33222/［2020-05-18］.

③ *Мир после коронавируса：будущее постсоветского евразии*，https：//eurasia.expert/mir-posle-koronavirusa-budushchee-postsovetskoy-evrazii/［2020-07-08］.

进程的赢家和输家之间，在向新全球治理体系过渡期间世界秩序将持续动荡。①

围绕疫情后的全球化走向，俄罗斯科学院院士、莫斯科国际关系学院校长阿纳托利·托尔库诺夫描绘了四种可能情境：（1）中美基于共同经济利益实现平衡，全球化的主体实现从跨国公司扩张到民族国家广泛合作的改变，共同推动基于资源富足的高度合作；（2）中美关系陷入危机，各国合作水平低下，世界经济陷入停滞，民族主义蔓延并严重冲击传统一体化结构；（3）各国精英专注于国内政治问题，不再推行激进的外交政策并能保持国家间高度合作；（4）全球经济复苏相对较快，但国际竞争继续加剧，中美意识到"全球化已经崩溃"，出现新的多中心世界的体系结构。②

在全球化遭遇重创的同时，新冠肺炎疫情对俄罗斯主导的欧亚一体化进程以及原苏联国家的社会、经济和政治都产生严重影响。俄罗斯战略界对此的主流观点是，新冠肺炎疫情使欧洲再遭重创，欧洲一体化模式可能被冲撞得支离破碎，欧盟进一步东扩遥遥无期，欧盟东部伙伴关系计划基本已胎死腹中。在此情况下，乌克兰等原苏联国家融入欧洲遥不可及。尽管欧亚一体化进程也困难重重，但俄仍有能力稳盘控局。

俄罗斯科学院东方学研究所学者亚历山大·沃罗比约夫的看法相对悲观。他认为，疫情可能使欧亚经济联盟成员的大量中小企业破产，经济负担将落在国家的肩上，但并非所有成员国都拥有足够的资源以及采取扶持措施的愿望，这可能会助长社会不满情绪。与

---

① Andrey Kortunov., *We Need to Create a More Inclusive System of Global Governance*, https：//russiancouncil. ru/en/analytics – and – comments/analytics/we – need – to – create – a – more – inclusive – system – of – global – governance/［2020 – 06 – 08］.

② Olga Kevere., *The Illusionof Control：Russia's Media Ecosystem and COVID – 19 Propaganda Narratives*, https：//visegradinsight. eu/the – illusion – of – control – russian – propaganda – covid19/［2020 – 05 – 16］.

此同时，作为欧亚经济联盟"火车头"的俄罗斯和哈萨克斯坦遭受经济衰退和油价跳水双重打击，财政出现大规模赤字。俄罗斯进口下降将直接造成原苏联国家外部需求和从俄所获侨汇减少，势必增加其社会紧张局势。可以肯定，"中短期内，欧亚经济联盟对成员国的影响力将会降低，联盟本身的发展也会降速。疫情之后，成员国可能已适应无联盟的临时状态，很难完全回归原状"。①

《全球政治中的俄罗斯》主编费奥多尔·卢基扬诺夫则强调，新冠肺炎疫情将激化欧美矛盾，加剧欧盟内部分裂，对世界政治的力量分布和国家间关系产生重要影响，而这将弱化欧盟对原苏联国家的吸引力，减轻俄罗斯主导的欧亚一体化进程面临的外部压力。他认为，欧亚经济联盟没有单一货币、中央银行和与欧盟等量的结构性基金，这在一定程度上能避免欧盟因资金自由流动而可能导致的问题。他呼吁欧亚经济联盟成员国降低对直接援助的期待，避免因公众舆论压力而将责任推卸给他国，通过相互协调更好应对疫情。他特别提醒欧亚国家，"中国或将因较成功应对新冠肺炎疫情和欧美陷入困境中而斗志激昂，这对于中国的欧亚邻国既带来机遇也带来风险：一方面，中国感兴趣的许多基础设施项目覆盖欧亚大陆，将使所有人受益，处于经济危机中的欧亚国家乐意同中国这一强大经济体密切互动；另一方面，中美间的隐性竞争将公开化，争取潜在合作伙伴的斗争也将白热化，不断升级的地缘政治斗争将带来风险。因此，欧亚国家有必要加强共同行动，为中美竞争激化做准备"②。

综上所述，新冠肺炎疫情尽管给俄罗斯经济也构成了冲击，但俄罗斯认为美中日欧等主要经济体遭受的伤害更大，一个去全球化

---

① Александр Воробьев., *ЕАЭС ставят на карантин: Пандемия коронавируса может задвинуть интеграцию на второй план*, https://www.ng.ru/dipkurer/2020－03－29/11_7829_eeu.html［2020－07－30］.

② Федор Лукьянов., *Евразия после пандемии*, https://rg.ru/2020/04/15/lukianov－v－ekonomicheskoj－sfere－vzaimnaia－izoliaciia－nevozmozhna.html［2020－08－18］.

的世界对俄罗斯意味着更多的机遇。在此情况下，俄罗斯将加大欧亚一体化力度，进一步恢复在"后苏联空间"的战略影响。

三、大国关系与俄中美三角

2014 年克里米亚危机之后，俄罗斯遭受西方强力制裁，国际环境明显恶化。因此，寻求与西方特别是俄美关系的转圜、减轻自身所受战略压力，是俄罗斯外交的重要任务。而中美贸易战特别是新冠肺炎疫情以来大国关系的变化，为俄罗斯提供了重要的战略机遇。

俄罗斯战略界主流观点突出强调，中美两国在疫情面前不仅未能有效管控分歧，共担责任、携手应对，反而相互指责，敌视有增无减。中美关系已进入持续下行轨道，有可能不受控制地滑向"次冷战"。新形势下，美俄对抗并非核心，中美才是塑造新秩序的首要因素。中国已成美国首要对手和潜在敌人，中美关系进一步恶化将为俄带来巨大战略运筹空间。

对于中美关系的性质和发展趋势，俄罗斯战略界有不同的评估。

高等经济大学研究员瓦西里·卡申指出，"自中美爆发贸易战之后，台湾和南海等传统热点地区的紧张局势日益加剧。新冠肺炎疫情成为加剧中美竞争的催化剂，中美关系极有可能很快变得比俄美关系更差。美国两党在遏制中国问题上达成了共识，中美关系发生了不可逆转的变化，将演化为第二次冷战"。[1]

俄罗斯国际事务委员会副会长格列布·伊瓦申佐夫则认为："如今的中美对抗，与冷战时期的美苏对抗存在深刻差异。美苏对抗不

---

[1] Василий Кашин., Пандемия показала, что к холодной войне Китай готов лучше, чем США, https://profile.ru/abroad/pandemiya-pokazala-chto-k-xolodnoj-vojne-kitaj-gotov-luchshe-chem-ssha-323992/［2020-06-03］.

仅涉及两个超级大国，还涉及两个体系。与美苏不同，中国无意担任世界秩序的重建者……中国对打破当前体系和建立新的体系并没有兴趣，它只是打算在一定程度上对现有体系进行改革，从而使自己能够分得一杯羹，获得更大市场。实际上，中国已做好随时进入美国和西方经济体系的准备，前提是这能为其带来足够利益。因此，根本谈不上中美之间有两极化的可能性。"[1]

中美对抗毫无疑问将对俄罗斯产生深刻影响，俄罗斯在此情况下应如何作为？费奥多尔·卢基扬诺夫认为，在外交层面，俄不能支持中美对抗，但也不可保持完全中立。鉴于中国是俄重要的邻国和美对俄实施制裁的现状，正确的态度应是追求与中国的共同利益，同时理性看待俄中关系；在内政方面，俄罗斯在渴望"欧洲性"与"否定欧洲"之间摇摆不定，对身份认同的追寻呈现出周期性特点……中美带有"冷战"色彩的对抗激起人们对旧话题的热情——俄罗斯如何在欧洲和亚洲之间进行选择。东方落后性和西方优越性如今已经不再是判断标准，与欧洲文化的亲密性和亚洲文化的异质性、西方的敌意与东方的包容成为俄选择的新论据。俄罗斯不应以"文明选择"作为其政治基础，而应通过增强国家力量和提高对外关系灵活性创造参与国际议程的机会，在文化和意识形态上的异质环境中实现发展。[2]

阿列克谢·阿尔巴托夫则表示，应利用俄美间的文明联系为克服现实矛盾创造氛围。他认为，普京与特朗普交好并不能解决俄美深层矛盾，未来俄美关系发生重大变化的可能性很小，但俄美之间有着深厚的文化联系——俄是欧洲文化的组成部分，美国也与欧洲

---

[1] Глеб Ивашенцов., *Китай, в отличие от СССР, не способен выступить инноватором переустройства мира*, https://russiancouncil.ru/analytics-and-comments/analytics/kitay-v-otlichie-ot-sssr-ne-sposoben-vystupit-innovatorom-pereustroystva-mira/ ［2020-06-05］.

[2] Фёдор Лукьянов., *Холодная война США и Китая грозит отвлечь Россию от ее внутренних проблем*, https://profile.ru/columnist/dialektika-grablej-315753/ ［2020-05-23］.

文化密不可分。他强调："这一联系尤为独特且十分重要，因为决定文明最终形态的不是经济，也不是国家政策，而是无数先辈代代相传下来的文化。"新形势下，俄美在技术层面如新药开发和微生物学领域的合作十分必要。①

中美关系恶化毫无疑问会在国际关系领域产生广泛的影响。俄罗斯战略界特别感兴趣的是俄中美三角关系被再次盘活，而俄罗斯在其中占据着左右逢源的主动地位。

莫斯科卡内基中心主任德米特里·特列宁看到了新冠肺炎疫情背景下俄美"利用共同威胁改善关系、在共同利益基础上谋求合作"的可能性。他强调，对特朗普而言，美国的头号对手是中国，而非俄罗斯。近来美加强了与俄对话，普京则迅速回应，俄美政治高层接触频繁。俄欲借助重大危机与美接触，以实现俄美协作度过危机。但考虑到疫情危机无法促成俄美关系迅速重启，因此俄罗斯的首要任务是在中美关系中维持平衡，同时应降低对欧洲国家的威胁，与持更加开放态度的欧盟国家加强合作。②

特列宁也清楚地知道，"虽然中国的崛起抵消了美国对俄罗斯的关注，但美俄对抗是系统性的，两国关系将无法得到根本改善"。因此他强调，"面对这种情况，俄罗斯应打消从外部影响美国国内政治的企图，避免可能导致武装冲突的矛盾，并为实现两国共同利益创造互动机会"。同时，他也提出："为了缓解来自美国的压力，俄罗斯力图联合中国打破西方为中心的世界秩序，中国已经成为俄罗斯最重要的合作伙伴，尽管如此，出于对国家利益和国家安全的考虑，双方都没有建立军事政治联盟的意愿。面对经济和发展机遇的不对

---

① Алексей Арбатов., *Великодержавие с обеих сторон*, https://russiancouncil.ru/analytics-and-comments/comments/velikoderzhavie-s-obeikh-storon／［2020-08-08］.

② Dmitri Trenin., *Russia – U. S.： No Reset, Just Guardrails*, https://carnegie.ru/commentary/81680［2020-08-03］.

称性,虽然俄罗斯已经在经济、技术和金融领域无意中遵循了中国的游戏规则,但始终坚持平衡中国力量的策略,拒绝加入以中国为中心的政治集团。在这种情况下,俄罗斯会更加谨慎地处理与中美两国关系,扮演三方对话倡导者的角色,以加强战略稳定。"①

与一些中国学者在中美冲突加剧之际寄希望与俄结盟不同,俄罗斯战略界人士对俄中联手抗衡美国基本上持否定态度。不仅如此,他们还提出了进一步平衡中国的设想。格列布·伊瓦申佐夫就强调:"中国对与俄罗斯发展友好关系很感兴趣,尤其是在当前与美国发生冲突的背景下,但中国试图在中俄双边关系中掌握主动权。保持多中心的国际平衡局面,对于俄罗斯至关重要。为此,俄罗斯的当务之急是发起一种新的不结盟运动,而不是调解中美争端。这种不结盟运动的主要参与者,可能是印度、东盟国家或其他地区强国。对俄而言,将与印度的关系提高到与中国关系的水平并确保促进大欧亚伙伴关系的倡议,具有重要的战略意义。但归根结底,俄的首要任务是发展独立和有效的创新型经济。只有在此基础上,俄罗斯才能维持独立地位,并在与西方和中国的关系中发挥重要作用。"②

安德烈·科尔图诺夫回顾了苏美对抗期间中国用"坐山观虎斗"概括其外交哲学的历史,认为面对如今日益加剧的中美对抗新现实,莫斯科的角色正逐渐转变成"聪明的猴子"。但他表示,不同之处在于俄无法仅静观中美两虎相争并在其中保持平衡,将被迫直接或间接卷入中美抗争。一方面,美将中国视为挑战其领导地位的战略竞争对手,而认为俄罗斯将抓住一切机会损害美国利益,因此美国会抓住机会削弱俄罗斯以集中力量对付中国;另一方面,当前国家之

---

① Дмитрий Тренин., *Как России удержать равновесие в посткризисном биполярном мире*, https://carnegie.ru/commentary/81541 [2020 – 08 – 16].

② Глеб Ивашенцов., *Китай, в отличие от СССР, не способен выступить инноватором переустройства мира*, https://russiancouncil.ru/analytics – and – comments/analytics/kitay – v – otlichie – ot – sssr – ne – sposoben – vystupit – innovatorom – pereustroystva – mira/ [2020 – 06 – 05].

间相互联系日益紧密，奉行孤立主义会付出太多代价。①

除俄中美三边关系外，俄罗斯战略界也关注到中美关系恶化对其他国际行为体的影响。季莫菲·博尔达切夫认为，中美在新的世界秩序基础上展开的对抗将不是营垒分明的传统冷战，欧洲在中美对抗中也将根据具体情况做出不同选择。他特别强调，"在这件事情上，俄罗斯将与欧洲保持同一阵线。"②

对疫情背景下的俄中双边关系，俄罗斯学者也进行了阐述。俄罗斯科学院远东分院亚太研究中心研究员伊万·祖延科注意到，新冠肺炎疫情暴发之初，俄罗斯就迅速关闭了与中国的边界，但对欧洲疫情反应迟缓，最终导致新冠病毒在俄罗斯雪崩式传播。他评论称，这反映出"俄罗斯社会大多数人，包括精英阶层固有的以西方为中心的世界观仍未改变，2014年莫斯科宣布的'向东转'在意识变化方面没有通过考验"。但他同时认为，疫情并不会影响俄中关系，俄中关系依旧稳定。这是由于：一则华盛顿的反华言论、不断下跌的油价以及俄罗斯对中国能源消费的日益依赖使两国之间的联系更加紧密；二则面对疫情，两国领导人交流非常迅速；三则俄中边境地区并没有出现仇外心理。③

俄罗斯高等经济大学国际关系学部主任亚历山大·卢金指出："自21世纪头10年以来，中国'自信'有所提高，其外交政策风格的改变可能损害俄中两国的互信程度，加剧了俄中双边关系中的不平衡，使得莫斯科对北京的态度极为矛盾，俄担心中国强大的军事

---

① Andrey Kortunov., *About the Wise Monkey Who Came Down from the Mountain*，https：//russiancouncil.ru/en/analytics-and-comments/analytics/about-the-wise-monkey-who-came-down-from-the-mountain/ [2020-08-08].

② Тимофей Бордачев., *Как стоит вести себя Европе на фоне холодной войны Америки и Китая*, https：//profile.ru/abroad/kak-stoit-vesti-sebya-evrope-na-fone-xolodnoj-vojny-ameriki-i-kitaya-326845 [2020-06-03].

③ Иван Зуенко., *Вирусная граница. Как вспышки эпидемии в пограничьеповлияют на отношения России и Китая*, https：//carnegie.ru/commentary/81765 [2020-08-20].

和经济实力进一步加大两国差距。"他强调:"俄中关系的高峰已过,两国都没有将双边关系发展为政治同盟的需求,莫斯科不会与北京建立更紧密的关系,两国将表现出更多实用主义的取向。"①

俄罗斯战略人士普遍认为,新冠肺炎疫情条件下大国关系进一步复杂化,特别是中美关系的恶化对俄罗斯来说是重要的战略机遇。尽管俄美关系不会迅速改善,但中美矛盾上升甚至走向公开冲突,无疑将极大减轻俄罗斯在乌克兰危机之后来自西方的压力。俄罗斯将充分利用这一机会改善国际环境、谋求战略利益。

四、俄罗斯的战略选择

新冠肺炎疫情及其催化的国际关系剧变,对俄罗斯的内政、经济、外交都产生了深刻而重大的影响。俄罗斯战略界在对这些影响进行全方位思考的同时,加紧为"后疫情时代"的俄罗斯战略出谋划策。

安德烈·科尔图诺夫认为,新冠疫情为俄罗斯带来的机遇是战术性和情景性的,而挑战却是战略性和系统性的。机遇主要表现在:(1)新冠肺炎疫情印证了俄罗斯领导人坚持的"威斯特伐利亚"国际关系图景,凸显了国际组织的无助,强调了民族国家的优先地位和主权的重要性,从而有力支撑了俄罗斯的世界观并引发了对西方国家团结稳定性和西方多边外交的强烈质疑,这有利于俄罗斯的国内外宣传与俄参与危机后世界秩序重建;(2)新冠肺炎疫情迫使西方国家调整国际优先事项,改变视俄罗斯为主要威胁的认知,避免

---

① Александр Лукин., Пик миновал? – Российская стратегия в отношении Китая в новую эпоху, https://globalaffairs.ru/articles/pik-minoval/ [2020-08-15].

了俄罗斯与西方国家对抗的进一步升级;(3)新冠肺炎疫情将减少对全球发展中国家的经济援助计划以及军事和政治承诺,由此产生的"权力真空"将为俄罗斯外交政策创造更多机会。挑战主要表现在:(1)俄罗斯经历疫情和油价暴跌的双重打击,在全球经济体系中的地位将进一步下降;(2)疫情将降低俄公众本就不甚积极的对外援助意愿,助推俄罗斯孤立主义的兴起;(3)中美对抗削弱了现有国际机制效力,使全球面临系统性风险。而中俄关系的不对称性日益增长,又给俄罗斯同中国的潜在对手——印度、日本的合作带来障碍。[1]

在机遇与挑战面前,俄罗斯战略界人士宣称,提出新的对外政策思想至关重要。

谢尔盖·卡拉加诺夫特别强调,当今世界存在着意识形态真空,为填补真空,一场激烈的斗争正在展开。时至今日,多极化仍是俄外交话语体系的核心。然而,对世界大多数国家而言,多极化已失去吸引力。俄罗斯外交政策的意识形态已经落后于全球发展的趋势和俄罗斯社会的需求,因此提出面向自身和世界发展的新思路对俄罗斯而言至关重要。他强调,俄罗斯外交必须保留其实用主义,并以以下三种思想作为基础:(1)坚持维护国际和平;(2)支持各国自由选择发展模式,维护各国主权和多样性,抵制任何意识形态和政治霸权,将俄罗斯定位为"新不结盟运动"的捍卫者;(3)加强环境保护合作,与包括新冠肺炎疫情在内的新的全球挑战作斗争,倡导一种基于爱护人类环境的新发展理念,重视人的身心健康,而不是无休止的消费增长。[2]

---

[1] Андрей Кортунов., *Российская внешняя политика и коронавирус: возможность и угрозы*, https://russiancouncil.ru/en/analytics-and-comments/analytics/covid-19-presents-both-opportunities-and-threats-to-russia-s-foreign-policy/ [2020-08-02].

[2] Сергей Караганов., *Новые идеи для себя и мира*, https://globalaffairs.ru/articles/novye-idei-dlya-sebya-i-mira/ [2020-08-09].

针对当前全球治理体系失效的现实，俄罗斯战略界人士也提出了相应思路，当然其根本出发点是维护和提升俄罗斯在全球治理体系中的地位和影响。

伊戈尔·伊万诺夫表示，面对国际关系的深刻转变，"联合国安理会常任理事国也许可以发起联合倡议，在全球范围内就调整国际关系体系进行谈判。这种全球倡议，既可以使人类社会联合起来共同应对疫情，也将使国际社会对疫情后的世界充满信心"。①

安德烈·科尔图诺夫提出，在向新全球治理体系过渡期间，世界秩序将持续动荡，为此需要建立更具包容性的全球治理体系：（1）大国之间直接军事对抗的风险不会消失，对竞争对手的误判或政治危机的无意升级，以及大国关切的国家发生国内冲突或代理人冲突，都可能引发大国直接军事对抗，因此需要管理大国之间的战争风险。（2）共同安全挑战的规模和数量将会增加，将成为公认的主要大国外交政策的优先事项并破坏传统的外交政策议程，因此大国需要应对常见的安全挑战，遵循从 20 世纪和 21 世纪初继承下来的平行外交政策轨道。（3）地区性危机和冲突将沿着全球核心与全球边缘地区的边界继续存在，并因为国际极端主义抬头、气候变化等全球性问题以及主要大国竞争而加剧，因此需要管理地区性冲突。（4）要充分发挥国际和区域组织的作用，短期内联合国难以被替代，但也难以弥合分裂和扩大职能，改革仍很艰巨。联合国在军备控制、防扩散和地区危机中的作用将继续受到限制，《联合国宪章》也很难被有效执行。联合国可在制定新的国际议程方面发挥更积极的作用，包括制定应对新挑战和威胁的交战规则。理想情况下，联合国的全球安全作用应在区域一级由适当的集体安全组织加以补充，并通过

---

① Игорь Иванов., *Мир будет другим*, https：//russiancouncil. ru/analytics – and – comments/analytics/mir – budet – drugim/ ［2020 – 08 – 21］.

管理现有的分歧建立区域集体安全体系。①

对于俄罗斯来说，最容易被接受的重构方案，是重振联合国安理会在国家生存最重要的和平与战争问题方面的"世界政府"角色，特别是巩固自联合国成立以来就享有特权的安理会常任理事国对全世界负有的特殊责任。瓦尔代俱乐部研究报告强调，尽管联合国的各项活动与工作中存在着不可避免的瑕疵，而且联合国也为此付出了代价，但其作为协调国际关系的世界性组织，在国际社会中发挥了不可替代的重要作用。所以，国际社会目前要做的选择很简单：要么巩固联合国这一制度，要么退回到不是由理性而是由本能所主导的激烈斗争中。②

瓦尔代俱乐部项目主任、俄罗斯联邦储蓄银行市场分析部主任雅罗斯拉夫·利索沃里克批评过去十年国际组织在维持国际日常事务方面陷入僵局，表示世界迫切需要建立国际机制新架构并实现以发展为中心的优先事项。（1）联合国必须在建立新国际组织、重组国际机构方面发挥作用，以推动加强国际合作。联合国与区域机构之间的相互联系应不断增强，并且形成职能分层，通过不同职能层面的措施，降低健康、网络安全和环境领域的风险。（2）要对联合国安理会进行改革，扩大其参与基础：一种方式是以区域组织的形式参与联合国安理会的工作，另一种解决方案是根据大洲和世界主要地区划分安理会席位。（3）联合国安理会不仅结构陈旧，而且军事力量因素占主导地位。而新冠肺炎疫情危机表明非核和非军事安全问题在国际舞台上的重要性日益增长。因此，安理会的旧核心将

---

① Andrey Kortunov., *We Need to Create a More Inclusive System of Global Governance*, https://russiancouncil.ru/en/analytics-and-comments/analytics/we-need-to-create-a-more-inclusive-system-of-global-governance/ ［2020-06-08］.

② Иван Тимофеев, Олег Барабанов, Тимофей Бордачёв, Ярослав Лисоволик, Фёдор Лукьянов, Андрей Сушенцов., *Не одичать в 《осыпающемся мире》*, https://ru.valdaiclub.com/files/33222/ ［2020-08-18］.

逐渐被区域和大洲之间更开放的互动所取代，这种互动将能处理更广泛的国际安全问题。①

2020年6月19日，俄罗斯总统普京在美国《国家利益》杂志发表万字长文，回顾了苏联在世界反法西斯战争中的卓越贡献，痛陈苏联解体后西方国家对俄罗斯的不公对待，最终把落脚点放在如何在"后疫情时代"维护世界秩序之上。他表示，尽管有时联合国的工作效果不如预期，但联合国仍然履行其主要职能。联合国安全理事会是防止重大战争或全球冲突的独特机制。他对近年来美国经常发出的取消否决权、剥夺安全理事会常任理事国席位的要求表示担心，称这将使联合国重蹈国际联盟覆辙，对世界进程丧失影响力。他重申俄罗斯有关召开安理会五个常任理事国首脑会议的倡议，认为会议的主要议程应包括：讨论在世界事务中制定集体原则的步骤；讨论关于维护世界和平，加强全球和区域安全，战略军备控制，共同努力打击恐怖主义、极端主义和其他主要挑战和威胁；探讨全球经济形势及克服经济危机的办法，反对把经济变成施压和对抗的工具；讨论环境保护和应对气候变化以及确保全球信息空间安全等问题。②

从普京和俄罗斯相关专家有关联合国的表述中，可以看到俄罗斯对二战后曾使苏联与美国并驾齐驱、让俄罗斯能够对国际事务发挥关键性影响的联合国、特别是安理会高度重视，同时也反映了他们对一些国家由于联合国功能退化表现出强烈不满并要求深度改革从而有可能使俄罗斯丧失安理会常任理事国地位的强烈担心。但他们并没有反思，是什么因素导致联合国功能的退化和安理会在维护

---

① Ярослав Лисоволик., *Глобальная перестройка ценностей：как изменить институциональную структуру?* https：//ru. valdaiclub. com/a/highlights/globalnaya – perestroyka – tsennostey/［2020 – 06 – 15］.

② Владимир Путин., *75 лет Великой Победы：общая ответственность перед историей и будущим*，http：//kremlin. ru/events/president/news/63527［2020 – 06 – 20］.

国际和平与安全方面信誉的下降。

除了联合国外,有俄罗斯专家还在继续寄希望于"金砖机制"的作用。季莫菲·博尔达切夫等认为,随着美国和欧洲维持世界秩序的能力下降以及新冠肺炎疫情对国际矛盾的激化,地区性大国在全球治理中的作用日益突出,推动"金砖国家"转型并将其发展为全球治理机制的问题已迫在眉睫。对于俄罗斯来说,"金砖国家"身份进一步强调了其非西方国家属性,为其更公开地抵抗西方中心主义规则、重建世界秩序提供机会。同时,"金砖国家"也是俄罗斯重要的经济伙伴,对其减少西方国家制裁影响具有重要意义。此外,俄罗斯可以借助"金砖"平台与西方国家开展安全领域的对话。博尔达切夫等呼吁,在世界范围冲突不断加剧、众多国际组织和论坛作用下降的情况下,"金砖国家"首先应加强内部和平对话,通过多边谈判填补全球治理真空。其次,有必要加速建立新金融体系,在双边贸易中实行本币结算,削弱美元在国际金融系统中的主导作用。再次,应在"金砖国家+"框架下发展与其他合作伙伴的关系,与解决全球和区域特定问题扮演重要角色的国家持续对话。最后,应当关注气候变化、环境恶化、生物多样性减少、流行病等非传统安全议题,创造激励措施以发展人道主义联系。①

而亚历山大·卢金则继续宣扬"大欧亚"思想。他认为,从全球趋势来看,"大欧亚"进程不可逆转,更重要的是为俄罗斯提供了许多优势:(1)成为世界政治中的独立一极,符合俄罗斯的历史角色;(2)"大欧亚"与俄罗斯的经济体系非常接近,要求国家在经济中发挥积极作用;(3)"大欧亚"可以发展俄罗斯的西伯利亚和远东地区;(4)从安全利益上来说,"大欧亚"在某种程度上填补

---

① Тимофей Бордачев и др., *БРИКС и пандемия соперничества*, https://www.globalaffairs.ru/articles/briks-i-pandemiya-sopernichestva/ [2020-08-25].

了苏联解体后出现的真空状态，回应了对多极世界的需求，能够为和平的政治和经济发展建立友好的外部环境。①

俄罗斯高等经济大学教授德米特里·叶甫斯塔菲耶夫注意到，新冠肺炎疫情对欧亚地区国家的政治和经济模式构成的挑战，并就欧亚一体化的未来发展提出了五项战略建议：（1）当前危机已使政治、经济和社会风险相混合，各国仅在经济领域的一体化不可行，需要采取紧急措施来协调社会，并将安全领域的协作引入欧亚一体化体系；（2）"后苏联"国家利用资源开发和再分配来维持社会稳定的发展模式已不可行，实现再工业化是最有前景的发展模式，可以使多国产生协同效应；（3）单个国家发展燃料和能源综合体不现实，也会危害经济可持续性，有必要加快制定欧亚共同能源政策和运输政策；（4）欧亚国家必须提高金融体系、投资与结算体系的安全性并加强管理和协调；（5）欧亚国家需要形成防止信息操纵的数字管理和公共信息体系。②

针对俄中美三边关系，德米特里·特列宁强调，在可预见的未来，俄罗斯的主要地缘政治问题不是与美国对抗，而是与中国保持平衡。为避免成为以中国为核心的权力集团的一部分并维持国际平衡，莫斯科必须改善与欧洲主要国家的关系，以此减少对中国的依赖。争取平衡必须成为俄罗斯未来几十年外交政策的关键原则，俄罗斯需要从两方面来推进"平衡外交"：一方面，俄罗斯需管理与更强大合作伙伴——中国的平等关系。他承认，当俄罗斯与西方交恶之时，与中国的紧密合作加强了俄罗斯的地缘政治和地缘经济地位，与中国密切合作符合俄罗斯的利益。但他同时强调，即便如此，俄

---

① Alexander Lukin., *Sino - Russian cooperation as the basis for Greater Eurasia*, https：// www. degruyter. com/view/journals/humaff/30/2/article - p174. xml ［2020 - 08 - 22］.

② Дмитрий Евстафьев., *Мир после коронавируса: будущее постсоветского евразии*, https：// eurasia. expert/mir - posle - koronavirusa - budushchee - postsovetskoy - evrazii/ ［2020 - 06 - 22］.

罗斯也不应刻意去满足中国的所有愿望。中国没有加入美国制裁俄罗斯的行列，但在开展与俄经济合作时，中方始终把对美利益放在首位。中国的经济实力远胜于俄罗斯，俄罗斯应在不过度依赖中国的情况下与其开展合作。俄罗斯绝对无法接受其成为中国势力范围的一部分。另一方面，出于在新两极体系中维持国际平衡的考虑，俄罗斯应寻找全球均衡，发展与欧洲、印度和日本等国家和地区的关系。在俄欧关系方面，需要放弃从内部破坏欧盟和北约的想法，积极与德国、法国、意大利等国家开展对话，改变针对欧盟的宣传政策，从而扭转欧洲精英对俄罗斯的态度，使欧洲逐渐恢复成为俄罗斯经济现代化的主要外部来源；日本和印度同样重要，俄罗斯不应将其视为美国的附属品，而应与日本和印度谋求合作，在毗邻欧亚大陆的海上区域谋求发展。俄罗斯的地缘政治思想历来集中在大陆，应加入海洋因素的考量。加强与这些国家的紧密联系，有助于俄罗斯维持欧亚大陆地缘政治的平衡。[1] 尽管特列宁的论述中没有提及"印太"，但可以看到其核心思想与美国提出的"印太战略"如出一辙。

与特列宁不谋而合，安德烈·科尔图诺夫提出了俄罗斯应对中美对抗的三原则：（1）俄罗斯不仅要避免挑衅中美两国，还要防止中美互相挑衅。如果中美关系继续恶化，俄罗斯将在国际稳定、区域危机、核不扩散、世界经济、技术发展等方面面临风险。（2）要理性看待俄中关系，俄中利益既有一致性又存在分歧，加强两国合作不意味着建立正式的军事政治联盟。（3）面对新两极格局的趋势，俄罗斯应积极与欧盟开展合作，以抵消两极分化的力量。[2] 他表示：

---

[1] Дмитрий Тренин., *Как России удержать равновесие в посткризисном биполярном мире*, https：//carnegie. ru/commentary/81541 ［2020 - 08 - 16］.

[2] Andrey Kortunov., *About the Wise Monkey Who Came Down from the Mountain*, https：//russiancouncil. ru/en/analytics - and - comments/analytics/about - the - wise - monkey - who - came - down - from - the - mountain/ ［2020 - 08 - 08］.

"由于人口和文化背景的差异,俄无法复制中国模式,其唯一的选择是与文化相近的西方国家合作。俄未来领导人只有以实现社会和经济现代化为目标,才能与西方国家建立更紧密的关系。"①

远东联邦大学国际与地区研究院副院长阿尔焦姆·卢金,就未来的俄中关系阐述了自己的观点。他认为,未来几年俄中战略关系走向将有以下几个可能:(1)俄中战略伙伴关系将延续下去,俄中轴心的力量保持原状甚至加强。由于意识形态的分歧,俄罗斯、中国与美国之间的竞争或将变得更加尖锐。(2)俄美和解。尽管俄美关系目前处于低谷,不太可能在近期迅速恢复,但从长远来看,两国关系正常化并非不可能。随着中国不断"崛起",美国将面临越来越大的结构性压力,这是迄今为止对其在国际体系中地位的最大威胁。因此,美国或将被迫寻求与俄罗斯合作来应对来自中国的巨大挑战。(3)俄中政治体制分道扬镳。普京卸任后,俄罗斯或将从自由专制政体向与西方价值观更加兼容的自由民主政体过渡,这将削弱中俄间的政治联系。(4)俄中在经济和技术上的不平衡或将危及政治平等,后一种情境对俄罗斯是最危险的,因为它涉及俄罗斯的地位、荣誉、国家尊严,尤其是身份认同问题。(5)俄中友好关系可能会长期维持下去,也可能不会,但可以肯定,俄中均不愿意陷入敌对关系,因为历史已经证明,对抗的代价是高昂的。②

---

① Andrey Kortunov., *Cooperation with the West Will Only Happen When Russia Modernises*, https：//russiancouncil. ru/en/analytics – and – comments/interview/andrey – kortunov – cooperation – with – the – west – will – only – happen – when – russia – modernise/ ［2020 – 08 – 16］.

② Artyom Lukin., *The Russia – China entente and its future*, https：//link. springer. com/article/10. 1057/s41311 – 020 – 00251 – 7 ［2020 – 06 – 15］.

五、结语

可以看到，俄罗斯战略界对新冠肺炎疫情的全方位影响进行了深入思考，并得出了一些重要结论。

在国际格局层面，美欧的综合实力都将因新冠肺炎疫情遭受重创，跨大西洋联盟有可能日益松动，这无疑将减轻俄罗斯长期面临的战略压力。中国遇到全球产业链重组、外部市场萎缩、与西方国家关系恶化等多重挑战，延续多年的快速发展可能面临拐点。东西两面战略重压的相对缓解，将使俄罗斯的国际环境大为改善。世界秩序正从美国主导加速走向失序，国际机制内部矛盾重重、行为能力减弱、发展前途未卜，为俄罗斯实现自身战略目标提供了巨大可能。对俄罗斯来说，一个更加"碎片化"的世界，更可凸显其大国地位，更有利于其在国际上纵横捭阖。此外，曾一度占据国际思潮中心地位的西方自由主义价值观不断遭到侵蚀，俄罗斯保守主义意识形态获得了前所未有的扩展空间。

在全球化层面，继中美贸易战凸显全球化分歧后，已经遇阻的全球化进程因新冠肺炎疫情再次"急刹车"，已运转多年的全球供应链、产业链、价值链将逐渐断裂重组，生产的本土化、地区化趋势将相应加强。俄罗斯是冷战后全球化大潮的失利者，对全球化始终若即若离甚至心存憎怨。新冠肺炎疫情暴发进一步增强了俄罗斯作为"被围困堡垒"的自我认知，全球主义消亡的思维也将在俄罗斯继续蔓延。对俄罗斯而言，全球化的弱化甚至中断可以更好地凸显其自身优势。

基于上述判断，俄罗斯战略界提出利用新冠肺炎疫情效应改变不利国际环境，为"后疫情时代"布局新思路：重回1856年克里米亚战争后的韬光养晦路线，丰富强国思想内涵；宣扬西方应对疫情措施不力，预言自由主义秩序即将崩溃，为俄式保守主义赢得更多思想与舆论空间；努力维护联合国在全球治理体系中的核心作用，维系俄罗斯安理会常任理事国地位。同时，继续深化欧亚一体化进程，利用欧亚国家面临的多重压力，采取紧急措施协调抗疫行动，将安全协作引入欧亚一体化进程。巧妙运筹俄中美三角关系，保持独立、多面平衡、坐观虎斗。防止成为中国附庸并与之建立平衡关系。逐步减少并最终结束与美对抗，强化传统文明联系，寻找新的合作支点，共同应对新的全球威胁。

"一带一路"交通设施联通对贸易增长的影响：现实进展与研究路径*

马　斌

[**内容提要**] 设施联通和贸易畅通均是"一带一路"建设的主要内容。国内外学者以相关领域研究成果为主要参照，对中国与"一带一路"沿线国家交通基础设施互联互通的贸易效应问题进行了研究。大部分研究认为交通基础设施联通能够促进中国与"一带一路"沿线国家之间的贸易增长，因为这种联通可以起到降低贸易成本的作用。但是，2014—2016年的贸易数据统计存在与该判断不符的情况。为此，本文从明确核心概念、聚焦作用机制、注重多元因素、优化评价标准等角度提出了研究"一带一路"交通基础设施联通对贸易增长影响的短期路径。

交通设施互联互通是中国与沿线国家共建"一带一路"的主要合作领域之一。国内外学界围绕其基本内涵、进展及影响等进行了大量研究。其中，交通基础设施联通对中国与相关国家贸易关系的影响是学者们重点关注的主题之一。对此主题，国内外学界有一种

---

* 本文原发表于《中国与世贸组织改革》（《复旦国际关系评论》，第二十六辑），上海人民出版社，2020年7月版。

较为流行的观点，即认为中国与沿线国家间的交通基础设施互联互通将推动它们的贸易关系发展。然而，仔细考察现有文献可以发现，大量研究更多是描述中国与沿线国家交通基础设施互联互通在贸易领域的"可能前景"，很少对交通基础设施互联互通将如何影响贸易，即对交通基础设施互联互通影响贸易的机制进行讨论。清晰判断设施联通的可能前景对"一带一路"贸易畅通而言无疑具有积极意义，但是，如果考虑到"一带一路"建设的长期性和复杂性，那么仅对交通基础设施联通和贸易关系的前景进行评价明显不能满足中国与沿线国家共建"一带一路"的需要，尤其是无法为理解和应对该过程中可能遭遇的各类难题提供坚实的知识支持。因此，本文将在概括国内外学界围绕"一带一路"交通基础设施互联互通与贸易发展之间的关系所做主要判断的基础上，对照"一带一路"倡议提出以来中国与沿线国家交通基础设施联通状况、贸易关系发展状况，来评价现有研究获得的基本结论、采用的主要方法，并以此为基础提出评价"一带一路"交通设施联通对贸易的影响的可能路径，以期为进一步研究"一带一路"设施联通与贸易畅通的关系提供支持。

一、交通设施联通与贸易增长关系研究的特点与逻辑

交通基础设施建设对贸易的影响在国内外学界都不是新鲜话题。国内外学者早就开始关注基础设施建设与经济贸易发展的关系问题并取得了大量成果，而且"已经提供了一些程式化的事实，如贸易伙伴的相对位置和基础设施的位置及贸易轨迹被看作基础设施与国际贸易之间关系的整体特征，基础设施的位置和贸易方向表明基础设施与国际贸易两者关系的空间维度，基础设施与国际贸易的关系

可能会受到空间、基础设施质量和可用性等与成本密切相关因素的影响"。① 联合国、世界贸易组织（及其前身关税和贸易总协定）、世界银行、国际货币基金组织、亚洲开发银行、欧洲复兴开发银行等国际组织同样持续关注基础设施建设能否促进贸易这个问题，并发布了一系列研究报告。② 世界贸易组织 2004 年发布的《世界贸易报告》还曾专门列出一章对"贸易和经济发展中的基础设施"问题进行讨论。③ 总的来看，国内外学界对交通基础设施建设的贸易效应问题的研究具有以下特点：

首先，认为交通基础设施建设能够促进贸易增长是主流观点。

国内外学界现有研究普遍认为交通基础设施建设能够促进贸易增长。④ 比如，亚洲开发银行发布的一系列报告就强调基础设施在推动贸易便利化方面扮演着关键角色，认为公路网、机场、铁路、港口、物流体系等交通基础设施发展促进了贸易增长。⑤ 还有部分机构和学者通过实证研究方式来分析基础设施建设对贸易发展的积极影响。比如，亚洲开发银行研究了"大湄公河区域"跨境交通基础设施对贸易和投资的影响；⑥ 英国海外发展研究所分析了南撒哈拉地区

---

① 程传超、冯其云：《基础设施对国际贸易的影响研究：基于荟萃分析的检验》，《中国流通经济》，2019 年第 3 期，第 72 页。

② "Regional infrastructure for trade facilitation: impact on growth and poverty reduction", Overseas Development Institute Report, June 2015, https://www.odi.org/sites/odi.org.uk/files/odi-assets/publications-opinion-files/9693.pdf. （上网时间：2019 年 11 月 10 日）

③ World Trade Organization, World Trade Report 2004: Exploring the linkage between the domestic policy environment and international trade, 2004, https://www.wto.org/english/res_e/booksp_e/anrep_e/world_trade_report04_e.pdf. （上网时间：2019 年 11 月 8 日）

④ 代表性论述可参见：Nuno Limao and Anthony J. Venables, Infrastructure, Geographical Disadvantage, Transport Costs, and Trade, *The World Bank Economic Review*, Vol. 15, No. 3, 2001, pp. 451 – 479; Joseph Francois and Miriam Manchin, "Institution, Infrastructure, and Trade", *World Development*, Vol. 46, 2013, pp. 165 – 175; 等。

⑤ 参见 "The Impact of Infrastructure on Trade and Economic Growth in Selected Economies in Asia", Asian Development Bank Institute Working Paper Series, No. 553, December 2015.

⑥ 参见 "Impact of Cross-border Transport Infrastructure on Trade and Investment in GMS", Asian Development Bank Institute Discussion Paper Series, No. 48, March 2006.

基础设施对贸易便利化的影响。除赞同基础设施促进贸易增长这一基本判断外，还有部分研究在认可基础设施对贸易增长具有积极影响的基础上，强调基础设施建设与贸易增长之间并非是简单线性关系,[1] 认为对基础设施的贸易效应进行量化和测度能够推动该领域研究的完善。[2] 与此研究路径类似，还有学者在对欧盟市场进行分析后提出，只有对本国与出口直接相关的基础设施进行投资才能带来贸易增长，对贸易伙伴的基础设施投资并不具备正贸易效应。[3]

其次，由主要关注硬件变为同时关注交通基础设施软硬件。

国内外学界对交通基础设施与国际贸易关系的研究曾把重心放在公路、铁路、港口、机场等硬件设施上，主要讨论交通基础设施硬件建设对相关国家对外贸易的影响。随着相关研究的拓展和深入，国内外科研机构和学者在继续围绕交通基础设施硬件开展研究的同时，也越来越关注交通基础设施软件（或配套服务）在推动贸易发展方面所起的作用。国内外学界在狭义和广义两个层次来使用基础设施软件这个概念。狭义的基础设施软件包括与基础设施有关的透明度、海关管理、商业环境、制度等无形层面;[4] 广义的基础设施软件包括人力资本、信息、公共制度等众多对经济活动具有先决影响的因素。具体到本文所分析的交通基础设施领域，所谓的"软件"主要是指其狭义含义。实际上，区分基础设施的种类并以此为前提

---

[1] 例如：Julian Donaubauer, Alexander Glas, and Peter Nunnenkamp, "Infrastructure and Trade: A Gravity Analysis for Major Trade Categories Using a New Index of Infrastructure", Kiel Working Paper No. 2016, December 2015, p. 18.

[2] 参见程传超、冯其云：《基础设施对国际贸易的影响研究：基于荟萃分析的检验》，《中国流通经济》，2019年第3期，第72-81页。

[3] Inmaculada Martinez-Zarzoso, Felicitas Nowak-Lehmann, "Augmented Gravity Model: An Empirical Application to Mercosur-European Union Trade Flows", *Journal of Applied Economics*, Vol. VI, No. 2, 2003, pp. 291-316.

[4] 相关论述参见 Alberto Portugal-Perez and John S. Wilson, "Export Performance and Trade Facilitation Reform: Hard and Soft Infrastructure", The World Bank Policy Research Working Paper, No. 5261, April 2010, p. 2.

分析交通基础设施的贸易效应已经成为学界重要研究议题，学者们开展研究所取得的大量成果都强调不同类型的基础设施以及它们之间的互动关系对贸易增长的影响具有差异。[1]

再次，研究逻辑立足于交通基础设施建设促进贸易便利化。

认为交通基础设施建设能够推动贸易便利化水平是"基础设施建设促进贸易增长"观点的主要逻辑立足点。尽管国内外学者在分析基础设施如何促进贸易增长时切入点多种多样，比如有分析强调基础设施互联互通形成空间溢出效应（即"公共品"），对国际贸易具有先导作用；[2] 还有分析从基础设施建设提升物流水平角度解读其促进贸易发展的机制，认为物流水平提高不仅可以提高国家间贸易的效率、激发贸易潜力，在一定程度上还能提高跨国公司的竞争力。[3] 但大多数分析在建构知识体系时普遍遵循"交通基础设施建设—贸易成本降低—贸易便利化—贸易增长"的逻辑。这类分析在20世纪90年代以来以新经济地理学为代表的、大量重视运输成本对经济活动的空间布局影响的研究具有内在一致性。新经济地理学认为"运输成本在塑造国际贸易和区际贸易中发挥关键作用"。[4] 遵循这一思路开展的研究在分析过程中强调交通基础设施建设具有降低贸易成本的效应，因为它能够从降低运输价格、提升运输稳定性、

---

[1] 相关论述参见 Antoine Bouet, Devesh Roy, "Does Africa Trade less than it should and if so, why? The Role of Market Access and Domestic Factors", International Food Policy Research Institute Discussion Paper 00770, May 2008; Julian Donaubauer, Alexander Glas and Peter Nunnenkamp, "Infrastructure and Trade: A Gravity Analysis for Major Trade Categories Using a New Index of Infrastructure", Kiel Working Paper No. 2016, December 2015; A. Kerem Cosar, Banu Dmir, "Domestic Road Infrastructure and International Trade: Evidence from Turkey", *Journal of Development Economics*, Vol. 118, No. 1, 2016, pp. 232–244 等。

[2] 杭雷鸣：《基础设施、空间溢出对中国与周边国家间贸易的影响》，《国际贸易问题》，2019年第2期，第29–30页。

[3] Hildegunn Kyvik Nordås, Enrico Pinali, Massimo Geloso Grosso, "Land and Time as Trade Barrier", OECD Trade Policy Working Papers, No. 35, May, 2006.

[4] 段学军、虞孝感、陆大道：《克鲁格曼的新经济地理研究及其意义》，《地理学报》，2010年第2期，第132页。

提高通关效率等多个方面降低运输成本，从而发挥降低贸易成本、推动贸易增长的作用。① 然而，在围绕运输成本问题开展的研究中存在如前文指出的问题类似的情况，即"准确测度基础设施对国际贸易的效应仍是一个挑战"。②

二、"一带一路"交通设施联通与贸易畅通的整体判断

2013年中国提出的"一带一路"倡议把设施联通、贸易畅通列为五大主要合作领域的重要组成部分，并在随后推进"一带一路"建设的实践中将交通基础设施互联互通作为能够实现早期收获的主要领域之一和中短期发展的核心目标。在此背景下，"一带一路"设施联通、贸易畅通问题的研究也随之展开；此前学界对基础设施和贸易关系的讨论也逐步覆盖到"一带一路"，大量研究成果相继发表，这为更好地理解"一带一路"倡议及其进展提供了重要支撑。总的来看，学界围绕"一带一路"倡议框架内交通基础设施互联互通的贸易效应的研究和讨论也基本遵循前文所述路径和逻辑，呈现出以下基本特点：

首先，普遍认为设施联通对中国与沿线国家的贸易增长具有积极影响。

学界关于"一带一路"设施联通的流行观点是："一带一路"倡议是中国的设施联通计划，该计划将把沿线国家通过铁路、管线、

---

① 代表性观点参见 Manabu Fujimura and Christopher Edmonds, "Impact of Cross-border Transport Infrastructure on Trade and Investment in GMS", Asian Development Bank Institute Discussion Paper Series, No. 48, March 2006, p. 2.
② 程传超、冯其云：《基础设施对国际贸易的影响研究：基于荟萃分析的检验》，《中国流通经济》，2019年第3期，第72页。

公路等基础设施联结在一起。① 由于"一带一路"框架下建设的基础设施"作为交通运输与信息传递的物质基础，能够弥补地区地理位置和自然资源禀赋的不足，使本地区更好地与其他地区或国家建立联系"，② 进而能够发挥促进中国与相关国家贸易发展的作用。学者们在具体研究"一带一路"交通基础设施互联互通的贸易效应时，有分析利用一定时段内的面板数据构建动态面板模型来检验"一带一路"沿线国家基础设施中的交通服务等对其与中国双边贸易规模呈显著性正相关；③ 有分析通过引力模型测算贸易便利化水平提升对"一带一路"沿线国家之间贸易的促进作用，并认为"一带一路"沿线亚欧国家之间的贸易潜力巨大，贸易便利化水平提升可进一步扩大相互之间的贸易潜力。④ 还有分析强调"一带一路"向高质量发展的转型将在长期内带来"更大的收益"，"新的基础设施将有助于推动贸易，并通过增强互联互通促进项目所在国的经济转型"。⑤

其次，普遍将降低运输成本作为基础设施联通发挥积极作用的前提。

学者们在论述"一带一路"交通基础设施互联互通与贸易的关系时主要从"运输时间缩减—运输效率提升—贸易规模增长""运

---

① 相关论述参见："China's 'New Silk Road' to Spur Infrastructure Investments", Global Investing Insights, November 20, 2014; "China's Massive Belt and Road Initiative", U. S. Council on Foreign Relations, May 21, 2019, https: // www. cfr. org/backgrounder/chinas - massive - belt - and - road - initiative.（上网时间：2019 年 11 月 17 日）

② 喻春娇、唐威：《基础设施建设对中国区域对外贸易的影响分析》，《湖北大学学报》（哲学社会科学版），2013 年第 2 期，第 78 页。

③ 相关论述参见：章秀琴、余长婧：《"一带一路"基础设施建设的贸易效应研究》，《国际商务》，2019 年第 1 期，第 72 - 83 页。

④ 相关论述参见：孔庆峰、董虹蔚：《"一带一路"国家的贸易便利化水平测算与贸易潜力研究》，《国际贸易问题》，2015 年第 12 期，第 158 - 168 页。

⑤ 德勤：《2019"一带一路"报告：展望新空间 把握新机遇》，2019 年 4 月，第 5 页，https: //www2. deloitte. com/content/dam/Deloitte/cn/Documents/ser - soe - br/deloitte - cn - bri - update - 2019 - recalibration - and - new - opportunities - zh - 190422. pdf.（上网时间：2019 年 10 月 8 日）

输成本价格降低—商品价格优势凸显—贸易规模增长"等方面展开。这与学界长期以来在分析基础设施的贸易效应时所采用的逻辑基本一致。世界银行2019年发布的报告认为"一带一路"交通走廊将"缩短交通运输时间，增加贸易和投资"；沿线经济体交通运输时间最高可缩短12%；走廊沿线经济体贸易可增加2.8%—9.7%。[1] 由于"一带一路"交通基础设施互联互通包含部分新项目，因此评价和分析这部分新项目的效用就成为"一带一路"背景下"基础设施建设的贸易效应"研究的重要内容。其中，最受关注的项目是联通中国与中亚、俄罗斯、欧盟、东南亚以及中东地区的中欧班列。[2] 大量相关分析把中欧班列作为案例来论述"一带一路"交通基础设施互联互通及其积极影响，认为它与海运相比能大大缩短中国与沿线国家之间的运输时间，并具有"成本优势"，[3] 因而推动了中国与沿线国家之间的贸易增长；特别是开通中欧班列的国内省份或城市以及运营平台或公司，它们在阐述相关问题时更倾向于强调中欧班列对贸易的积极促进效应。[4]

不过，尽管国内外围绕"一带一路"交通基础设施建设的贸易效应的研究大多强调其积极影响，但仍有部分研究强调不能一概而论"一带一路"基础设施项目的影响，并非所有项目都能达到预期

---

[1] World Bank Group, *Belt and Road Economics: Opportunities and Risks of Transport Corridors*, 2019, p. 5.

[2] 马斌：《中欧班列的发展现状、问题与应对》，《国际问题研究》，2018年第6期，第72-86页。

[3] 大量学者和媒体认为中欧班列具有"时间短、成本低"的优势，但实际上，这只是一种相对优势而非绝对优势，因为，中欧班列"时间短"主要是与海运比较，"成本低"主要是与空运比较。

[4] 代表性观点参见："中欧班列，为跨境电商插上翅膀"，《人民日报》，2019年10月29日，第17版；《中欧班列开行质量又有新提升》，中国国家铁路集团有限公司官网，2019年9月11日，http://www.china-railway.com.cn/gjhz/zoblys/201910/t20191031_97163.html. （上网时间：2019年10月2日）等。

的积极效果。①

三、"一带一路"交通设施联通与贸易畅通的现实状况

自"一带一路"倡议提出以来,中国与沿线国家的交通基础设施互联互通和贸易关系分别取得一定进展。这也是"交通设施互联互通促进中国与沿线国家间贸易增长"论点所依靠的现实基础。

(一)中国与沿线国家的交通基础设施联通

中国与"一带一路"沿线国家开展的交通基础设施联通包括硬件联通和软件联通两部分。其中,硬件联通主要是指陆路、海路、航空等领域的设施连接;软件联通主要是指与硬件相配套的机制、标准、规范、服务等的衔接与协调。具体而言,按照《推动共建丝绸之路经济带和 21 世纪海上丝绸之路的愿景与行动》的解释,中国与沿线国家围绕"一带一路"建设开展的"交通基础设施联通是要"抓住交通基础设施的关键通道、关键节点和重点工程,优先打通缺失路段,畅通瓶颈路段,配套完善道路安全防护设施和交通管理设施设备,提供道路通达水平。推进建立统一的全程运输协调机制,促进国际通关、换装、多式联运有机衔接,逐步形成兼容规范的运输规则,实现国际运输便利化。推动口岸基础设施建设,畅通陆水联运通道,推进港口合作建设,增加海上航线和班次,加强海上物流信息化合作。拓展建立民航全面合作的平台和机制,加快提升航

---

① 参见 David Dollar,"Understanding China's Belt and Road Infrastructure Projects in Africa", Brookings Report, September 2019, https://www.brookings.edu/wp-content/uploads/2019/09/FP_20190930_china_bri_dollar.pdf. (上网时间:2019 年 11 月 15 日)

空基础设施水平"。① 硬件联通与软件联通之间是相互促进的关系。"一带一路"设施联通要"以基础设施互联互通规划和技术标准对接为切入点，以基础设施建设项目为依托，务实推进与沿线国家在铁路、公路、水运、民航、邮政等领域的深度合作，推动区域交通互联互通不断取得新进展"。② 换言之，中国与"一带一路"沿线国家之间的硬件联通能够带动软件联通的发展，而软件联通也能够提升硬件联通的效率和水平。

总的来看，"我国与'一带一路'沿线国家的海、陆、空立体交通运输网络正在形成"。具体来看，仅在"一带一路"倡议提出的最初4年，中国与沿线国家就"签署了130多个涉及铁路、公路、水运、民航、邮政领域的双边和区域运输协定；制定了中国—东盟、大湄公河次区域、中亚区域等交通发展战略规划；通过73个公路和水路口岸开通了356条国际道路及陆海联运客货运输线路；建成了11条跨境铁路；中欧班列线路已通达11个欧洲国家的29个城市，国际铁路运邮已初具国际物流品牌影响力"；③ 与此同时，中巴经济走廊两大公路项目、中俄黑河大桥等一批跨境和境外交通基础设施互联互通示范项目也先后落地。④ 在2019年5月第二届"一带一路"国际合作高峰论坛召开之后，中国在交通运输领域对外合作上取得

---

① 国家发展改革委、外交部、商务部：《推动共建丝绸之路经济带和21世纪海上丝绸之路的愿景与行动》，人民出版社，2015年版，第8页。
② 任为民：《设施联通："一带一路"合作发展的基础》，求是网，2017年5月31日，http：//www.qstheory.cn/dukan/qs/2017-05/31/c_1121047808.htm.（上网时间：2019年11月16日）
③ 截至2019年初，中欧班列共联通了中国62个城市和欧洲15个国家的51个城市。参见：《中欧班列累计开行14691列 联通中国62个城市和欧洲国家51个城市》，国务院新闻办公室网站，2019年4月22日，https：//www.scio.gov.cn/xwfbh/xwbfbh/wqfbh/39595/40298/zy40302/Document/1652498/1652498.htm.（上网时间：2019年7月2日）
④ 任为民：《设施联通："一带一路"合作发展的基础》，求是网，2017年5月31日，http：//www.qstheory.cn/dukan/qs/2017-05/31/c_1121047808.htm.（上网时间：2019年11月16日）

了6个方面的新进展，其中包括：中德交通运输领域合作全面提升；中俄合建的首座跨境公路大桥2019年12月底交工验收，中俄在基础设施互联互通方面取得突破。此外，中欧在民航领域合作也取得重要进展。①

至于学界和舆论界经常提及的重点案例"中欧班列"，在经过数年发展后已形成以"三大通道、四大口岸、五个方向、六大线路"为特点的基本格局。"三大通道"分别是指中欧班列经新疆出境的西通道和经内蒙古出境的中、东通道。西通道由新疆阿拉山口、霍尔果斯口岸出境，经哈萨克斯坦、俄罗斯、乌克兰、白俄罗斯等国后进入波兰、德国等；中通道由内蒙古二连浩特口岸出境，经蒙古国、俄罗斯、白俄罗斯、乌克兰等国进入西欧；东通道由内蒙古满洲里口岸出境，经俄罗斯、乌克兰、白俄罗斯等国进入西欧。"四大口岸"分别是处在三大通道上的阿拉山口、满洲里、二连浩特、霍尔果斯，它们是中欧班列出入境的主要口岸。其中，阿拉山口是班列出入量最大的口岸，其次是满洲里，二连浩特居第三位，霍尔果斯承接的班列数也在逐步增长。"五个方向"是中欧班列主要终点所在的地区，目前这部分地区主要包括欧盟、俄罗斯及部分中东欧、中亚、中东、东南亚国家等。其中，欧盟、俄罗斯、中亚是中欧班列线路最为集中的地区和国家，中东、东南亚仅有少量班列线路。"六大线路"是指自开通至今运营质量相对较高的班列线路。在目前运营的所有中欧班列线路中，成都、重庆、郑州、武汉、西安、义乌等地开行的线路在规模、货源组织以及运营稳定性等方面的表现较为突出。②

---

① 详见《新闻办就近期交通运输经济和运行形式举行发布会》，中华人民共和国中央人民政府网站，2019年6月25日，http://www.gov.cn/xinwen/2019-06/25/content_5403074.htm. （上网时间：2019年9月11日）

② 马斌：《中欧班列的发展现状、问题与应对》，第75页。

（二）中国与沿线国家的贸易关系变化

贸易关系提升是中国与沿线国家共建"一带一路"所取得成果的重要组成部分。在过去6年多时间里，中国同"一带一路"沿线国家就贸易便利化、消除贸易壁垒等问题积极磋商，达成一系列协议，为相互间的商品、服务等贸易合作奠定了基础。从发展走势看，虽然中国与"一带一路"沿线国家贸易总额在个别年份有所下降，但它们之间的贸易规模同过去相比已经提升到新水平（见图1）。根据统计，在"一带一路"倡议提出后的5年时间里，中国与"一带一路"沿线国家贸易总额超过5万亿美元，年均增长1.1%，中国也成为25个沿线国家最大贸易伙伴。[1] 特别是在最近两年，中国与"一带一路"沿线国家之间的商品进出口总额连续增长，而且增长速度超过中国整体外贸增速。其中，2017年增长速度超过5.9个百分点，[2] 2018年高出3.6个百分点，与"一带一路"沿线国家的贸易合作成为拉动中国外贸发展的新动力。[3] 根据图1数据还可以看出，在"一带一路"倡议提出的最初3年（即2014年、2015年、2016年），中国与"一带一路"沿线国家之间的贸易总额连续降低，直到2017年才恢复到2014年的整体水平，2018年才真正实现增长。

根据2018年发布的数据，亚洲、大洋洲地区是中国在"一带一路"沿线地区中的第一大贸易合作区域，占中国与"一带一路"沿

---

[1] "五年来我国同'一带一路'沿线国家贸易额超5万亿美元"，中华人民共和国中央人民政府，2018年8月27日，http://www.gov.cn/xinwen/2018-08/27/content_5316968.htm.（上网时间：2019年11月16日）

[2] 国家信息中心、"一带一路"大数据中心等：《"一带一路"贸易合作大数据报告（2018）》，2018年5月，第9页。

[3] "新闻办就2018年全年进出口情况举行新闻发布会"，中华人民共和国中央人民政府网，2019年1月14日，http://www.gov.cn/xinwen/2019-01/14/content_5357666.htm#1.（上网时间：2019年11月16日）

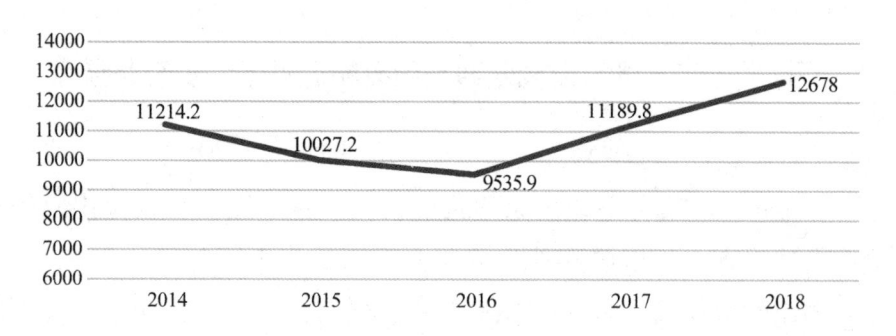

"一带一路"交通设施联通对贸易增长的影响：现实进展与研究路径

图1 中国与"一带一路"沿线国家进出口总额（单位：亿美元）

注：本图由作者根据商务部、海关总署、统计局等统计数据，结合《"一带一路"贸易合作大数据》（2017、2018）等资料整理所得。

线国家进出口总额的56.8%；其次是西亚地区，占比为16.2%；东欧、南亚、非洲及拉美、中亚地区分别占比为11.2%、8.8%、4.5%、2.5%。从增速看，中国对中亚地区贸易额增速最快，较上年增长19.8%；其次是东欧（17.8%）、西亚（14.3%）、南亚（14.1%）、亚洲大洋洲（12.7%）、非洲及拉美地区（5.5%）。[①] 从国别角度看，中国是韩国、新加坡、俄罗斯、泰国的第一大出口目的国，是马来西亚等国的第二出口目的国，是印度的第三出口目的国；是对外贸易排名前十的"一带一路"沿线国家中除波兰以外的所有其他国家的第一大进口来源国。[②]

---

① 详见国家信息中心等：《"一带一路"贸易合作大数据报告2018》，2018年5月，第13-14页，http://www.sic.gov.cn/archiver/SIC/UpFile/Files/Default/20180509162109827517.pdf.（上网时间：2019年3月10日）

② 国家信息中心等：《"一带一路"贸易合作大数据报告2018》，第2页。

四、"一带一路"设施联通与贸易畅通关系的研究路径

正是由于中国与沿线国家的贸易在"一带一路"倡议提出以来具有上述表现,所以国内外相关研究普遍认为中国与"一带一路"沿线国家的贸易增长是一个基本事实。然而,通过比较交通基础设施互联互通和贸易关系变化的状况就会发现,上述围绕二者关系展开的研究尚未形成完整的知识体系,而且对其中关键问题的研究亟待深入和系统建构。

(一) 现有研究存在的问题

由于当前围绕"一带一路"交通基础设施互联互通与贸易增长的关系的大量研究都认为设施联通促进贸易增长,似乎设施联通与贸易增长已经成为不证自明的事实。然而,事实和理论层面都存在与这种判断不相符的情况。

在事实层面,通过对中国与"一带一路"沿线国家的交通基础设施联通和贸易增长进行简单比较我们可以发现,尽管从"一带一路"倡议提出后5年内贸易数据整体走势看,中国与沿线国家的贸易实现了增长,但如图1所示,中国与沿线国家贸易额在2014—2016时间段是连续下降的;同期内中国与沿线国家之间的交通基础设施联通在硬件和软件方面都不断提升。也就是说,中国与沿线国家在该时段内的交通基础设施互联互通和贸易增长之间不存在正相关性。即便是"一带一路"交通基础设施联通的代表性项目中欧班列,尽管有"横跨欧亚的铁路网络将显著减少中国和欧洲消费市场

之间的距离"① 这一事实作为支撑,但现有经验数据表明,中欧班列作为中国与欧洲、中亚、东南亚等地区国家货物运输的新兴方式,其积极作用在现实中并不显著。客观地看,中欧班列为中国与沿线国家的货物运输提供了除海运、空运、公路等方式之外的又一种选择,但目前并不是中欧之间货物运输的主要方式,其运输规模与中欧货物运输的主要方式——海运无法相提并论,即使与价格更高的空运相比也相对较小。② 据统计,2014年海关监管进出境的中欧班列总货值约48.62亿美元,③ 而同期仅中国与欧洲国家的贸易总额就超过了7751.6亿美元;④ 另有统计认为,2016年中欧班列货运总值仅为中欧贸易总额的4%左右。⑤

在理论层面,国内外学界在讨论基础设施建设对贸易发展的影响时,除认为基础设施建设可以有效降低运输成本,从而减少国际贸易成本,促进贸易发展外,还从出口企业的定位选择角度来分析,认为由于"企业在进入出口市场时,存在显著的市场进入成本。当基础设施得到改善后,商品从不发达地区运往发达地区的成本降低,出口企业更多集聚于发达地区,减少不发达地区的贸易量,最终扩

---

① 普华永道:《中国与"一带一路"基础设施:2016年回顾与未来展望》,2017年2月,第20页,https://www.pwccn.com/zh/consulting/br-watch-infrastructure.pdf.(上网时间:2019年9月10日)

② 2016年,中欧之间的货物运输按重量计算,铁路占比0.9%、空运占比1.8%,公路占比3.0%,海运占比94%。参见:Vladimir Kosoy, "A Future of EU – EAEU – China Cooperation in Trade and Railway Transport," Analysis of Infrastructure Economics Center, 2017, https://www.unece.org/fileadmin/DAM/trans/doc/2017/wp5/WP5_30th_session_Mr_Kosoy.pdf.(上网时间:2018年8月10日)

③ 《近50亿美元货物搭乘中欧班列》,海关总署网站,2015年1月29日,http://www.customs.gov.cn/publish/portal0/tab67049/info731291.htm.(上网时间:2018年1月10日)

④ 《2014年1-12月中国与欧洲国家贸易统计表》,商务部网站,2015年1月28日,http://ozs.mofcom.gov.cn/article/zojmgx/date/201501/20150100881160.shtml.(上网时间:2018年1月30日)

⑤ Jakub Jakóbowski, Konrad Popławski and Marcin Kaczmarski, "The EU – China Rail Connections: Background, Actors, Irterests," *OSW Studies*, No. 72, February 2018, p. 5.

大区域间的经济差异"。① 简言之，基础设施建设对贸易具有双重效应；仅依靠交通基础设施建设并不能断定该国贸易必然会出现增长。

如果假设"一带一路"交通基础设施联通的确能够推动贸易增长，那么对于图1所表现出的不一致现象至少可进行以下两种解释，即交通基础设施互联互通的作用具有延时性，相关政策需要一定时间的贯彻落实才能真正发挥其对贸易增长的积极促进作用；交通基础设施互联互通程度在2014—2016年时间段内并不充分，在经过这段时间的积累后才能达到发挥贸易促进作用的数量和程度。但是，国内外学界的流行观点并未对2014—2016年时段内的基础设施联通与贸易增长偏离的现象进行详细论述和阐释，而是要么把交通基础设施的贸易促进效应当作一种已发生的现实，来解释中国与沿线国家之间的贸易为何实现增长；要么把交通基础设施联通将带来贸易增长当作一种可预期的前景，来论证为何要推动交通基础设施互联互通。

上述问题的存在实际上反映出当前对"一带一路"框架内交通基础设施互联互通与贸易增长关系的研究具有一项关键缺陷，即对二者之间的作用机制没有进行系统化建构和梳理。事实上，交通基础设施联通和贸易畅通是两个既相联系又有区别的问题，它们之间的互动过程十分复杂，远非简单线性因果关系可以概括。对二者关系的其他符合逻辑的解释还包括：交通基础设施互联互通水平提升和贸易规模增长均是其他因素导致的共同结果；运输基础设施与通信、金融、教育等基础设施都是能够引起贸易关系变化的重要因素，仅仅交通基础设施一项要素的变化并不能产生贸易规模增长的效果。因此，厘清二者之间的作用机理、建构二者之间的作用机制是当前

---

① 喻春娇、唐威：《基础设施建设对中国区域对外贸易的影响分析》，《湖北大学学报》（哲学社会科学版），2013年第2期，第78页。

研究所面临的迫切问题。

（二）研究推进的可能路径

不同学科、学派、学者在解决上述研究缺陷时所采取的路径或模式可能会存在巨大差异，而且依托不同理论或采取不同视角是拓展和深化问题研究、建立和健全完整知识体系的必要方式。但就"一带一路"交通基础设施联通的贸易效应分析而言，借用基础设施的贸易效用问题研究的主要成果，聚焦交通基础设施互联互通与贸易增长的关系，通过理论或实证途径来系统探讨二者之间的作用机制是当前的迫切需求。简单地看，重点是在"交通基础设施互联互通"（包括硬件、软件）、"运输条件变化"（主要包括运输时间、运输价格、运输效率、运输稳定性等）、"贸易变化"（主要包括贸易规模、贸易结构等）三者之间确立互动机制。为此，需要做到：

首先，明确关键概念的基本含义。

当前大量研究对"一带一路"交通基础设施建设与互联互通、贸易增长与贸易发展、贸易畅通与贸易便利化等概念未从学理上做严格区分，在分析过程中经常交叉使用。关键概念的内涵与外延界定模糊容易导致错误引用或借鉴学界既有知识积累，形成过于简化甚至错误的因果逻辑，从而降低研究的科学性和可信度。比如，学界在讨论交通基础设施的贸易效用时主要是以一国作为案例，重点是研究该国交通基础设施建设对贸易的影响。这与"一带一路"交通基础设施联通对贸易的影响的讨论在内涵与外延上虽有部分重合，但更有关键差异。很明显，交通基础设施"建设"与交通基础设施"互联互通"两个概念的侧重点不同。与单纯分析交通基础设施建设相比，从互联互通角度进行的研究强调交通基础设施的网络性，认为交通基础设施互联互通将相关区域联结为一个整体，加强了区域间生产、生活的相互联系、相互影响，从而有利于克服空间或部门分割造成的贸易劣势。因此，学界在"一带一路"背景下讨论交通基础设施联通与贸易增长的关系时，就要把重点放在不同国家之间的交通基础设施"互联互通"上，在明确界定"互联互通"概念的内涵和外延的基础上，主要分析中国与"一带一路"沿线国家交通基础设施"互联互通"对中国与相关国家贸易的影响。对于其他关键概念做类似严格界定和区分是开展相关研究的前提。

其次，聚焦作用机制及主要部分。

当前多数研究都是通过分析交通基础设施建设带来的运输条件变化来建立研究逻辑。在这种逻辑中，运输条件的改变意味着不同国家或地区之间的贸易成本发生变化。在其他条件不变的情况下，贸易成本降低将带来贸易增长。通过引入基于运输条件的贸易成本概念，交通基础设施影响贸易增长就有了具体作用机制。在当前相关研究中，"贸易成本是理解国内外贸易发展和经济活动空间集聚和扩散的关键因素，并已成为新贸易理论、新经济地理理论和新新贸易理论的核心概念"。[1] 广义的贸易成本包括运输成本、政策壁垒、信息成本、合约实施成本、汇率成本、法律和规制成本以及当地销售成本;[2] 狭义的贸易成本则主要涉及运输时间、运输价格、运输效率、运输稳定性等方面。在研究交通基础设施互联互通对中国与"一带一路"沿线国家间贸易关系的影响时，同样需要借用"贸易成本"这一关键概念来建立作用机制。至于它所包含的内容，则可以根据分析需要和条件做技术性处理。但是，不管在分析中使用狭义还是广义的贸易成本概念，在选择指标对其进行衡量和测算时要

---

[1] 刘建、许统生、涂远芬：《交通基础设施、地方保护与中国国内贸易成本》，《当代财经》，2013年第9期，第87页。

[2] J. E. Anderson and E. Van Cincoop, "Trade Costs", *Journal of Economic Literature*, Vol. 42, No. 3, 2004, pp. 691–751.

遵循客观性、数据可获得性、时效性等评价指标选择的一般原则，避免出现前后不一致的情况。

再次，关注发挥作用的多重因素。

即使交通基础设施互联互通具有促进贸易增长的作用，但据此忽视其他因素在此过程中具有的影响仍然缺乏足够理由。比如，在"一带一路"倡议提出以后，中国与沿线国家之间的政策沟通、资金融通等同样能够在不同层面降低贸易成本，促进贸易关系发展。还有分析在研究基础设施对贸易的影响时强调，不同国家的发展水平、发展阶段等也可能影响设施联通的贸易效应。"当交通基础设施发展到一定水平后，通信基础设施的作用更加突出，对进口贸易量的促进作用更加明显。此外，交通基础设施和通信基础设施对于不同收入水平国家的进口的重要性也不同。"[1] 因此，关注其他因素的作用，并提供包含多因素的分析框架仍是完善相关分析的必要途径。

最后，优化关键指标的评价标准。

大量研究将交通基础设施数量增长、贸易规模扩大当作衡量判断设施联通和贸易畅通水平或程度的主要指标，甚至是唯一指标。如果仅以项目数量、规模等增减当作判断"一带一路"建设是否取得进展的主要依据，那么通过以上内容可以判断，中国与沿线国家共建"一带一路"已经取得积极成果。然而，中国与沿线国家的交通基础设施联通水平不仅包含实现联通的基础设施数量，而且包括设施联通后能否稳定运营。从一定意义上看，实现联通的基础设施能否稳定运营是判断其是否能够取得预期效果的基础和前提。这意味着要想评估交通基础设施联通对中国与沿线国家贸易产生的实际作用，就需要关注和研究交通基础设施联通后的运营状况，而不仅

---

[1] 张鹏飞：《基础设施建设对"一带一路"亚洲国家双边贸易影响研究：基于引力模型扩展的分析》，《世界经济研究》，2018年第6期，第81页。

关注设施联通的规模。只有将联通数量和质量综合起来进行评估，才能真正反映"一带一路"设施联通所取得进展的全貌。

五、结论

综上所述，"一带一路"交通基础设施互联互通与中国与沿线国家贸易增长从总体上看具有一致性，即交通基础设施互联互通取得进展的同时，中国与"一带一路"沿线国家贸易规模也实现了增长。但是，二者在特定时段内也存在背离的现象。学界目前既没有对二者之间的背离做出具有说服力的解释，也没有对交通基础设施互联互通是否以及如何推动中国与"一带一路"沿线国家的贸易增长开展详细研究，特别是没有进行具有可靠数据支撑的实证研究来对这个问题进行符合学理的解读。这凸显出相关知识供给的滞后与匮乏，不足以对由"大写意向工笔画"发展的"一带一路"建设提供可靠支撑。本文在述评开展"一带一路"交通基础设施互联互通与贸易增长关系问题研究所依托的主要成果特点的基础上，对中国与"一带一路"沿线国家的交通基础设施联通与贸易关系的发展状况进行了概括，指出了当前研究存在的问题与缺陷，并据此提出了通过建构二者间的作用机制来完善相关研究的建议。接下来，我们的研究方向一是细化研究，整理、对比中国与"一带一路"沿线国家开展交通基础设施互联互通和贸易关系变化的基本情况；二是构建和完善反映"一带一路"建设具体情况变化的贸易成本衡量体系。

第三编
时政评论篇

从"无序"到"乌托邦"*
——疫情下的瓦尔代年会

赵华胜

2020年度瓦尔代年会于2020年10月20—22日举行。会议召开之际正值俄罗斯新冠肺炎疫情第二波，会前一天感染人数近16000人，在这种情况下瓦尔代年会仍继续举行，俄罗斯总理米舒斯京和两位总统顾问更是亲临现场，实属不易。

当然，由于情况特殊，年会从索契改在了莫斯科，并且是线下和线上相结合，绝大部分国外学者都选择了线上参加，参加现场会议的主要是俄罗斯学者。

瓦尔代年会通常有三部分内容，除了大会之外，会前还会发布瓦尔代年会报告，会议结束时颁发瓦尔代年度学术奖。

一、报告：从无序到乌托邦

因与上层接近和高水准，瓦尔代年会报告颇受学术界重视，不过它仍是一份学术性报告，不是官方政策，它通常比官方政策更

---

* https://www.thepaper.cn/newsDetail_forward_9763870.

"超前"。2020年瓦尔代报告的题目是"历史如何延续：多样世界的乌托邦"。有评论说它有"印象主义"色彩，因为它是以乌托邦的形式描述想象中的25年之后的世界。

该报告与2019年报告的核心思想一致，但增加了乐观的底色，并且更为激进。该报告认为，二战之后建立的国际秩序已不适合当今的世界，但它的解体不是灾难，而是福音，因为这是对国际秩序所积累问题的总清除。与2019年报告的想法有所不同，它不再认为旧秩序的崩溃将导致无政府状态，而是认为这意味着新秩序的开始。未来的国际秩序将不会有普遍的道德伦理体系，而由多元化的道德伦理体系所取代；世界将不会有共同目标，国际机制将失去作用；国际结构"分子化"，没有任何国家和国家集团能主导世界事务；国家将越来越独立地面对世界，个人主义和理性主义将支配着国际政治。

该报告的作者是一批目前活跃在俄罗斯学术界的中青年精英，他们思维活跃，观察敏锐，富有想象力，观点大胆，追求创新，这篇报告充分显现了这些特点。

不过，对该报告的观点也有不同的看法。如俄罗斯国际事务委员会执行主席科尔杜诺夫认为，伦理道德价值多元也就意味着对善与恶、正义与非正义失去了共识。把未来国际秩序建立在个人主义和理性主义基础上，这等于是退回到西方思想而将东方思想排斥在外。国家的行为并不总是理性的，抛弃多边机制的约束等于各国可任意作为。把当前国际秩序的混乱看作是福音更是难以接受，而且不能保证它不会继续向国内社会传导。

该报告还有一个弱点是，它不能证明旧秩序的解体一定会走向理想中的乌托邦。报告也反映了俄罗斯人思维的一个特点，即追求理论上的明确性和彻底性，习惯于理论上的大破大立，并且常常是先破后立，在新的替代未建立之前就抛弃旧的。这更符合理论上的正确，但实践往往比理论更复杂，很难泾渭分明。

瓦尔代年度学术奖是近年来才设置的，2019年的获奖人是米尔斯海默教授。评选有一整套程序，前后三轮。第一轮是由瓦尔代俱乐部成员提名，并且要附上被提名人2019年的代表作品。第二轮是在被提名人中再选出三个候选人，但不能把票投给自己和自己推荐的人。第三轮是学术委员会召开视频会议，在三个候选人中选出一个。学术委员会参加投票的是11个人，中美德加各1人，其余是俄罗斯人。本人作为学术委员参加了投票。结果当场就出来，2020年获奖的仍是一位美国学者，但公布要等到年会召开之时。

二、大会：普京谈了近3个小时

当然，瓦尔代年会是所有活动的主体。而每一年最大的亮点都是普京，他的演讲和问答也是与会者最为期待的。因为疫情，普京没到现场，而是通过视频进行演讲和回答问题。在演讲部分普京是有稿子的，回答问题则是即兴发挥。整个过程持续近3小时，其中回答问题占了2/3的时间。

普京在演讲中用了相当篇幅谈国家的作用和社会建设。他说强大的国家是俄罗斯发展的基本条件，现在国家的作用依然重要，尤其是在危机的形势下，抗击新冠肺炎疫情说明了这一点。普京认为，国家的强大首先是来源于人民的信任，还有组织能力、政府的诚实和开放。他认为每个国家有自己的历史文化传统，不能盲目照抄其他国家的发展模式。他强调公民社会在俄罗斯的未来发展中将发挥关键作用，但真正的民主和公民社会不能从外国输入。

在国际秩序问题上，普京明确表示不同意瓦尔代俱乐部报告关于未来国际秩序应完全重建甚至是彻底抛弃的观点。他认为国际社会还是需要有框架，二战后形成的国际秩序应该保留，首先是联合国和安理会，以及安理会常任理事国的否决权。

普京对多边主义的内涵做出了自己的认定，他主张多边主义是对解决问题有真正兴趣的相关方的共同参与，而不是无所不包。当相关方能够达成协议时，外部势力的介入不会有好结果，尤其是这些外部势力常常是带有自私的目的。这一界定反映了俄罗斯在理论思考上的发展，它在多边主义和新干涉主义之间画出了界线，并且也比全球多边主义和地区多边主义的区分更细致，不过它仍有一定的相对性。

问答部分涉及更广泛的内容，新冠肺炎疫情、纳卡冲突、吉尔吉斯斯坦选举危机、纳瓦尔内中毒事件、核军控条约等是比较集中的热点，特别是纳卡冲突和核军控条约谈得最多。

在纳卡问题上，普京否定了俄罗斯偏袒亚美尼亚的说法，表示阿塞拜疆与亚美尼亚一样是俄罗斯的伙伴，亚、阿两国都有200万人在俄罗斯工作生活，每年向自己的国内寄回数十亿美元。他还否定了宗教因素对俄罗斯政策的影响，他说俄罗斯有15%的居民信奉伊斯兰教，因此俄罗斯与信奉伊斯兰教的阿塞拜疆也无隔阂。他认为纳卡冲突不仅是领土争端，更重要的是民族冲突。对于支持阿塞拜疆和积极介入纳卡争端的土耳其，普京也表示土耳其是俄罗斯的重要合作伙伴。

普京在讲话中多次讲到中国，包括认为就经济和政治影响来说中国正成为超级大国，德国也在向着超级大国的方向发展。由于它们的存在使美国已不能再追求地位例外。普京表示俄罗斯客观地认识自己的智力、领土、资源、经济、军事的能力，但这次他更突出了中德等其他大国的崛起，对俄罗斯未加强调。另外普京也再次重申了俄罗斯对中国加入美俄核军控谈判的态度，认为这是美中之间的问题，俄罗斯对中国既无要求，也不反对。但中俄双边关系不是普京谈话的焦点，这也是因为两国关系不是问题。

值得一提的是，清华大学的阎学通教授通过主持人提出了中俄能否军事结盟的问题。普京的回答是俄罗斯虽不准备这样做，但理论上不排除这种可能，这引起了很大的反响。普京的这一说法给俄罗斯是否会与中国结盟留出了想象的空间，但不知俄罗斯是真的在考虑这种选择，还是为了取得某种舆论效果，抑或只是一种理论的推演，因为从理论上说这没有错，任何事情都可以想象。

三、普京：向上海致以最美好的祝愿

笔者也幸运地得到了一个正式提问的机会。

编录如下：

赵华胜：您好，尊敬的总统先生！

普京：您好！

赵华胜：非常感谢您给我这个宝贵机会。今年瓦尔代会议的主题是"流行病的教训和新议程：如何把全球危机变成世界的机会"。我将简单地改动一下：如何把全球危机变成中俄关系的机遇。世界正在迅速变化。在这种情况下，您认为如何发展中俄关系——政治、经济和地区和国际合作？我们能期待什么新的发展？谢谢！

普京：对于"中俄关系应如何继续发展的问题"，我可以简单地说，就像我们近来所做的那样，就像我们现在所做的那样就行了。俄中关系趋势达到了前所未有的高度。我甚至没说我们的关系有特别的称呼，被称为"特别优先的关系"。问题不在名称，而在实质。它的实质是，我们相互抱有极大信任，我们之间在所有方面形成了坚固的、稳定的、最主要是有效的工作关系。

我们和我的朋友中华人民共和国主席习近平——我有充分的根

据这样称呼——不仅经常磋商、交流在已取得成就的基础上如何继续做的想法，而且我们总是能找到继续发展的可能性。

您知道得很清楚，我们在航天、核能源领域一起工作，发展贸易关系，2019年贸易额达到1110亿多美元。这还远不是我们可以达到的目标。我们一定会取得更多。我们共同建设基础设施，建造连接我们的桥梁，这是真正意义上的"桥梁"。我们开展人文交流，实施大项目，有效地进行互补，包括在能源领域，不仅是计划，而是在实施。

中国是俄罗斯一系列大型液化天然气项目的大股东。天然气在什么地方液化？不是在中俄边界地区，而是在俄罗斯北方。我们还在一系列其他领域进行合作。在国际领域，毫无疑问，我们确实是国际事务中非常重要的稳定因素。这一点显而易见。

更不用说我们在军事技术领域的合作了，在这一领域我们的关系已经具有了传统的性质。而且，合作不仅是武器的买和卖，而且是技术的交换。我们准备继续与我们的中国朋友进行这样合作，也就是友好、相互尊重的合作，我们的目标是要给中国和俄罗斯人民带来最大程度的利益。

您来自上海？顺便说一下，上海是我家乡圣彼得堡的兄弟城市。我去过上海很多次。这是一个出色、美丽、非常漂亮的城市，我向上海人民致以最美好的祝愿！

中国和俄罗斯应该结盟吗？[*]

赵华胜

在2020年10月瓦尔代年会上，俄罗斯总统普京指出，在理论上不排除中俄结盟的可能，这使结盟问题又有了现实意义。

结盟论在中国学术界久已存在。按照结盟论的观点，中俄结盟对中国有重大利益：一方面，在中美结构性矛盾加深的情况下，中国需要与有实力的大国结为同盟，以减轻战略压力；另一方面，没有盟友的国家不可能成为世界主导国。国际结构正在向着中美两极方向发展，对于这种前景，中国不应惧怕，而应努力争取，与俄罗斯结盟是实现这种可能的最佳途径。

结盟论者认为，中俄结盟不会实质性改变大国关系性质，不会加剧中美矛盾。结盟不是新冷战，与冷战思维没有必然联系。中俄结盟不是主从型同盟，但客观上实力对比向中国倾斜，中国是联盟中较强的一方。中俄联盟是盟友而不是朋友关系，因此"诚信"不是主要问题，只要共同利益存在，联盟就可持续。

中国也不必担心会被动卷入俄罗斯的战争。俄罗斯的核武器足以防止大战，而小规模战争俄罗斯有能力应对，无须中国支持。结盟论者还认为，中国应放弃不结盟政策，不结盟不是中国的一贯政

---

[*] https://m.thepaper.cn/newsDetail_forward_10490977.

策，也不是世界上大多数国家采取的政策。

结盟论者所列举的无疑是对中国有利的效应，但问题在于还不能充分论证它们的可能性，更重要的是缺乏对中俄结盟可能产生的负效应的考察。如果只突出其可能的正效应而忽略其负效应，则很难对一项政策的预期效果做出全面评估。

从政治原则来说，不结盟具有抽象的价值意义，但在现实的国际政治中，它也有工具属性。换句话说，不结盟可以是一个政策选项，而不是一成不变的圭臬，一切取决于具体情景和需要。所以，不结盟政策不是中俄结盟的根本障碍。

但结盟有成本和风险，这才是问题的关键所在。对中俄结盟来说，它抵押的是国家间的信任和两国关系的长远。按照结盟理论，结盟有两大隐忧：一是担心被盟友抛弃；二是担心被拖下水。中俄结盟也将面对这两个隐忧的考验。结盟是军事联盟，它要求两国在发生战争时相互支援。可以断定，中俄两国现在对此都没有准备。

在没有做好政治准备的情况下，中俄联盟的基础是不可靠和脆弱的，一遇到情况，将不可避免地以悲剧性结局告终。

在过去这些年，中俄在与其他大国的冲突中相互都给予了本国政策所能达到限度的支持，如中日钓鱼岛争端、中美在南海和台湾海峡的军事对峙、俄格战争、乌克兰危机、克里米亚问题等，结盟不会使两国在类似问题上采取完全不同的政策，也就是说，结盟对这类问题无补。

结盟不会显著提高两国在各领域的合作水平。全面战略协作伙伴关系已经是一种高定位，它对两国合作没有任何限制，如果说两国合作的潜力还未能充分发挥，那结盟也不是解开这把锁的钥匙。

盟友与战略伙伴是十分不同的身份，对两者也会有十分不同的心理预期和要求。由全面战略协作伙伴变为盟友，两国将以不同的眼光和要求看待对方，并将两国关系置于更高标准上。认为盟友只是战略安全同盟，无关乎其他领域的看法是过于简单化了。由于标准和期望的提高，结盟之后的两国关系更容易产生落差、失望、不满，它们的逐渐堆积最终会对两国关系造成侵蚀。因此，结盟不仅是加深国家关系的方式，也可能是销蚀国家关系的途径。它将产生什么结果，取决于具体的情境和条件。

中俄结盟必将对国际政治和大国关系产生深刻影响，认为这不会实质性改变大国关系的判断是轻率的。不过，对于这种影响的利弊则可见仁见智。中俄结盟无疑会促使两个阵营的形成，推动国际政治向两个体系方向发展。与此同时，中俄是大国之间的同盟，它也必定会对两国的战略机动空间带来一定限制。

认为俄罗斯想与中国结盟也有误判之嫌。尽管普京在这一问题上的表态有所松动，但尚不足以证明它是俄罗斯的政策。在俄罗斯学术界和精英界，主张与中国结盟的不是主流。俄罗斯也不会心甘情愿地接受在联盟中较低的位置，并为中国成为"世界主导国"助一臂之力。事实上，俄罗斯对可能成为中国的"小伙伴"尤为敏感，并尽力避免被拖入中国与美国的对抗中。期望俄罗斯为中国火中取栗不切实际，也低估了俄罗斯的外交智力。

由此可见，全面战略协作伙伴关系是两国关系更适宜的形式。它虽不及战略联盟的高度，但它更符合中俄关系的发展规律，更贴近中俄关系的水平和状态；同时，也更适合两国的国内政治生态，易为两国精英和大众所接受和支持。它有较大的包容性，能够较大程度地包容两国关系的问题和矛盾，使之减少被政治化、情绪化的可能。它也有更强的生存弹性，可适用于不同的国内和国际环境，使两国战略合作能够长时期维持。

对于中俄这两个国家来说，长期维持联盟则极为不易，这与美欧联盟有很大不同。中俄历史上曾三次结盟，分别是 1896 年签订《御敌互相援助条约》、1945 年签订《中苏友好同盟条约》、1950 年签订《中苏友好同盟互助条约》，但都是靡不有初，鲜克有终，可为前车之鉴。

概言之，中俄关系有着十分复杂的过去，对两国关系来说，信任是它最难得的资产，同时又是很易损的资产。对待中俄关系需有长远眼光，只有保证中俄相互信任的持续积累，不使这一过程再次中断，才能保证中俄关系的长期稳定。

虽然全面战略协作伙伴关系具有一系列优点，但现在的问题是中美关系的恶化使这一模式面临挑战。在严峻的安全形势下，是否应寻求与俄罗斯结盟？

从理论上说，作为一种工具，不排除与俄罗斯结盟的可能；但从可能性和功能效应角度看，结盟不是最佳选择，继续保持全面战略协作伙伴仍是更优模式。

结盟是双方的事情，中俄两国是否都愿意结盟存在极大不确定性。中俄结盟的最重大功能是在军事冲突发生时得到对方的支援，在未发生军事冲突时对美国的安全威胁形成威慑和制衡。在前一种情况下，很难想象双方会投入对方的战争。后一种情况是常态，也是结盟的常态功能。不过，在结盟之后，这种威慑和制衡的功能也达到了极限。美国担忧中俄结盟，但结盟成真这一担忧也不再存在。与之相比，引而不发或许是一种更有张力的威慑和制衡，即虽未结盟，但保留结盟的可能。战略伙伴模式就可产生这种功能。

中俄战略伙伴模式有很强的功能弹性，它本身就包括战略安全和军事合作，现在它只需加强这一合作即可。它与结盟的主要不同是对军事支援对方战争没有硬性约束，但它也没有不能支持对方的限制。同样重要的是，在提供战略军事安全功能的同时，战略伙伴模式能避免结盟可能产生的一系列严重副作用。

结盟虽是一种可能的选项，但这是迫不得已的选择。中俄结成联盟的基本条件是美国同时对中俄构成严重的直接安全威胁，出现可能发生军事对抗的形势，安全成为中俄最迫切和压倒一切的战略需求。

在中俄美关系的语境下，一旦中俄结盟，即意味着美国已是公开的敌人，虽然通过联盟可以减轻它的威胁，但一个大国成为敌人本身就构成巨大的战略压力。这就如同中美苏"大三角"一样。"大三角"虽然减轻了来自苏联的安全威胁，但并没有解决中国的根本问题，因为它没有消除威胁本身，而只是增加了应对这一威胁的能力。这一威胁只是在中苏恢复正常关系后才真正消除。从这个意义上说，"大三角"对中国是亡羊补牢，它是在与苏联成为敌人这一重大战略挫折背景下的被动选择。因此对中国来讲，在中俄美关系中，乃至在整个大国关系中，防止出现敌人尤其是不使伙伴变成敌人是更大的战略成功。

上海合作组织如何在抗疫中发挥更大作用？*

赵华胜

在这次新冠病毒大流行中，上海合作组织（简称"上合组织"）组织的所有成员国、观察员国和对话伙伴国无一幸免，这引发了上合组织应在共同抗疫中发挥什么作用的话题。

一个许多人也许不太了解的事实是，在上合组织的合作议程中，防疫是很重要的一项，一直受到很大的重视。

早在2007年，在上合组织第六次政府总理会议上，温家宝总理就提议要加强边境地区传染病防治合作。2008年，根据俄罗斯的建议，上合组织在莫斯科召开了首次成员国卫生防疫部门领导人会议，专门讨论防治传染病问题。此后，这个会议成为以防治传染病为主题的专门机制，每两年左右举行一次，到2017年共举行了5次。2009年，上合组织发表了《上海合作组织地区防治传染病联合声明》，规划了防疫合作的重点方向和方式，包括加强卫生应急合作，完善边境等地区的传染病流行病学监控体系，及时透明地交换传染病暴发信息，开展合作研究，在药品、诊断设备、医疗器械和疫苗等方面相互提供支持等。2010年，根据中国的倡议，召开了首届上合组织卫生部长会议。2013年，根据中国的建议，制订和通过了

---

* https://baijiahao.baidu.com/s?id=1667106880269987559&wfr=spider&for=pc.

《上海合作组织成员国传染病疫情通报方案》。最高峰是在2018年的青岛峰会上，上合组织首次以成员国元首的名义发布了《关于在上海合作组织地区共同应对流行病威胁的声明》，从而将防治传染病提高到了上合组织合作议程的最高层次。声明认为，在上合组织地区存在暴发流感、鼠疫、严重急性呼吸道综合征（SARS）、出血热、霍乱及其他严重传染性疾病的可能，并为此感到深切的忧虑。声明表示要进一步完善多边合作机制，保障各国做好应对传染病威胁的各项准备，建立可靠信息的交流机制，提升各国及时防治流行病突发情况的潜力，开展联合科学研究、研发新的传染性疾病诊断和预防药物，等等。

不过，尽管上合组织对防治传染病如此重视，并出台了一系列合作措施，但在这次抗疫中，上合组织的存在感却不强。当然，在新冠肺炎疫情暴发后，上合组织成员国相互支持，通报情况，提供物资援助，互派医务人员前去帮助。上合组织秘书处也积极活动，与各成员国保持沟通，组织社会捐助。2020年4月1日上合组织举行了医务视频会议，5月13日又举行了非例行外长会议。不过，总的来说，上合组织在这次抗疫中的作用不甚显著，低于许多人的预期。

这有几方面的原因。

这次抗击新冠肺炎疫情的一个突出特点是各国各自为政，国际和地区组织被边缘化，尤其是在初期阶段。从这个角度说，上合组织的表现也属正常。

上合组织自身也存在一些能力上的弱点。其实这也是一个老问题，那就是政治性宣示有余，而执行力不足。有好的规划和设想，但在落实上较为欠缺，事实上，许多已提出的合作措施在这次抗疫中没有充分表现出来。

上合组织没有可支配的公共资金和物质资源，它既无法向成员国提供物质援助，也不可能拨出资金帮助成员国恢复经济。在这一点上，它与欧盟不能相比。

上合组织没有"权力中央"，它的最高权力机构是元首理事会，但元首理事会一年只开一次。上合组织极少享有成员国让渡的权力，在元首或总理理事会不召开的情况下，它不能独立做出重大决定。它的常设机构秘书处只是一个行政机构，不是权力机构。

这些都限制了上合组织在应对突发疫情中发挥作用。即使是未来，也不能期望它在类似的事件中起到中心作用，这是不现实的过高期望，因为它没有这种功能。

不过，这不是说上合组织不能有所作为，也不是说它没有可改进之处。

上合组织防疫合作的功效不只在疫情期间，其实它更重要的工作是在平时。上合组织已有一系列合作规划和构想，问题是能否得到真正落实。如果这些措施能够落实到位，那就将是合作防疫的重大成绩，在疫情突发时合作也会顺理成章。防治传染病合作将是2020年上合组织圣彼得堡峰会的重要议程，相信这次峰会将会拿出新的合作规划和措施，但更重要的是要有一套保证其落实的制度。

上合组织的一个重要功能性问题是缺少应急机制，难以在重大突发事件发生时做出应有的反应。尽管上合组织宪章有关于非例行会议的规章，但这尚不是应急制度。过去这些年一再显示，在发生重大突发国际事件时，上合组织因其制度设置的原因，它通常仍是按日常状态运行，与正在发生的重大事态若即若离。它通常所做的就是由秘书处做出回应，但秘书处的声明仅是一种一般性表态，不是成员国的集体决策和协调行动，对事态影响不大，这也使上合组织显得似乎缺位，影响了上合组织的威望。上合组织需改变这一状况。在当今"黑天鹅"事件几乎已成常态的情况下，在突发重大事件下的表现已成为显示和检验地区组织的作用和能力的重要方面。

因此，上合组织亟须形成应急反应制度，这不是权宜之计，而是长期发展需要。应急制度是一套涉及多个方面的机制系统，需要进行认真研究和大量配套措施。但作为临时性的第一步，首先要使上合组织在发生重大突发事件时启动起来。应简化形式和仪式，不拘常规和工作风格，效率优先。可考虑赋予年度轮值主席国以特别责任，在发生重大突发事件时，主席国有责任牵头提出倡议，包括建议举行各种级别的磋商会晤，沟通思想，协调政策，做出决定，使整个组织活跃起来。只有首先活跃起来，才能显示它的存在，并发挥作为地区组织的作用。

2019，俄罗斯外部环境有所改善*

冯玉军

2019年，国际格局与世界秩序持续深度调整，世界经济呈现疲态，全球治理真空凸显，国际思潮泥沙俱下。大变局下，俄罗斯外交借乱谋势、长袖善舞，在多方面有所斩获，外部环境有所改善。

2014年乌克兰危机后，俄罗斯受到西方国家制裁，外部环境大幅恶化。但特朗普执政后美国内外政策变化所带来的"浑水效应"以及中美战略竞争加剧，使世界进入了一个坐标失衡、体系振荡的"混沌期"，而这给综合国力下降但战略谋略能力超强的俄罗斯带来了乱中取胜的好机会。

观念塑造战略，战略决定行动。2019年6月，普京公开表示自由主义已走到尽头。9月，拉夫罗夫在联合国大会上直言西方国家主导地位已经衰落。俄罗斯诸多战略界人士预言"西方的黄昏"到来。10月，瓦尔代俱乐部发布的年度报告直指"二战后形成的国际秩序已经崩溃，重建国际秩序的努力徒劳无益"，宣称"国际秩序缺失并非灾难，无政府是国际关系更自然的状态，将为人类社会发展提供更大可能"，并进而强调"国家不能再期待秩序的庇护，而需要为各自的生存斗争"。可以看到，俄罗斯并不为国际失序而感到惋惜

---

* 本文原发表于《世界知识》，2020年第1期。

和惶恐，反而是从中嗅到了难得的机遇。乱局之下，俄罗斯外交反而攻势凌厉、收放自如，进一步体现出其解构能力大于建构能力的特质。

在"后苏联"空间，俄罗斯软硬兼施。一方面，借美国放松对欧亚事务关注、部分欧亚国家内外压力加大之机重塑影响。俄罗斯在与白俄罗斯成立联盟国家20周年之际，重提一体化，希望继续推进两国"融合"。俄罗斯对相继经历领导人更替的乌兹别克斯坦、哈萨克斯坦两个中亚大国加大工作力度，高层政治互动频繁，两国外交重心向俄有所倾斜。另一方面，为缓解西方国家压力，俄罗斯在对乌克兰关系问题上有所松动。向乌归还2018年底刻赤海峡危机中扣留的三艘海军舰艇，在过境乌克兰天然气运输问题上表现出一定灵活姿态，在"诺曼底四方"机制下就乌东冲突达成暂时性妥协。

在中东地区，俄罗斯纵横捭阖。不仅借出兵叙利亚保住了巴沙尔政权，从而维护了在东地中海地区的战略存在，而且与伊朗和土耳其结成某种"临时性同盟"，力图填补中东战略真空；尽管在叙利亚问题上与沙特阿拉伯立场相左，但在建立"欧佩克+"机制以共同限产保价问题上两国却相互配合、各取所需。事实上，俄罗斯是为数不多的几个与中东逊尼派和什叶派都有合作的国家之一；尽管以色列对俄罗斯在中亚的重要盟友叙利亚和伊朗经常发动定点军事打击，但为避免与以色列反目，俄罗斯基本上是装聋作哑、息事宁人。可以说，俄罗斯在中东正试图以"调解人"身份出现，以最小成本换取最大收益，其中东外交充分展现了实用主义的本质和量力而行、左右逢源的风格。但需要强调的，尽管俄在中东多有斩获，但断言其可以主导中东事务还为时尚早。

在亚太，俄罗斯"向东转"政策取得了积极成效。中俄全面战略协作伙伴关系进入"新时代"，双边贸易额2019年有望突破1100亿美元，东线天然气管道开通运营，两国在国际领域的协调、配合更加紧密。在与西方国家关系持续恶化的背景下,俄罗斯不仅从中国获得了投资、技术和市场,更获得了从其他地方难以想象的战略支持,极大缓解了战略压力。对华关系可以说是俄外交的"神来之笔";俄日关系持续改善,尽管领土问题一时难解,但首脑互动频繁,"2+2"机制运转顺畅,相互借重心照不宣、小步急行;俄印战略合作未因"印太战略"衰减,俄在将印拉入上合组织后,继续强化中俄印、金砖机制运营,力图以此打造"非西方平台";俄与越南善用特殊历史纽带,双边贸易不断增长、军技合作持续推进,两国开始对万安滩进行联合勘探开发,欧亚经济联盟与越南自贸区协议开始启动。普京称,"俄越关系具有战略性,两国将扩大经济与政治合作"。

俄罗斯与西方国家关系虽未整体解冻,但已出现部分回暖迹象。普京虽称"不会请求减轻制裁",但希望俄美关系能重回正常状态。12月10日,拉夫罗夫就诸多重大问题赴美磋商。特朗普表示会面"非常好",希望继续对话。有消息称,普京已邀特朗普参加纪念反法西斯战争胜利75周年活动,特朗普也有意出席;北约与欧盟内部对俄态度出现松动,马克龙称北约不应将俄视为敌人,呼吁应与其开展透明、可持续对话;虽然美国威胁实施制裁,但俄及芬兰、瑞典、丹麦和德国都已经批准"北溪—2号"天然气管道项目,项目施工进展顺利。

而最能让俄暗自高兴的是中美矛盾的上升。美国视中国为首要战略对手、加紧推动"印太战略"、中美贸易战持续,让俄罗斯顿觉压力大减,以至于普京在2019年6月圣彼得堡经济论坛上不经意间吐露了"坐观虎斗"的心声。

俄罗斯与环地中海：历史与现实*

冯玉军

2020年新年伊始，环地中海地区热点频发、引人瞩目：土耳其准备出兵利比亚、美国定点清除苏莱曼尼、乌克兰客机遭伊朗"误击"失事、"土耳其流"天然气管道开通。以往，中国的国际问题学界基本上把环地中海的欧洲、西亚北非以及历史上与之有深度联系的俄罗斯等割裂开来研究，一定程度上限制了研究视野和深度。而如果将环地中海这个文明发祥之地、人文荟萃之地、贸易集散之地、宗教交融之地、战争频发之地作为统一的整体来加以审视，可能会极大丰富我们对历史与现实的认知。

今天，我们就来简单梳理一下俄罗斯与环地中海地区的相互联系与影响。

早在公元前数世纪，古希腊人就开始在黑海北岸包括克里米亚半岛殖民。罗马帝国一分为二后，拜占庭帝国成为横跨欧亚非的千年帝国，并对周边地区产生了深远影响。公元9世纪，基辅罗斯建国，沿第聂伯河、伏尔加河直达君士坦丁堡的"瓦希之路"成为瓦良格人和古罗斯人与拜占庭帝国贸易、征伐与文化交往的重要通道。公元987年，拜占庭内部发生暴动，皇帝巴西尔二世请基辅大公弗

---

* 本文原发表于《世界知识》，2020年第3期。

拉基米尔出兵镇压，后者借机迎娶巴西尔二世的妹妹安娜为妻。公元988年，基辅罗斯正式接受东正教，成为古罗斯文明演进的重要转折。

公元1054年，东正教与天主教分裂，罗斯与西欧的文化分野日益拉大。从13世纪中叶到16世纪初，罗斯遭受蒙古200多年的统治。拜占庭帝国也于1453年被奥斯曼帝国所灭。15世纪中叶，莫斯科大公伊凡三世统一了俄罗斯。1472年，他迎娶拜占庭帝国末代皇帝君士坦丁十一世的侄女索菲亚公主，并宣布成为东正教的保护人。1547年，伊凡四世正式加冕"沙皇"，他和后人自诩继承了罗马和拜占庭帝国的衣钵，认为俄国是"第三罗马"和新耶路撒冷，拥有拯救世界的使命。

自17世纪始，俄罗斯与奥斯曼帝国开始了长达300年的角逐。双方为争夺高加索、巴尔干、克里米亚、黑海等进行了12次重大战争。1768年—1774年第四次俄土战争中，奥尔洛夫率领的俄国舰队通过直布罗陀海峡进入地中海，并在爱琴海歼灭土耳其舰队，东地中海地区一度处于俄国控制之下。叶卡捷琳娜二世及其继任者自视为十字军，认为俄国注定要统治君士坦丁堡和耶路撒冷。这种热望——当然具体是由俄国撑腰的东正教牧师和法国撑腰的天主教牧师为争夺伯利恒的主诞教堂而大打出手——最终导致了克里米亚战争。1856年，俄国战败，亚历山大二世以及之后的几任沙皇放弃了用武力夺取耶路撒冷，转而运用外交手段和软实力。随着奥斯曼帝国日渐衰落，英俄为争夺其遗产又展开了持续一个世纪的大博弈。第一次世界大战期间，俄军占领了当时的波斯北部并进入土耳其人控制下的伊拉克，差点攻陷巴格达。1916年，俄国外交大臣萨宗诺夫同英法签订了《塞克斯—皮科—萨宗诺夫条约》（《小亚细亚协议》），承诺将伊斯坦布尔、土耳其和库尔德斯坦部分地区以及耶路撒冷的一部分划给俄国。只是由于罗曼诺夫王朝的倒台，其建立俄属"近东帝国"的迷梦才未能实现。

苏联对地中海的影响也不可小觑。十月革命之后不久，苏俄就再次挺进南高加索，并积极鼓动土耳其的凯末尔革命。1945年波茨坦会议上，斯大林要求享有的黎波里塔尼亚、利比亚的托管权，并希望在东地中海获取海军基地。尽管其要求当时被断然拒绝，但随后的冷战使苏联成为地中海地区的一股重要力量。苏联鼓动"阿拉伯社会主义"，相继在埃及、叙利亚、伊拉克、利比亚找到战略支点，并培植了卡扎菲、萨达姆和阿萨德政权。

苏联解体后，俄罗斯在地中海地区的影响一度削弱：巴尔干大部分国家加盟入约，阿尔及利亚和利比亚相继生变，萨达姆、卡扎菲先后毙命。

近年来，俄罗斯又开始逐渐恢复在地中海地区的影响：接管克里米亚，重新夺回黑海的战略要冲；利用地缘政治和宗教因素恢复对巴尔干的影响；不仅借出兵叙利亚保住了巴沙尔政权，从而维护了俄在东地中海地区的战略存在，而且与伊朗和土耳其结成了某种"临时性同盟"，力图填补中东战略真空；在建立"欧佩克+"机制以共同限产保价问题上与沙特相互配合、各取所需，成为与中东逊尼派和什叶派都有合作的国家之一；尽管以色列对俄在中东的重要盟友叙利亚和伊朗经常发动定点军事打击，但为避免与以色列反目，俄基本上装聋作哑、息事宁人。可以说，俄在中东正试图以"调解人"身份出现，以最小成本换取最大利益，其中东外交充分展现了实用主义的本质和量力而行、左右逢源的风格。

需要强调的是，尽管俄近年来有所斩获，但受制于硬实力下降、软实力不足的影响，其在环地中海地区不会占据核心地位。

臆想中的"鞑靼之轭"：蒙古帝国对俄影响再考*

冯玉军

2020年的春节是不寻常的日子，因抗击新型冠状病毒而延长的假期也让人多了些静心读书的时光，日本讲谈社"兴亡的世界史"丛书成了我这个春天最好的读物。这套丛书的最大特点就是试图突破长期以来禁锢人们思想的"欧洲中心主义"世界史观，以全球史观的视角还原世界历史的多重结构和复杂历程。

在这套丛书中，我最感兴趣的是土肥恒之的《俄罗斯：罗曼诺夫王朝的大地》和杉山正明的《蒙古帝国与其漫长的后世》。两本书都涉及蒙古帝国对俄罗斯的强烈影响，也对"鞑靼之轭"（蒙古之轭）说提出了强烈质疑。

"鞑靼之轭"是俄罗斯历史编纂学中的经典命题，其核心要义认为，蒙古帝国对俄罗斯绵延240余年的统治血腥而又残暴，如同沉重的枷锁一样，严重迟滞了俄罗斯的社会发展，重创了俄罗斯文明，是俄国历史上不堪回首的灾难。而在抗争蒙古帝国统治的过程中，俄罗斯表现出了令人敬佩的英雄主义，俄罗斯的国家认同也在此过程中逐渐形成并日益巩固。自俄罗斯帝国至今，"诟病蒙古统治一直

---

* 本文原发表于《世界知识》，2020年第5期。

是俄罗斯点燃爱国主义火焰的便利手段之一"。

但还原历史可以看到，拔都大军西征之际，从整个欧亚大陆范围来看，当时的俄罗斯"是一个非常素朴或至少在物质文化方面极其简单的地区"。莫斯科其时不过是个"木寨式的小边堡"，俄罗斯最大城市弗拉基米尔的土墙、木栅和护城河相较中国中原和中亚花拉子模诸城都显得极其寒碜，"以至于蒙古军队仅靠骑兵部队就轻而易举地攻陷了俄罗斯诸城"。

在金帐汗国统治下，俄罗斯各公国王公爵位的确立和继承需要得到拔都及其继任者的认可。在最初设立"达鲁花赤"（八思哈）直接征收贡税引起反感之后，金帐汗国改由俄罗斯各公国王公代为征收赋税，并长期以这种间接方式统治俄罗斯。在俄罗斯经典历史编纂学中以抗击瑞典、条顿骑士团而被尊崇为英雄的亚历山大·涅夫斯基，在与拔都统领的金帐汗国打交道时却是阴柔备至、委曲求全。正是他，成为汇总俄罗斯诸侯所收税赋并送往金帐汗国的第一人，而他的继承人则是莫斯科公国的王公。他们是拥有两副面孔的人，一面作为蒙古的代理人在罗斯土地上横征暴敛，一面作为罗斯诸侯的代表同蒙古帝国巧妙周旋。

实际上，金帐汗国对俄罗斯240多年的统治给其带来的影响是广泛而又深刻的，两者并非如传统俄国史学著作中所描述的，是简单的压榨与反抗的关系，更大程度上是庇护与共生的关系。俄罗斯在相当大程度上接受了蒙古的器物、制度、文化和思想，俄罗斯人的日常生活中也有大量的蒙古语借字、服饰等要素。金帐汗国对罗斯的宗教并无干预，东正教不仅在这一时期得到较快发展，而且受到蒙古萨满教的一定影响，出现了"圣愚"这种在希腊正教中所不曾有的现象。而"圣愚"拉斯普廷对罗曼诺夫王朝末期的影响众所周知。更为重要的是，在整个蒙古帝国所创建的遍布欧亚大陆的交通体系和经济网络中，完全不同于过去基辅罗斯那样的小国"新聚合体"开始运作，为之后的俄罗斯统一提供了条件。可以说，正是在为蒙古帝国服务的过程中，莫斯科公国才开始崛起。

随着金帐汗国日后分裂为诺盖、喀山、阿斯特拉罕、克里米亚、昔班尼等小汗国以及莫斯科公国逐渐征服罗斯托夫、雅罗斯拉夫尔、特维尔、诺夫哥罗德等公国而实现统一，俄罗斯开始"反噬"。16世纪中叶相继征服喀山、阿斯特拉罕汗国从而控制了伏尔加河流域，之后开始东进西伯利亚并迅速抵达太平洋沿岸，反压蒙古帝国而成为聚集多种族、多地域、多文化的欧亚大帝国。

1844年，法国贵族马奎斯·卡斯汀侯爵（Marquis de Custine）在俄罗斯旅行后出版了其名著《俄罗斯：1839》（La Russie en 1839），其中"掀开俄罗斯人的面皮，你就会发现一个鞑靼人"的论述在欧洲引起了广泛反响，也在俄罗斯导致了巨大争议。然而，俄罗斯欧亚主义学派承认蒙古帝国对俄罗斯的巨大影响。萨维茨基并不认为蒙古的统治完全是历史悲剧，他强调俄罗斯正是从蒙古人那里接受了国家思想和将大陆联合成国家整体的思想。维尔纳斯基等人也认为，莫斯科的沙皇及其国家实际上是蒙古帝国和金帐汗国的后继者及后续国，弱小而又分裂的俄罗斯之所以能够变成强力、训练有素和统一专制的国家，原因就在于蒙古帝国的统治。莫斯科、俄罗斯诸多制度与法律法规乃至民族心理都是"成吉思汗的遗产"。

在杉山正明看来，"一直以来都存在一种俄罗斯属于欧洲的固有认知，同时又被刻上了所谓俄罗斯是'文明地域'、草原是'未开化社会'的模式。这与贬低东方抬高西方的思维模式一样，都是19世纪的负面遗产。"所谓"鞑靼之轭"，不过是"借希腊正教和俄罗斯沙皇主义之名的创作。以这种来路不明的东西作为基本史料诉说俄罗斯的不幸和蒙古的残暴，已经成为一种惯常套路。蒙古被当成'拖后'俄罗斯的罪魁祸首，而所谓从这一恐怖的灾难中拯救出俄罗斯的沙皇等俄罗斯执政者和宗教人士就成了神圣的存在。蒙古，对于俄罗斯民众来说历来是恶魔，而对于执政者来说就是使自己合法化的麻药"。

马克思、恩格斯眼中的俄土战争*

冯玉军

近来，俄罗斯与土耳其关系再现波澜。在经过几年勾肩搭背、相互示好后，双方再次剑拔弩张，几乎大打出手。尽管3月5日普京与埃尔多安就伊德利卜停火达成一致，避免了一场迫在眉睫的冲突，但历史恩怨和现实矛盾难以让俄土近年在能源、军售和叙利亚问题上的调情发展成真正的联姻。

俄国与土耳其在黑海—里海—地中海地区的争夺延续了400多年，是近现代国际关系史的重要基线。其大背景是沙俄强势崛起与奥斯曼土耳其日益衰落，实质是俄国及其他欧洲大国对于奥斯曼土耳其帝国遗产的觊觎和争夺。中东战火、巴尔干角逐、耶路撒冷血泪、克里米亚硝烟，都是这场大博弈的片断场景。

马克思和恩格斯以他们的睿智和深邃，总结、观察俄土关系史与当时的现实，做出了很多发人深省的论断。

自拜占庭帝国被奥斯曼土耳其消灭之后，俄国就自诩为"第三罗马"，自认为承担着解放基督徒和拯救全人类的"弥赛亚"使命，将奥斯曼土耳其作为地缘政治扩张和宗教复仇的重要对象。马克思认为，东方问题的实质就是"沙皇极力想推动其先人的计划——开

---

* 本文原发表于《世界知识》，2020年第7期。

辟一条通向地中海的出路。他正在把奥斯曼帝国最边远的地区逐个从其主体上分割下来，直到最终使这个帝国的心脏——君士坦丁堡——停止跳动为止"。而 1833 年俄国人对君士坦丁堡的军事占领使"俄国的宿愿终于实现了。来自冰冷的涅瓦河畔的野蛮人把繁荣奢华的拜占庭和阳光煦丽的博斯普鲁斯海岸紧紧地抱在自己怀里。自封的希腊皇帝后裔占领了——虽然是暂时地——东方的罗马"。恩格斯则直指沙皇的"目的是占领达达尼尔，从而把黑海变成俄国的内湖，以此造成一个攻不进的避难港来建立强大海军，从这里控制拿破仑所谓的'法国的内湖'，即地中海"。

打着宗教旗号干涉土耳其内部事务是沙俄的经典动作。马克思对此有清醒认识："根据 18 世纪末签订的库楚克—凯纳吉条约，在君士坦丁堡应该建造一座希腊正教教堂，而且俄国使馆有权干预希腊正教的神甫同土耳其人的争端"，但现在（1853 年）"缅什科夫公爵却把这项不平常的特权变成对土耳其整个希腊正教教会的普遍保护权，即对欧洲土耳其的大多数居民的普遍保护权。"

内部分化、利诱恫吓以及外围迂回包抄是近代俄国对土外交的惯用手段。1853 年克里米亚战争迫在眉睫之际，马克思敏锐观察到了俄国外交的组合拳：一方面，"俄国竭尽全力在世界各地，在英属印度边境、波斯、塞尔维亚、瑞典、丹麦等地使用威胁利诱的手段，搅动对英国的愤恨"；另一方面，"大批俄国间谍涌向塞尔维亚各地"，使当地人"觉得有希望在俄国的保护下扩大塞尔维亚的疆界，把在土耳其和奥地利统治下的全部操塞尔维亚语的人联合起来，建立一个新的伊利里亚王国。时而又威胁说，如敢反抗，就派大军侵入，把塞尔维亚完全征服"。

借助欧洲列强的相互矛盾以及它们对革命的恐惧，从而获得其对俄的默认甚至纵容，是沙俄对土蚕食鲸吞频频得手的重要外部条件。马克思曾犀利地指出，"从 1815 年起，欧洲列强在世界上最害怕的事情，就是现状遭受破坏。但是列强中的任何两国发生任何战争都有打破现状的危险。因此，西方列强才以容忍的态度对待俄国在东方进行的掠夺，而且从来不向它要求任何代价，只要求它找出某种借口，哪怕是荒谬绝伦的借口也好，好使它们能够继续中立，不至于非去阻挡俄国侵略不可。俄国一直受到夸奖，都说它的'神圣君王'宽宏大量，没有把土耳其一口吞掉，而是一块块地吃。这样一来，俄国外交就有了西方国务活动家们的胆怯作为依靠，而它的外交术也逐渐成了一种公式，以至于对照着过去的纪录就可以几乎丝毫不差地察知当前的经过"。

近来，《阿拉伯的劳伦斯》风靡一时。托马斯·劳伦斯作为中东问题专家，对拓展大英帝国在中东的利益发挥了重要作用。而实际上，俄国对土耳其的了解和渗透远比大英帝国全面而又深入。恩格斯曾指出，"当英国和法国还在黑暗中摸索、设法确定自己的东方政策时，另一个强国却狡猾地把它们全都胜过了。在本身具有半亚洲式的条件、风俗、传统和制度的俄国，有相当多的人能够了解土耳其的真实情况和特性……而且俄国人是善于学习外语的，这就使报酬优厚的俄国代理人能够毫不困难地完全通晓土耳其的事务。而俄国政府也老早就利用了自己在东南欧极其有利的地位。数以百计的俄国代理人周游土耳其各地，向信奉希腊正教的基督徒指出，正教皇帝是被压迫的东正教会的首领、天然的保护人和最终解放者……只要土耳其的帕沙举起反对中央政府的旗帜，从来都少不了俄国人在背后出谋划策和给予资助。这样，当土耳其国内问题把……西方外交家搞得晕头转向、茫然不解的时候，俄国军队已经向巴尔干挺进，奥斯曼帝国已经被一块块地瓜分了"。

今天的俄土关系与过往已有很大不同。尽管时过境迁，但历史不会完全割裂。重温马克思、恩格斯两位先哲的经典著作和研究方法，对观察和理解当代国际关系依然大有裨益。

俄罗斯战略视野下的"后疫情时代"国际秩序*

冯玉军

新冠肺炎疫情全球扩散犹如一场没有硝烟的"世界大战",不仅威胁人类生存、重创世界经济,也将对国际秩序产生重大影响,深刻改变冷战结束以来的全球政治、经济与安全图景。

2020年3月底以来,俄罗斯防疫形势急剧恶化,政府被迫改变原来比较松弛的心态,进一步强化防疫力度。但相对而言,俄罗斯在世界大国中受疫情冲击最小。在其他大国严重受损之际,俄罗斯战略界认为迎来了克里米亚危机甚至冷战结束以来最大的战略机遇。

2003年后,不断强化的俄权威体制受到西方国家和反对派强烈质疑,俄罗斯社会对普京不久前提出的宪法修正案也众说纷纭。但疫情防控的紧迫性却为俄当局维护既有体制提供了意想不到的合法性借口。采取强力措施防止疾病蔓延使巩固主权特性、突出国家主义、强化总统权威、限制社会空间甚至大范围应用AI监控似乎都立刻具备了正当理由。如俄政治学家所言,"冠状病毒大流行是一种强大催化剂,此前出于政治与经济考虑所做的一切工作都成了卫生防疫的必要条件"。

---

* 本文原发表于《世界知识》,2020年第9期。

新冠肺炎疫情严重冲击世界经济，可能导致类似20世纪20年代末的大萧条。世界经济下行将恶化俄外部经济环境，但由于俄经济素来具有自给自足的特点且参与世界经济一体化程度不高，因而所受冲击较小。在俄的世界观里，国际政治从来都是零和博弈，他国所失就是俄之所得。俄战略界人士踌躇满志地认为，"全球经济衰退将引发世界经济体系深度调整。危机条件下，各国竞争的实质不是控制全球生产链中最重要的技术部门和短期内最具发展前景的公司，而是实现生产和技术的相对自给自足，以确保本国优先利益"。

在全球化层面，继中美贸易战凸显全球化分歧后，已经遇阻的全球化进程因新冠肺炎疫情再次"急刹车"，已运转多年的全球供应链、产业链、价值链将逐渐断裂重组，生产的本土化、地区化趋势将相应加强。俄是冷战后全球化大潮的失利者，对全球化始终若即若离甚至心存怨憎。新冠肺炎疫情暴发进一步增强了俄作为"被围困堡垒"的自我认知，全球主义消亡的思维也将在俄继续蔓延。对俄而言，全球化的弱化甚至中断可以更好地凸显其自身优势。

在国际格局层面，美欧的综合实力都将因新冠肺炎疫情遭受重创，跨大西洋联盟有可能日益松动，这无疑将减轻俄长期面临的战略压力；中国遇到全球产业链重组、外部市场萎缩、与西方国家关系恶化等多重挑战，延续多年的快速发展可能面临拐点。东西两面战略重压的相对缓解，将使俄的国际环境大为改善。

国际秩序正从美国主导加速走向失序，既有国际机制内部矛盾重重、行为能力减弱、发展前途未卜，为俄实现自身战略目标提供了巨大可能。此外，曾一度占据国际思潮中心地位的西方自由主义价值观不断遭到侵蚀，俄罗斯保守主义意识形态获得了前所未有的扩展空间。对俄来说，一个更加碎片化的世界更可凸显其大国地位，更有利于其在国际上纵横捭阖。

在大国关系方面，中美两国在疫情面前不仅未能有效管控分歧，共担责任、携手应对，美国反而指责抹黑，相互敌视有增无减。中美关系已进入持续下行轨道，有可能不受控制地滑向"次冷战"。新条件下，美俄对抗并非核心，中美才是塑造新秩序的首要因素。但中国已成美国首要对手和潜在敌人，中美关系进一步恶化将为俄带来巨大战略运筹空间。

在地区一体化方面，新冠肺炎疫情使欧洲再遭重创，欧洲一体化模式可能被冲撞得支离破碎，欧盟进一步东扩遥遥无期，欧盟东部伙伴关系计划基本已胎死腹中。在此情况下，乌克兰等原苏联国家融入欧洲遥不可及。尽管欧亚一体化进程也困难重重，但俄仍有能力稳盘控局。

基于上述判断，俄罗斯战略界提出利用新冠肺炎疫情效应改变不利国际环境、为"后疫情时代"布局的新思路：重回戈尔恰科夫时期韬光养晦路线，丰富强国思想内涵，着力建立强大、负责、公平的国家，实现政治开明、经济公正、社会发展与强国外交的有机平衡；宣扬西方国家应对疫情措施不力，预言自由主义秩序即将崩溃，为俄式保守主义赢得更多思想与信息空间；巧妙运筹俄中美关系，站稳脚跟、保持独立、坐观虎斗，逐步减少并最终结束与美对抗，防止成为中国附庸并与之建立平衡关系；借抗疫之机要求解除对俄制裁，与美共同干预国际石油市场，为开展双边合作寻找新的支点；利用欧亚国家面临的多重压力，采取紧急措施协调抗疫行动，将安全协作引入欧亚一体化进程。

全面还原历史，才能更好纪念二战*

冯玉军

2020年，受新冠肺炎疫情影响，俄罗斯纪念卫国战争胜利75周年的盛大庆典被迫推迟，但还是举行了空中阅兵。更让莫斯科高兴的是，在俄美关系降到冷战后冰点之际，两国总统4月25日发表联合声明，强调二战期间美苏军队的易北河会师"预示纳粹政权的最终失败"，盛赞"易北河精神"是俄美摒弃分歧、建立信任和为实现共同目标开展合作的典范。

然而，在鲜花和掌声之外，也有很多批评让俄罗斯很是烦恼。

5月8日，白宫在介绍特朗普参加二战纪念仪式的推特上称"美英战胜了纳粹"，只字未提苏联的贡献，令俄大为光火；4月3日，捷克首都布拉格拆除了苏联元帅科涅夫的雕像，这是东欧国家多年来接连拆除苏军雕像的最新个案；更有甚者，近年来东欧和波罗的海国家不断指责苏联在战前勾结纳粹德国对其侵略，战后又实施占领进行压制与掠夺。

世间万事，皆有因果。追根溯源，现实政治中的分歧是与历史上的复杂纠葛分不开的。

永远不能忘记，苏联在争取世界反西斯战争胜利的过程中承受

* 本文原发表于《世界知识》，2020年第11期。

了巨大牺牲，做出了巨大贡献。苏联战场是抗击德国法西斯的主战场，是世界反法西斯战争的重要组成部分。在1941—1945年卫国战争期间，苏联共有2700万人牺牲，物质损失高达6790亿卢布。可以说，苏联军民用鲜血和生命换来了卫国战争的胜利，而苏德战场对世界反法西斯战争也产生了深远的影响。如果没有苏联军民的英勇奋战，世界反法西斯战争的胜利进程可能会更加艰难。长期以来，世界各国对苏联的贡献给予了高度肯定，而苏联也通过雅尔塔协定等战后条约在领土、经济、势力范围等方面得到了诸多补偿。

同样不可讳言，苏联在二战前后确实也曾对其他国家和人民造成过严重伤害。

在英法与德意签署《慕尼黑协定》对纳粹侵吞捷克苏台德实行"绥靖"、苏联倡导建立欧洲集体安全体系的设想落空之后，1939年8月23日，苏德两国签署《互不侵犯条约》，其《秘密附加认定书》划分了两国在东欧的势力范围。8天之后，纳粹德国入侵波兰，而苏军也打着保卫"西部边界安全"的旗号侵入波兰。苏德两军于9月17日在布列斯特会师并于9月25日举行联合阅兵式，完成对波兰的瓜分；通过1939年11月至次年3月的冬季战争，苏联侵占了芬兰的卡累利阿和维堡等地，并获得汉科半岛租借权；1940年6月，苏联占领罗马尼亚的比萨拉比亚和北布科维纳；7月，立陶宛、拉脱维亚和爱沙尼亚被并入苏联。以建立"东方战线"为旗号的一连串侵略行动使苏联侵占了46万多平方千米领土，人口增加2200多万，西部边界向西推进了300—400千米。

更令人发指的是，苏联在此过程中也犯下一些如卡廷惨案这样的反人类罪行。1940年春，苏联内务人民委员部在斯摩棱斯克以西的卡廷森林对大约2.2万名在押波兰军人、知识分子和公职人员进行了有组织的大屠杀。直至1990年4月，苏联才正式承认对卡廷事件负责。2010年4月7日，俄波两国总理共同参加卡廷惨案70周年纪念活动。俄时任总理普京称卡廷大屠杀"这样的罪行没有任何正当理由"。之后，时任俄总统梅德韦杰夫下令公开俄方掌握的卡廷事件档案。

  对俄罗斯来说，颂扬在二战中的"伟大贡献"、维护雅尔塔秩序是其凝聚国内民心、维护战后既得利益、改善国际形象的重要选择。对全人类而言，纪念二战是为了更好地缅怀为人类的解放与进步事业舍生取义的所有先驱，是为了汲取历史教训而不让战火肆虐、生灵涂炭的悲剧重演。纪念二战，不应是涂脂抹粉。只有全面还原历史，才能更好地纪念。

全球史视野下俄国出售阿拉斯加的战略考量*

冯玉军

著名历史学家克柳切夫斯基有言,"俄国历史是一部收集领土的历史"。确实,俄国不仅是横跨欧亚的大帝国,还曾在美洲拥有广袤的殖民地。1741年白令发现阿留申群岛和阿拉斯加后,俄国人开始涌入北美大陆从事殖民扩张和经济掠夺。为进一步拓展在北太平洋的存在,俄国政府于1799年将之前的美洲联合公司改组为俄美公司,并赋予其重任——"使俄国在包括加利福尼亚在内的北美大陆西海岸,以及夏威夷群岛、萨哈林岛南部和阿穆尔河口等地进一步巩固下来。这些殖民区连同已经归属俄国的勘察加、阿拉斯古和阿留申群岛一起将使俄国成为整个北太平洋拥有无限权力的主人"。

拿破仑战争之后,俄国在欧洲的地位如日中天,因此决心扩大在北美的活动范围,南下加利福尼亚。1812年,俄国在旧金山以北建立罗斯要塞,成为向南扩张的据点和北部俄属殖民地的粮食供应基地。之后,俄国还想利用西班牙北美殖民地的独立运动来扩大在加利福尼亚的殖民地。但最终,俄国却出人意料地在1867年以720

---

* 本文原发表于《世界知识》,2020年第13期。

万美元的低价将阿拉斯加卖给美国，成为其领土扩张史上罕见的"赔本买卖"。

从1812年建立罗斯要塞到1867年最终出售阿拉斯加，前后仅半个世纪时间。是什么原因导致了俄国政策的前后反复，其背后有着怎样的战略考量？以往，历史学家们更多从地区国别史和欧洲国际关系史的角度进行分析，认为俄美公司的经营失败、无法抑制美国对俄属美洲领地的蚕食，以及俄国想拉拢美国从而放手与英国在欧洲和近东争夺才向其出售阿拉斯加。而新中国美国史研究的拓荒者之一顾学稼先生1987年就提出，俄国美洲属地政策的演变是与其对华侵略政策紧密交织的。19世纪五六十年代之交，俄国从中国侵占了大量领土，为收缩力量加强对新占领地区的统治并与英国争夺远东，俄国才断然决定出售阿拉斯加。

习惯上，学界将19世纪中期至20世纪初的俄英"大博弈"局限于中亚地区。但实际上，俄英大博弈的地理范围遍及欧洲、近东、中亚、远东、太平洋乃至美洲。当我们将分散的历史碎片用全球史的框架聚合在一起，很多以往不为人知的相互联系和逻辑线索就会以惊人的方式呈现出来。由此，我们不能不由衷敬佩顾学稼先生的先见之明，也就更能理解为什么马克思将沙皇俄国称为"世界性的侵略体制"。

俄国对中国黑龙江流域的觊觎由来已久，马克思曾直指"从沙皇阿列克塞·米哈伊洛维奇到尼古拉，一直都企图占有这个地域"。1842年，中国被迫与英国签署《南京条约》，实行五口通商。这使俄国深感不安，担心英国的势力会扩展到中国北方，从而威胁1728年《恰克图条约》以来中俄之间的易货贸易以及俄国在中国的地缘政治利益，从而强化了与英国在远东特别是中国的争夺。

尽管1841年俄国将罗斯要塞出售给了美国人萨特，俄美公司也大幅收缩了在美洲的活动，但它恰恰在这时将关注的重点转向了黑龙江流域。1844年，俄美公司奉俄国外交部之命"考察"黑龙江，从而成为俄国向黑龙江流域入侵的急先锋。而它换得的，是在美洲毛皮生意衰落之后俄国政府授予其经销中国茶叶的优先权。正如苏联历史学家奥孔在其《俄美公司》一书中所说，"迫使政府保存公司的最根本原因，还在于策划中的向阿穆尔边区的推进"。

1847年，穆拉维约夫出任东西伯利亚总督，狂热鼓吹夺取中国黑龙江流域并将其作为进一步侵略中国的跳板。1852年，他在呈送尼古拉一世的奏折中放言，"英国对华战争的结果以及他们在中国沿海海军力量的扩大，不仅对我国的对华贸易，而且对我国在那些遥远地区的统治，都将带来无可挽回的损害，从而断送俄国在该地区的整个前途"。他主张把俄属美洲出让给美国，联美反英，以集中力量于亚洲，"即使不能占据整个东亚，至少也要统治整个东亚的海岸"。美国历史学家戈尔德就此评论道："1850年以后，俄国对于在远东进行扩张的态度有了明显变化……它的目标是向南扩展，而不是向东扩展，它从美洲撤退，并集中力量攫取黑龙江以南的领土和不冻港。"

1856年克里米亚战争的失败，使俄国与英国在近东的博弈中败下阵来，于是它力图通过扩大对华侵略来取得补偿。在中国因第二次鸦片战争和太平天国运动而处于内忧外患之际，俄国先后迫使中国签署《瑷珲条约》和《北京条约》，几乎兵不血刃地从中国夺得黑龙江以北、外兴安岭以南、乌苏里江以东100多万平方千米的领土。

1866年，当海参崴开始成为俄国在太平洋沿岸重要军事基地的时候，路途遥远、防御薄弱的阿拉斯加等俄国美洲属地实际上已变成一种累赘。12月12日，俄国外长哥尔恰科夫上奏亚历山大二世，建议将俄属美洲领地转让给美国，并强调"俄国应把政府的全部注意力集中于黑龙江流域的属地",因为它"构成了帝国整体的一部分,并且从各方面来看,都能比美洲属地的北方海岸提供更多资源"。沙皇同意了这一建议。俄美两国经过紧锣密鼓的谈判,最终于1867年3月30日签署了出售阿拉斯加的条约。

三份外交电报与"冷战"的起源*

冯玉军

在国际冷战史研究中,美国的凯南电报、英国的罗伯茨电报和苏联的诺维科夫电报被认为是很重要的三份文献。它们凝聚了美英与苏联之间的相互战略认知,提出了应对对方威胁的战略方针与规划,从而也成为冷战起源的重要标志。

三份电报中,凯南电报无疑最为著名。1946 年 2 月 22 日,时任美国驻苏联使馆临时代办的乔治·凯南为答复财政部有关为什么苏联不想加入世界银行和国际货币基金组织的询问,起草了一份 8000 字电报。在电报中,他通过分析俄罗斯的民族性、社会主义和资本主义的根本矛盾等深层问题来揭示苏联对外政策的逻辑,进而提出美国应放弃继续在国际事务上与苏联合作的天真幻想,通过媒体教育美国民众了解苏联真相,致力解决美国国内问题不让苏联有可趁之机,援助欧洲各国战后重建,遏制苏联的影响和势力扩张等主张。这份电报得到了美国总统杜鲁门的高度重视,责令政府有关部门及驻外使馆官员必须参阅。不久凯南奉召回国,升任国务院政策设计委员会主席,并在美国《外交季刊》上以"X 先生"名义发表《苏联行为的根源》一文,全面阐述了遏制思想,正式提出对苏遏制

---

* 本文原发表于《世界知识》,2020 年第 15 期。

政策。

凯南向国内发电之后，向英国时任驻苏使馆临时代办弗兰克·罗伯茨透露了相关内容，并授意他向英国外交部通报要点。英国外交部被凯南电报的分析所震惊，急于知道罗伯茨自己会得出怎样的结论。于是，罗伯茨向英国外交部发出了一系列电报，其中以3月14日、17日和18日的三份长电最为重要。在电报中，罗伯茨梳理了苏联外交和英苏关系的发展脉络，阐述了他对苏联外交政策意识形态根源的认识，进而提出了对苏联威胁的理解以及调整对苏政策的建议。他强调，苏联政权活力尚存，正在持续扩张之中，苏联长远目标威胁英国的切身利益。因此，"要像战时解决军事战略问题那样来处理英苏关系"，要有政策和战略的密切协同；要确保英联邦、英帝国和那些对英国命运生死攸关的西欧、中东国家保持政治、经济体制的健全，扫除社会紊乱的根源；"我们应成为一种富有活力的进步信念和生活方式的代表，至少与克里姆林宫的共产主义制度有着同样号召力"；在与苏联打交道时，应纠正以往单方面让步的做法，转而采取坚决态度，坚持互惠原则，务必取得回报；珍视与美国的特殊关系，培育与西欧之间的共同利益。在当时东西方关系趋向紧张的大背景下，罗伯茨电报的观点被融入英国外交部对苏政策思维，进而对工党政府的对苏政策调整起到显著的推动作用。当时的英国外交大臣贝文借助罗伯茨电报，最终说服首相艾德礼接受了对苏联的全面强硬政策。

凯南电报的内容很快就被苏联情报机关所获取。苏联外交部长莫洛托夫授意时任驻美大使尼古拉·诺维科夫也起草一份类似文件。1946年9月27日，诺维科夫电报发往莫斯科。它以列宁和斯大林有关帝国主义的论断作为理论基础，对美国的国内政治、对外政策、军事战略等作了详细分析，强调"美国外交政策反映了垄断资本主义的帝国主义倾向，其目标是建立世界霸权"，"美国是以苏联为假想敌来准备未来战争的。在美帝国主义的眼里，苏联是其走向世界霸权道路上的主要障碍"。诺维科夫电报的内在逻辑与斯大林的"资本主义总危机论""战争不可避免论"以及"两个平行市场论"一脉相承。

传统的冷战史研究认为，冷战的发生，归根结底是美苏两个超级大国意识形态对立和全球战略利益冲突的结果。这种大而化之的判断多了些"历史决定论"的宿命色彩，忽视了复杂细节和不同阶段的耦合性因素。实际上，冷战是由一连串小事件叠加起来而最终引爆的大危机。二战之后苏联与美英在伊朗、土耳其、波兰、捷克、中国、朝鲜等问题上的明争暗斗，共产党和工人党情报局的建立、柏林危机以及北大西洋公约的签署，都不断强化着双方的敌意。

莫洛托夫曾说："什么叫'冷战'？就是关系紧张。这一切都是他们造成的，或者由于我们的攻势。他们当然拼命反对我们，而我们就应当巩固取得的成果。"从他的表述里可以看到，冷战并非是对立双方刻意追求的结果，但双方对于个别事件的过度解读、对对方行动意气用事般的对等报复甚至升级冲突、官僚机制的封闭式内循环决策是诱发冷战的重要因素。就此而言，三份电报是冷战起源的标志性文件，同时也是冷战起源的重要环节。其重要性在于固化了相互的敌对认知，并进而指导了后续更加敌对的行动。而在当时，美苏英三国都缺乏审时度势的战略家，未能打破"冲突发生—对等报复—强化敌视—冲突升级—引发冷战"的闭环。其结果是，二战时的盟国最终不受控制地"滑向"了冷战。

一战后的欧洲何以混乱血腥*

冯玉军

第一次世界大战后的欧洲并未因"十四点计划"和"凡尔赛体系"而实现永久和平、抚平战争创伤。对于战败国来说,一战的结束反而是另一场巨大暴力灾难的开始。一战正式结束到1923年7月《洛桑条约》签署之间的"战后"欧洲,是地球上最为混乱的地区。内战交织着革命和反革命的厮杀以及新兴国家间的边界冲突,遍布从芬兰到高加索的暴力冲突导致近1000万人死亡、2000多万人受伤,人们被革命、大屠杀、种族清洗和不断升级的军事冲突彻底野蛮化了。自17世纪"三十年战争"后,欧洲还从未发生过这样一连串绵延而血腥的战争和内战。正是在这样的战争废墟上,纳粹主义等极端主义意识形态兴起,并由此导致了二战的爆发。

一战虽已过去百年,但其直接后果所引发的一系列问题至今仍困扰着世界。是什么原因导致了一战后欧洲的失序、战乱和血腥暴力的发生?都柏林大学罗伯特·格瓦特教授在其《战败者:两次世界大战间欧洲的革命与暴力(1917—1923年)》中,用丰富的史料和细密的论述揭开了那段不堪回首而又发人深省的历史。

一战后的欧洲冲突大致可分为三种类型:一是旧有或新兴国家

---

* 本文原发表于《世界知识》,2020年第17期。

之间爆发的战争，如苏波战争、希土战争等。这类冲突集中爆发于帝国统治分崩离析的地区，那些试图用武力来巩固和扩大领土的新兴单一民族国家在这里得到了表现的空间；二是在俄国、芬兰、匈牙利、爱尔兰和德国部分地区爆发的内战；三是政治暴力所引起的社会和民族革命。

一战导致哈布斯堡、罗曼诺夫、霍亨索伦以及奥斯曼·土耳其四大帝国解体，帝国崩溃和民族国家兴起导致了更多的冲突。在"民族自决权"理论刺激下，一大批新兴国家涌现出来，为了争夺土地、资源、人口而相互厮杀。可以说，帝国的解体在欧洲制造了新的"暴力边界"，"领土修正主义"让欧洲在之后的几十年中纷争不断。尽管想建立单一民族国家，但波兰、南斯拉夫、捷克斯洛伐克等国仍是些小型的多民族帝国，它们和哈布斯堡帝国时代相比，最大的不同仅仅是疆域缩小和民族层次结构翻转了而已。

列宁曾说，"战争引起革命"。的确，如果一战没有爆发，仅仅是国内的政治动荡或民众反抗，不太可能导致沙皇政权彻底崩溃。但战争引发的多重危机特别是食物危机加剧了社会紧张。俄国首都由于面包短缺而引发的抗议成为推翻沙皇统治的直接导火索。而军事失败不仅使得俄国军队建制消失、互相攻击、洗劫城镇、焚毁庄园，还促使它企图从内部推翻临时政府。布尔什维克领导的十月革命是自1789年以来革命运动第一次接管了一个国家，革命和随后席卷全国的内战，把相互作用的革命与反革命运动迅速传播开来。"需要更多恐怖"的逻辑使内战变得越来越残酷而漫长，以牙还牙的暴力无休无止，无论是白军还是红军都对自己的部队毫无约束。犹太人是内战受害者中特别突出的群体，但事实上，冲突影响的是所有人，不分男女老幼和社会团体，由此推动了一场为生存而战的原始斗争和不断循环永无休止的暴力复仇。

一战后的欧洲，对暴力的推崇、丧失人性的复仇意识以及堑壕战的经验把人们对暴力的认同推向极致，无论是在战场上还是社会中都形成了一种野蛮性。它犹如被从潘多拉盒子中释放出来的灾祸，引发了一系列相互关联、但逻辑和目的较一战都更加危险的冲突。与一战那样以迫使敌人接受和谈条件为目的的战争相比，战后欧洲的冲突要肆无忌惮得多。它们是你死我活、以全部消灭敌人为目的战争，无论这些是民族的还是阶级的敌人，集体屠杀的逻辑由此兴盛并随后在二战期间覆盖了中欧和东欧。在此过程中，各种政治派系的民兵为自己的利益承担起了国家军队的角色，他们所实施的杀戮使朋友和敌人、军人和平民的界限变成了可怕的模糊不清。这突破了宗教战争以来欧洲对战斗人员和非战斗人员进行区分、把敌人当作"正当的对手"以此对武装冲突进行约束的传统。这一时期冲突中死亡的平民人数往往超过士兵，绝非偶然。

战败引发了战败国深刻的社会政治危机，而对战败国的掠夺导致了新一轮的复仇主义。《凡尔赛和约》未能平息一战所引起的愤怒，一战的惨烈以及战后战胜国对于战败国敲骨吸髓般的掠夺导致没有任何一个战败国可以回到战前的国内稳定与国际和平的状态，而在"挽回"失地和人口的渴望驱使下，暴力修改条约也成为极端主义势力蛊惑民众、夺取政权的最好旗号。

在一战后的欧洲，清理"内部敌人"的逻辑大行其道。与停战相伴随的是四处蔓延的革命和政权的暴力更迭。只要权力出现真空，那些民兵就会按照对暴力复仇的想象去实行。而一个国家对其内部敌人的战后"清扫"，往往被视为其重生的一种必要前提，一种暴力复兴的形式，它可以证明战争中牺牲的意义，不管是战败还是革命。

俄罗斯在国际天然气市场面临多重挑战*

冯玉军

俄罗斯是世界上重要的天然气生产国、出口商和能源地缘政治玩家。也许很多人还记得，2006年和2009年，俄罗斯曾挥舞天然气"大棒"，让乌克兰和欧洲国家在冬日凛冽的寒风中瑟瑟发抖。当时，俄罗斯的能源地缘政治牌打得风生水起。然而，十几年过去，世界天然气市场发生了具有历史意义的结构性变化，俄罗斯在世界天然气市场的地位和影响面临多重挑战。

"页岩革命"是引发国际天然气市场变化的重要技术动因。借助这一技术进步，美国在短短十年之内就超越沙特阿拉伯和俄罗斯成为世界第一大石油和天然气生产国。而且，美国液化天然气（LNG）正在积极打入国际天然气市场，对既有市场格局形成了巨大冲击。与此同时，在2008年金融危机之后的一轮经济恢复与增长周期当中，许多生产商积极投资布局LNG生产，卡塔尔甚至退出OPEC而专注天然气产业发展。而新冠肺炎疫情等因素导致的经济收缩和全球变暖等长期性因素又使世界天然气消费增速低于预期，导致出现大量产能过剩。更为重要的是，国际天然气市场的定价模式也更加独立灵活。目前美国的天然气市场已发展成为高度竞争的天然气市

---

* 本文原发表于《世界知识》，2020第19期。

场，无论是当地的管道天然气还是进口 LNG，交易价格都与市场交易中心的价格指数挂钩。欧洲目前由天然气交易中心交易和定价的天然气数量占其天然气销售总量的 2/3。传统中"盯住油价、照付不议"的格罗宁根模式日益不受欢迎。

欧洲是俄罗斯天然气出口传统市场，但近年来俄罗斯在欧洲市场遇到的难题越来越多。一是竞争日趋激烈。除中东、北非等地传统竞争者外，美国 LNG 也加大了对欧洲市场的蚕食力度，对俄罗斯的管道天然气形成压力。近来，土耳其与希腊就东地中海天然气开发剑拔弩张，而以色列、埃及等国也在紧锣密鼓地加速勘探开发。如果东地中海天然气得以大规模开发并涌入欧洲市场，那将是对俄罗斯对欧天然气出口的致命一击；二是俄罗斯绕开乌克兰对欧出口的天然气管道布局遭遇强力阻击。美国的制裁导致即将竣工的"北溪－2 号"管道骑虎难下。近日，俄罗斯反对派领袖纳瓦尔内中毒事件又让德俄关系骤然紧张，一贯力挺"北溪－2 号"的德国也开始对这一项目的合理性和可靠性表示出强烈质疑，甚至不排除制裁乃至中止项目的可能性。与此同时，刚刚于年初正式运行的"土耳其流"管道也出师不利。随着土耳其加大从阿塞拜疆、伊朗、卡塔尔、尼日利亚甚至美国的进口，俄对土天然气出口量从 1 月份的 22.54 亿立方米骤降至 6 月的 200 万立方米，目前土耳其几乎完全停止了从俄购气；三是在市场竞争不断加剧的压力下，俄罗斯被迫逐渐放弃格罗宁根模式，开始对欧洲天然气买家打折销售。

国际天然气市场变化使俄罗斯天然气工业公司 2019 年净利润下降 17%，降至 170 亿美元。2020 年上半年，该公司管道天然气出口 911 亿立方米，同比下降 17.8%。出口收入为 113 亿美元，同比下降 51.2%。对欧洲出口天然气 789 亿立方米，同比下降 18.14%，出口额下降 49.88%。

在重重压力面前，俄罗斯试图多点突围，走出困局。一方面，积极布局LNG生产和出口。2009年投产的萨哈林-2号LNG项目设计年产能为960万吨，实际产能为1080万吨；亚马尔LNG项目年产能1650万吨。借助亚马尔项目满负荷运行，2019年俄罗斯LNG产量达到2950万吨，同比增长47.4%；LNG出口达2900万吨，同比增长76.2%，一跃成为全球第四大LNG出口国。2019年，俄向欧洲出口1507万吨LNG，2018年这一数量只有440万吨，这使俄LNG在欧洲进口市场的份额达到20%。另一方面，俄不得不放低身段与乌克兰达成妥协，试图以此换得美欧放松制裁。2019年12月30日，俄乌签署新的天然气过境运输合同。未来5年，俄将确保经过乌克兰2250亿立方米的天然气过境运输量。俄罗斯天然气工业公司还按照斯德哥尔摩仲裁法庭裁定，向乌油气支付包括滞纳金在内共29亿美元，双方撤回所有针对对方公司的仲裁要求和法律诉讼。更为重要的是，俄罗斯把对其而言生死攸关的天然气出口希望转向中国市场。继中俄东线天然气管道投入运营后，近来俄罗斯天然气工业公司与蒙古建立了一家合资企业，专门负责研究建设和运营通往中国的天然气管道的可行性，以便向中国供应天然气，这一举动颇有志在必得的意味。

当前，国际天然气市场正在经历结构性变化，卖方市场变成了买方市场、地区性市场向全球性市场过渡、LNG对管道天然气构成强有力竞争、天然气定价模式更趋自由灵活。在这一大背景下，中国对俄天然气合作需要从全球天然气市场的变化来加以看待，不能就中俄谈中俄。充分发挥中国能源体系的结构性权力，在对俄天然气合作中获得切实的经济与战略利益，是应该也可以做到的事情。

纳戈尔诺—卡拉巴赫："被冻结的冲突"为何再度溃疡*

冯玉军

2020年9月27日以来，阿塞拜疆和亚美尼亚两国围绕纳戈尔诺—卡拉巴赫争端再次兵戎相见、大打出手，后苏联空间这一"被冻结的冲突"再度大面积溃疡。自9月27日至10月8日，冲突已造成至少400人死亡，包括纳卡地区的350名军人和19名平民以及31名阿塞拜疆平民。尽管在俄罗斯的斡旋下，阿、亚两国于10日凌晨在莫斯科达成临时停火协议，但该协议并未得到严格的遵守。值得注意的是，在新的国际与地区环境影响与技术装备条件的影响下，这场地区冲突的烈度强、涉及范围广，可能造成的地缘政治与经济冲击波不可小觑。

纳卡冲突有着深刻的历史背景。在1750年的时候，这里就建立了臣服于波斯帝国的卡拉巴赫汗国。波斯帝国统治时期，当地的亚美尼亚人和阿塞拜疆人相对处于比较平等的地位。从18世纪开始，俄罗斯、波斯、奥斯曼土耳其三大帝国在高加索展开了激烈的争夺。在俄罗斯帝国将卡拉巴赫纳入自己的版图之后，倾向于扶持亚美尼亚人。尼古拉一世统治时期，俄罗斯从波斯和土耳其吸引了大量亚

---

* 本文原发表于《世界知识》，2020年第21期。

美尼亚人移居到卡拉巴赫。罗曼诺夫王朝末年，这个地区两个民族之间的冲突就非常严重，在1905年到1907年发生了大规模的民族驱逐和清洗。

十月革命后，斯大林决定把卡拉巴赫划归阿塞拜疆，试图用分而治之的办法，让亚美尼亚和阿塞拜疆始终处于相互抗衡的状态，以此强化中央对外高加索的控制。这种帝国治理的方式使当地犬牙交错的民族分布更加复杂，相互敌视的宗教信仰更难相容，代代相传的家恨国仇更加激化，阿塞拜疆与亚美尼亚之间的族际冲突长期难以弥合。在苏联70年的时间里，围绕着卡拉巴赫的归属和当地亚美尼亚人和阿塞拜疆人之间的利益分配，都发生了非常激烈的斗争。

苏联末期，随着中央对于地方管控的下降，当地的冲突又再度激化。苏联正式解体前，阿塞拜疆和亚美尼亚就宣布了独立。之后，阿塞拜疆取消了卡拉巴赫自治州的地位，由此引发纳卡地区宣布独立并得到了亚美尼亚的绝对支持。1992年，亚美尼亚军队就全面进攻阿塞拜疆，不仅占据了纳戈尔诺—卡拉巴赫，同时也占据了其周边属于阿塞拜疆的七个区。从1988年冲突开始到1994年签署"全面停火协议"，持续六年的纳卡冲突导致3万多人死亡，近100万人沦为难民。

可以说，纳卡冲突是帝国争夺、帝国统治和帝国解体的后遗症。其复杂历史形成的"连环套"确实是"剪不断、断还乱"。

纳卡冲突涉及的现实利益纠葛十分复杂。

地区格局方面，苏联解体近30年来，阿塞拜疆和亚美尼亚的国力对比已经发生了显著的变化。如果说在苏联时期，双方国力不相上下、甚至亚美尼亚在军事上保持对阿塞拜疆的相对优势的话，而现在阿塞拜疆拥有了对亚美尼亚的显明优势。因此，阿塞拜疆目前"一洗前耻"的意愿十分强烈。

地缘政治方面，纳卡位于高加索地区中心地带，可以说是连接里海、黑海、地中海三海的重要战略枢纽，始终是兵家必争之地。在苏联解体之后，其战略意义进一步凸显，引来了诸多大国和地区强国的关注与角逐，使本已复杂的地区安全环境进一步紧张。近年来，俄罗斯、土耳其、伊朗等国在大中东地区的合纵连横、勾心斗角愈演愈烈。此次纳卡冲突升级的重要原因就是土耳其力挺阿塞拜疆"收复失地"。在国际社会多方呼吁阿土双方停火之际，土耳其还在力促阿塞拜疆不要收手、继续强化军事行动。结合土耳其和俄罗斯近年来在叙利亚、利比亚以及东地中海等问题上的多重复合博弈，似乎可以隐约看到，历史上延续了几百年的俄罗斯帝国与奥斯曼土耳其帝国的较量正在以新的方式回归，类似19世纪中叶至20世纪初的"大博弈"似乎又在里海—黑海—地中海三海交界之地上演。可以肯定，未来一个时期，俄土双方甚至地区各大力量之间的缠斗不会平息。

能源地缘政治方面，里海能源开发与外运在苏联解体之后曾是国际能源地缘政治角逐的一个重要"角力场"。而今，随着东地中海天然气开发提上议事日程，参与里海—黑海—东地中海能源开发与外运的斗争就更加激烈。而其中的主角——俄罗斯和土耳其都在积极地构筑自己的盟友体系并充分利用于己有利的地区矛盾：俄罗斯和土耳其在叙利亚既合作又斗争；在叙利亚扶持各自的代理人；土耳其力挺阿塞拜疆，打压亚美尼亚；俄罗斯则支持希腊和塞浦路斯抗衡土耳其。

总之，纳卡冲突有着深刻的历史根源和复杂的现实利益纠葛，在阿土两国国力对比失衡、俄土双方地缘政治角逐多点开花的大背景下，纳卡冲突得以顺利和平解决的希望渺茫，不排除冲突再起甚至进一步升级的可能。

俄罗斯在"后苏联空间"处境尴尬*

冯玉军

在很多人的印象中，苏联解体虽然使俄罗斯丧失了超级大国地位，但它仍是"后苏联空间"的霸主，对原苏联国家的政治生活和地区安全走向拥有决定性的影响。但实际上，在苏联解体近30年后，波罗的海国家已"加盟""入约"，格鲁吉亚、乌克兰与俄罗斯已反目成仇，阿塞拜疆同土耳其的关系更加牢靠，中亚国家也正积极推行"多元化外交"。

近来，白俄罗斯危机、纳卡战火重燃以及吉尔吉斯内乱更让俄罗斯左右为难、进退失据，凸显出其在"后苏联空间"的尴尬处境。

尴尬之一是俄罗斯对"原苏联国家"国内政治进程难以置喙的无力感。尽管在此次白俄罗斯危机中俄最终选择了支持卢卡申科，但俄罗斯希望看到的是卢卡申科淡出政坛，以使其能在白俄罗斯建立一种"权力和影响力在亲俄团体和个人之间进行分配或重新分配"的政治体制。然而，卢卡申科竭尽所能迫使俄罗斯放弃白俄罗斯权力更替的想法，并证明自己不可替代。更为重要的是，俄罗斯在白俄罗斯缺乏全方位的社会政治影响。尽管俄军方和情报部门与白俄罗斯同行保持密切关系，但俄罗斯并未积极广泛地做白俄罗斯精英

---

* 本文原发表于《世界知识》，2020年第23期。

的工作，联系范围仅局限于卢卡申科及其身边的人。俄罗斯与白俄罗斯反对派、活跃的年轻人以及整个白俄罗斯社会缺乏合作。尽管俄罗斯已意识到做好这项细致工作的极端重要性，但俄官方支持的政治技术专家和非政府组织作用有限，情报部门的介入则可能会使所有努力功亏一篑。更为重要的是，在持续近三个月的抗议浪潮中，白俄罗斯人的坚韧和毅力令人印象深刻，真正的白俄罗斯国家意识正在形成，而这将成为未来俄罗斯在"后苏联空间"遇到的最大挑战。

尴尬之二是在处理复杂地缘政治关系中的纠结感。俄罗斯在新一轮纳卡冲突中面临的局势是战略伙伴阿塞拜疆攻击自己的盟国亚美尼亚。亚美尼亚是俄罗斯在南高加索地区重要的战略支柱，与俄罗斯有着密切的传统和现实联系。而俄罗斯与阿塞拜疆关系复杂，既是战略伙伴也是竞争对手。在纳卡冲突中，俄罗斯如力挺亚美尼亚，则可能让阿塞拜疆渐行渐远，甚至最终成为新的敌人；但如果不对亚美尼亚全力支持，则会引发盟友的不满并导致俄主导的安全与经济联盟的整体性松动。在多重压力之下，俄最终不得不选择了平衡立场：为尽快结束流血冲突做出努力，但避免直接军事介入。

尴尬之三是作为盟主在承担义务和获取收益之间的落差感。普京执政以来，着力推进"后苏联空间"的重新一体化，集体安全条约组织和欧亚经济联盟是其最重要的两根支柱。然而，"盟主"不仅意味着权利，也意味着责任。因此，多年来俄一直以提供能源补贴、安全保障等形式换取一体化成员国的"忠诚"。但实际上，集安组织和欧亚经济联盟任何成员国的全方位外交政策都不可避免地使其与俄罗斯的盟国关系受到侵蚀。而在自身实力不济和地缘政治议程日益复杂的背景下，俄罗斯对由其主导的同盟体系的价值也产生了质疑。莫斯科卡内基中心主任特列宁近来批评"亚美尼亚精英认为俄的保护是无条件的，亚则对此不负担任何义务"，直言"俄没有愿与其并肩作战和共生死的盟友",强调"盟国关系应基于自愿和对等原则"。在经济领域,特列宁也认为"俄罗斯的经济一体化伙伴创造不出一个大市场,也不是宝贵资源的来源。与他们的合作是有益的,但不应像帝国时期,尤其是苏联时期那样出资资助,而应是互惠互利的"。他强调"莫斯科需要学会利用现有的条件,并在尊重盟友和合作伙伴主权的同时,要求对等及遵守某些规则,作为俄罗斯提供保护、支持和援助的回报"。

尴尬之四是地区中等强国强势介入"后苏联空间"的危机感。曾经何时,俄罗斯把美国、欧盟甚至中国与原苏联国家发展关系视为对其在后苏联空间主导地位的致命威胁,但纳卡地区战火重燃却表明,土耳其这样与俄罗斯有着复杂历史纠葛和现实利益冲突的国家才是其难缠的巨大挑战。尽管俄土两国的整体国力对比是俄强土弱,但土耳其对俄而言也具有不少"非对称优势",历史上曾持续300年的俄土争斗正在以新的面貌重现:在民族宗教问题上,土耳其历来对鞑靼斯坦和克里米亚鞑靼人有着强烈影响。现实上,土耳其倡导的"突厥语国家联盟"在南高加索和中亚有不少拥趸;在地缘政治问题上,正是在土耳其的全面支持下,阿塞拜疆才有决心迫使亚美尼亚接受阿方的和平条件。由于这场战争,土耳其在南高加索地区的存在和对巴库的影响已具有全新的性质;在能源安全问题上,由于供应结构的变化特别是东地中海和黑海巨型天然气田的发现,土耳其今年已基本停止从俄进口天然气,未来不仅有可能实现"能源独立",甚至有可能对俄向欧洲的天然气出口形成挑战。也正是由于对俄土冲突升级的担忧,俄罗斯才没有选择在纳卡问题上与土耳其公开对立,反而是以柔软身段邀请土加入调解纳卡冲突的欧安组织"明斯克小组"。

未来,俄罗斯在"后苏联空间"面临的窘境,不仅将对其欧亚一体化政策产生诸多掣肘,也将影响到其整体对外政策。

低油价时代的能源安全新思路*

冯玉军

受新冠肺炎疫情全球蔓延和"OPEC+"（石油输出国组织欧佩克以及俄罗斯等非欧佩克产油国）减产谈判破裂等因素影响，近期国际油价大幅跳水。未来，或将进入一个较长时期的低油价时代。

作为世界最大的油气进口国，中国长期以来始终对能源安全高度关注，担心被切断"能源命脉"，同时却忽视了自己所拥有的能源全产业链优势，一度在国际能源体系中处于被动地位。低油价时代，中国应该转换思路，以更主动有为的姿态，充分发挥在国际能源体系中的"结构性权力"，有所为、有所不为，切实维护国家能源安全、能源企业良性运转以及能源消费者切身权益。

中国多年来在能源安全问题上患有"能源饥渴症"和"能源焦虑症"，集中表现在四个方面：担心掐断供应；害怕切断运输；恐惧价格高企；考虑战争风险。"能源焦虑症"的一个突出表现就是困扰国人多年的"马六甲困局"。其核心假设是中国80%的石油进口经过马六甲海峡，一旦爆发战争，将给中国的能源安全构成致命威胁。因此，中国需要大力开拓陆上油气运输通道，以保障能源安全。

乍看起来这一论断头头是道，但实际上有两个问题值得深入推

---

* 本文原发表于《中国科学报》，2020年4月1日。

敲：一是将战争作为日常经济社会决策的前提假设是否合理？二是为了保障"能源安全"是否值得只重视供应而忽略成本？我们需要反思，"马六甲困局"是不是一个被人为夸大了的威胁？我们是把日常经济社会决策的前提放在一般的经济规律和市场运作上，还是放在以战争作为起点的假设上？

自20世纪60年代石油危机结束特别是冷战后全球化深入推进以来，石油和天然气已经成为国际市场上流动性最强、市场化水平和金融化程度极高的大宗商品，其商品属性已远远超过其战略属性。以往我们过于强调中国油气依赖进口的"短板"，但实际上，国际能源产业链是由资源、资金、技术、市场四个因素组成的，中国在这四个方面都有足够的优势。

随着国际油气市场由"卖方市场"向"买方市场"转变，中国庞大的能源消费市场正在成为我们手中所掌握的重要"结构性权力"，可以成为对外能源合作至关重要的议价工具和保障能源安全的重要手段。而在实践中，我们还没有充分认识到这种"结构性权力"的重大战略价值，还没有形成以这种"结构性权力"维护自身能源安全和打造中国在国际能源战略格局中影响力、塑造力的总体思路和可操作性工具。如何发挥这种结构性权力，是学术研究、政策制定和公司运营都应该着力加强的地方。

着眼世界油气市场和国际能源地缘政治变化，中国应该充分认识到自身所拥有的能源"结构性权力"，化"软肋"为优势，多策并举，更好地维护能源安全。

短期内，考虑到新冠肺炎疫情的影响，很多既有的中外油气合约的履行中，外国供应商可能向中国企业追究违约责任，中国相关企业可以疫情"非可抗力"理由争取与对方达成和解，避免违约赔偿；中国应充分发挥国家石油战略储备和商业储备设施效能，争取做到足额储备；国家相关政策主管部门也可考虑适当增加国内外成品油价格联动机制的强度与弹性，让国内成品油价格与国际油价进一步接轨。

中期内，首先要加大国家石油天然气战略储备以及商业储备基础设施建设力度，增强我国影响国际油气市场变化的能力，并更好地解决调峰问题；其次要积极引导中外油气合作规则向于我有利的方向转变。随着国际油气从"卖方市场"向"买方市场"转变，能源消费国的话语权迅速上升，而油气出口国则话语权下降。中国可以充分参考国际经验，修改油气长约贸易合同中照付不议等不合理条款，最大限度维护我方利益。同时可进一步加大油气进口多元化力度，调动能源供应商向我提供更优惠价格和其他条件。

长期看，宜进一步推动国内油气行业市场化改革，全面、充分地融入全球能源治理体系，稳步提升话语权与影响力。考虑到世界已经进入经济低增长、石油消费低增长和长期供大于求的局面，我国宜对未来中长期能源发展战略以及全球产业链、价值链调整进行深入思考，做到合理布局。同时还要考虑到，随着低油价时代的到来，很多大型油气开发项目面临经济风险的上升。有鉴于此，可适当放缓国内大型油气田开发，"但留分寸地，留于后人耕"。而对于国外伙伴的油气开发、特别是高风险的深水与极地项目，也要慎之又慎。

世界石油市场迎来"至暗时刻"*

冯玉军

2020年4月20日,即将到期的5月美国轻质原油期货价格暴跌约300%,收于每桶-37.63美元。这是自1983年纽约商品交易所开设石油期货交易以来首现负数交易,也是世界石油工业史上从未有过的现象。

油价暴跌是世界石油市场史无前例供给过剩的结果。今年以来,受新冠肺炎疫情全球扩散的影响,消费需求大减导致石油库存量激增。3月初"OPEC+"机制减产谈判破裂引发价格战的余波未平,而刚刚达成的减产行动要在5月1日才正式开启。加之市场认为减产协议对平衡原油市场力度不够,因此投资者纷纷抛售,没人愿意交割。供需严重失衡、悲观心理预期等多种因素叠加,导致油价历史性暴跌。更为严峻的是,考虑到全球原油需求的复苏将是一个缓慢过程,5月份之后减产协议规定的全球供应削减并不能迅速改变油价运行方向,预计油价将较长时间维持底部宽幅震荡局面。

毫无疑问,油价较长时期低位运行将成为世界石油市场的"至暗时刻",并带来诸多后果:负油价意味着将油运送到炼油厂或存储的成本已超过石油本身价值,众多中小石油企业恐将面临破产风险;

---

* 本文原发表于《中国科学报》,2020年4月22日。

大型能源跨国公司的压力陡增,许多大型投资项目可能被迫做出调整,公司发展战略也必须相应做出调整;一系列产油国财政压力加大,再度面临限产保价还是争夺市场份额的两难选择,刚达成的限产协议再度面临冲击;过度依赖石油出口的国家财政状况恶化,加之疫情导致经济休克,不排除出现社会政治动荡风险;能源地缘政治格局面临重组,产油国与消费国之间的既有权力结构加速变化,传统定价模式与交易方式可能生变;国际石油市场动荡对生产、消费、运输、投资等各方都带来不同程度风险,建立能够平衡各方利益、维系市场平稳运行的全球能源治理体系的需求更加迫切。

中国既是世界最大石油进口国,也是石油及其制品重要生产国,低油价对中国能源安全、能源企业以及消费者造成的影响是复杂的、甚至矛盾的。如何着眼世界能源体系变革,制定兼顾国家、企业和消费者之间利益平衡的能源政策,已成为迫在眉睫的任务。

俄罗斯：在内外交困中谋求破局*

冯玉军

2020年，新冠肺炎疫情等多重不利因素给俄罗斯带来重大冲击，经济社会形势进一步恶化、对西方关系仍然黑云压城。在重重压力面前，普京通过以政府改组、宪法改革、重组国务委员会等手段巩固权力体系、应对政治风险。

一、经济社会形势恶化

新冠肺炎疫情给俄罗斯带来重创。截至2020年12月24日，俄罗斯新冠肺炎确诊患者为293.3753万人（仅少于美国、印度和巴西），死亡52461人。防疫隔离、需求下降、油价下跌等因素严重制约了俄经济发展。

2020年10月，俄国内生产总值（GDP）已倒退到2008年第2－3季度水平，居民生活水平退回到十年前的水平。俄经济发展部预测2020年GDP将下降3.9%，俄央行预测下降4.3%－4.5%，俄审计署则预测下降4.5%－4.8%，普京总统12月17日称将下降

---

* https://www.thepaper.cn/newsDetail_forward_10789261.

3.6%，其他国际机构和专家的预测值也基本在这一区间之内。

除农业保持增长外，其他主要宏观经济指标也都呈下降态势：工业产值将下降4.1%（其中采掘业降幅达11.5%）；投资、出口、消费将分别下降6.6%、22.5%和4.2%；财政收支从前几年的盈余转为赤字，2020年的全年赤字预计相当于GDP的4.4%，2021—2023年预计将分别达2.4%、1%和1.1%；居民实际可支配收入下降3%，失业率达到5.7%（为2012年以来最高），贫困率达到13.3%，贫困人口超过2000万人。原定2024年实现贫困人口减半（从2017年的12.9%减至2024年的6.6%）的目标被迫推迟到2030年实现；通胀率同比增长3.8%，全年将突破央行4%控制指标，达到4.7%；资本外流加剧，2020年前9个月私人资本净流出335亿美元，同比增长65.9%。新增外国直接投资仅47亿美元，同比减少195亿美元。

2000年以来，俄经济平均增速低于原苏联11个共和国。2008年金融危机以来，俄经济增速始终低于世界经济平均增速且未来5年难见改观，这意味着俄在世界经济体系中的地位将进一步下滑。2018年复任总统后，普京曾以"五月指令"确定了俄在社会、经济、教育和科学等领域的2024年前国家发展目标和战略任务。但受经济衰退制约，普京在2020年7月21日不得不签署新总统令，将部分国家发展目标的落实期限推迟到2030年。

可以说，疫情放大了长达10年的经济停滞和衰退的负面影响。而持续恶化的经济社会形势等因素又导致了民众不满情绪上升。民调显示，50%的人感受到贫困，71%的人认为社会不公，88%的人认为最大威胁来自国内。76%、61%和57%的人视贫富悬殊、官民矛盾和劳资矛盾为主要社会问题。

普京执政20年来，俄罗斯的政治体系实际上依靠当局与民众的某种社会契约得以运行。莫斯科卡内基中心专家科列斯尼科夫强调，在这种社会契约下,"普通民众不参与国家事务,以换取精英们为他们提供基本的人身和社会安全保障、民族自豪感,以及保证不对自己的事务进行过多干涉。在经济增长的时候,这种做法很有效,大多数人专注于自己的日常需求,普遍满足于国家提供的基本服务。如今,在经济停滞和人们期望值不断提高的环境下,这种国家提供的支持正在落空。"

可以看到,在社会不平等现象日益严重的背景下,俄罗斯民众的挫折感和不满情绪不断增加。尽管有防疫隔离要求,但2020年俄民众的抗议示威活动仍此起彼伏,社会风险保持高位。

二、外交环境更趋复杂

2020年,俄罗斯与西方关系冰封依旧。

俄美关系方面,美国出台对俄罗斯多轮新的制裁措施,涉及面广、打击力度大,特别是对"北溪-2"天然气管道项目的制裁迫使接近竣工的工程一度戛然而止,俄绕过乌克兰实现对欧直接输气的战略设想面临挑战;美国关闭除驻莫斯科大使馆之外的所有在俄领馆,两国地方、人文交流几近隔绝;拜登在美国总统大选期间,直指"俄罗斯是美国最大的敌人"。对拜登上台后的俄美关系走势,俄国内基本上是一片哀鸿,都不看好;临近2020年年底,美国重要官方机构、战略性基础设施甚至核武库遭受大规模网袭,美国安全机构称"明显是俄罗斯所为"。如果这一判断得以证实,美国将对俄罗斯施加更严厉制裁甚至进行报复性网络攻击,美俄关系将进一步雪上加霜;更为重要的是,俄罗斯目前在世界经济、全球治理领域的地位全面下降,除在战略稳定领域外,美俄之间缺乏其他可以合作甚至竞争的领域,这成为俄罗斯维系大国地位的一个重大现实难题。

俄欧关系方面，尽管欧盟对俄政策与美国并不完全一致，但毫无疑问，欧俄双方在欧洲安全、价值观和对原苏联地区国家政策方面存在重大分歧，而欧美却仍是安全与价值观共同体。2020年，由于俄反对派领袖纳瓦尔内中毒事件，德俄关系急转直下，德国对俄态度迅速转冷。而俄罗斯外长拉夫罗夫也前所未有地批评德国成了欧洲反俄政策的"急先锋"；12月17日，欧盟正式实施此前欧盟峰会做出的延长对俄经济制裁6个月至2021年7月31日的决定。在对欧关系好转无望的背景下，拉夫罗夫哀叹"俄欧关系处境复杂"，并表示"俄现在考虑的不是如何同欧盟各机构打交道，而是想弄明白，是否还值得与欧盟合作"。

值得关注的是，在拜登赢得美国总统大选之际，欧美双方正式试图重塑因特朗普执政而受损的跨大西洋同盟关系，以更加协调的立场应对俄罗斯带来的挑战。2020年12月10日至11日的欧盟峰会讨论了欧洲理事会提交的文件，希望与美国新政府结成新的联盟，在贸易政策、抗击新冠、气候保护、多边主义和维护和平等五个优先事项加强合作，建议与美国在应对俄罗斯等问题上采取共同路线。

北约在2020年12月1日发布"北约2030"改革报告，称未来十年俄罗斯仍将是北约的主要对手，必须更认真地思考如何应对。不可忽视的是，尽管北约内部近年来就防务开支分担等问题存在分歧，但自2014年6月时任美国总统奥巴马在访问波兰期间宣布"欧洲再保证倡议（ERI）"后，美国及其北约盟国就提出了以应对俄罗斯对欧洲安全挑战作为中心任务的欧洲威慑倡议（EDI），其关键目标为：增加美国在东欧的军事存在及其能力，资助与盟国和伙伴的新增演习，改进提升预置的装备，加强美军机场、基地和训练场的基础设施建设，提升广泛构建合作伙伴的能力。该倡议提出以来，持续得到美国国防预算的高额经费支持，表明美国及其北约盟友对俄罗斯的战略性政策并未实质性分化。

冷酷的现实使俄罗斯战略家们逐渐认识到，"美国与欧盟的政策分歧不会消失，其对俄立场一致性将大幅上升。短期内，欧盟将对俄发起更多制裁，进一步减少对俄技术转让，作为俄欧关系历史支柱的能源联系也将因此遭受重创"。

在俄罗斯与西方关系依然惨淡之际，2020年的白俄罗斯危机、纳卡战火以及吉尔吉斯内乱也让俄罗斯左右为难、进退失据，凸显出其在"后苏联空间"的尴尬处境。一是俄罗斯对"原苏联国家"国内政治进程难以置喙的无力感，俄罗斯在原苏联国家越来越缺乏全方位的社会政治影响；二是在处理复杂地缘政治关系中的纠结感，这在阿塞拜疆与亚美尼亚的纳卡军事冲突中表现得尤为明显；三是作为盟主在承担义务和获取收益之间的落差感，俄罗斯抱怨在向盟友提供多方位支持的同时并未获得应有的忠诚；四是地区中等强国强势介入"后苏联空间"的危机感，土耳其在南高加索事务、土俄能源关系甚至俄罗斯内政问题上对俄形成了多重挑战。

在与西方关系难有起色之际，近年来俄罗斯继续强化东方外交，特别是加强与中国的关系。2020年，中俄政治交往不仅未因疫情受阻，反而更加热络；双方在应对疫情方面开展了多层次合作，与美中两国围绕疫情的争斗形成了强烈反差；尽管受到疫情及油价下跌等因素冲击，2020年年中俄经贸额仍有望保持1000亿美元以上高位；双方在联合国、上合组织、金砖机制等全球及地区多边机制中的合作也持续推进。可以说，对华关系已成为俄罗斯外交全局中最坚实的支柱，是漫天阴霾中的难得亮色。2021年年初，中国外长王毅所做"中俄战略合作没有止境、没有禁区、没有上限"的表述更体现了对于俄罗斯的支持。

但同时要看到，俄罗斯战略界对华态度高度复杂。一部分人对俄罗斯对华依赖的日益上升感到担忧，明确表示不希望形成中美两极格局；另一部分人有意以"大欧亚伙伴关系"为基本架构营造一个非西方甚至反西方的阵营，但后冷战时代国际关系的复杂性已经让这种思维无法立足。莫斯科卡内基中心主任特列宁因此慨叹，"若受中国领导人欢迎的拜登政府决定降低对华敌意，务实的中国人或再度暗中遵守美对俄发起的制裁，以维护其在美依然可观的利益。加之俄日历史性和解进程陷入僵局，俄战略伙伴印度因与中国对抗而日益接近美国，海湾国家仍高度依赖美国的军事支持，俄正面临自与西方对抗以来最为不利的地缘政治环境。"

三、以权力布局控制政治风险

面对日益复杂的内外环境，普京试图通过调整政治体制、进一步夯实权力基础等方式延续执政周期、巩固威权政治，应对政治风险。

2020年1月15日，普京在发表国情咨文时提出了一系列宪法改革提议，包括400多项内容。7月1日，俄罗斯宪法修正案经全民投票得以通过，其核心是在取消了对总统任期限制的同时，也一定程度上削弱了总统的权力，加大了国会及法院的职权。这一方面为普京在2024年之后继续执政铺平了道路，另一方面又弱化了"超级总统制"，使普京之后的俄罗斯总统不可能大权独揽，从而实现各权力机构之间的相对平衡。

2020年1月15日，在发表国情咨文后几个小时，普京总统出人意料地解散了梅德韦杰夫政府，并提名联邦税务局局长米哈伊尔·米舒斯京为新一届政府总理。此次政府改组的核心目的：一是要借此弱化民众因经济发展停滞、民生日益艰难对当局产生的不满；二是要进一步减少政府的政治影响，强化其技术官僚属性。随着2024年权力周期的临近，由"强总统"逐渐向以技术型官员为主体的权力平衡模式转变可能将成为俄罗斯权力架构调整的思路。

2020年10月14日，俄罗斯总统普京向国家杜马提交了关于国务委员会的法案。11月2日，俄罗斯联邦委员会（议会上院）通过了《俄罗斯联邦国务委员会法》。该法案明确规定，俄罗斯联邦国务委员会为国家常设机构，由总统直接领导。国务委员会将参与制定俄内政外交政策，讨论政府预算草案及人事政策，并可以决议形式要求修改立法，但无权提出立法提案。根据普京的初衷，该委员会将始终发挥咨询机构的职能，未来对议会上下两院的工作提供更加实际帮助，但不能取而代之。

2020年11月17日，俄国家杜马一读通过了有关赋予卸任总统及其家人司法豁免权的法律草案。俄罗斯联邦委员会宪法立法和国家建设委员会主席克利沙斯表示，草案规定俄前任总统将获得任期外的豁免权。俄罗斯专家认为，这表明"当局正在认真准备应对各种情况：普京突然生病，丧失工作能力；普京的人气急剧下降；普京在很长一段时间内保留总统身份等。这项立法的通过，并不意味着普京会很快离开。相反，这只是为他的总统任期可能延长到2036年增加了一个安全网"。

俄罗斯专家认为，俄罗斯当局上述政治操作的根源在于，"克里姆林宫必须为维护普京的继续统治做好准备。但与此同时，它还应能够处理对普京长期统治的不满，以及可能是出人意料的激烈和广泛的抗议。"

纳卡冲突，背后隐藏着怎样的大国博弈？*

马 斌

2020年9月27日，高加索"宿敌"亚美尼亚与阿塞拜疆围绕纳卡地区再次爆发武装冲突。两国在战场上兵戎相见，在国际社会纵横捭阖，也使外高加索地区再次被置于大国博弈的焦点。

高加索地处亚欧大陆交通要道，历史上既是亚洲力量与欧洲力量对撞的战场，又是亚洲文明与欧洲文明交流的桥梁，古丝绸之路曾途经于此。近代以来，沙俄帝国与奥斯曼土耳其帝国在高加索地区多年鏖战，并将其政治、经济、社会和文化因子广泛播撒，重构了高加索地区的文明图景。这一历史联系的当代投射，就是俄罗斯与土耳其在亚美尼亚和阿塞拜疆分别具有超乎寻常的影响力。因此，在本次亚阿冲突爆发后，国际社会自然而然地将目光投向俄罗斯与土耳其，试图透过莫斯科和安卡拉的视角来把握冲突演化脉络。

俄罗斯作为地区影响力最大的国家，它对纳卡武装冲突升级所带来的潜在风险极为警惕，防止冲突失控是俄罗斯的迫切目标。当前，俄罗斯主要通过两条路径介入亚阿冲突。路径一是藉由欧安组织"明斯克小组"这一处理纳卡问题的国际途径，与法国、美国代表发布共同声明，谴责冲突，要求停火。路径二是借助俄罗斯与亚

---

* 本文原发表于《百万庄通讯社》，2020年10月13日。

美尼亚的传统关系，调控纳卡冲突节奏。俄罗斯是亚美尼亚的传统盟友，而且在亚美尼亚设有大型军事基地。在前段时间武装冲突不断升级的过程中，亚美尼亚已经在讨论援引集体安全条约要求俄罗斯介入的可能性。此前有传言称俄罗斯向亚美尼亚派遣了军事人员，但俄罗斯对此予以否认。当然，缓解或消除武装冲突并非俄罗斯在外高加索地区的唯一战略诉求。特别是在外高加索地区进一步分化、格鲁吉亚转向欧盟、阿塞拜疆强化与土耳其联系、亚美尼亚追求多元平衡外交的背景下，综合利用政治、经济、外交、军事、社会等政策重新塑造有利的地区格局对俄罗斯具有更大吸引力。

土耳其与阿塞拜疆具有深厚的历史和文化联系，与亚美尼亚则因大屠杀和种族清洗等历史问题尚未建立外交关系。因此，土耳其一直是阿塞拜疆的坚定支持者。它不仅长期向阿塞拜疆提供武器设备、军事培训等，而且今年夏天刚与阿塞拜疆在后者境内举行了大规模联合军演。虽然土耳其否认派遣在叙利亚的武装力量和 F-16 战斗机支援阿塞拜疆部队对亚美尼亚作战，但它已多次表示，如果阿塞拜疆提出要求，土耳其将向阿塞拜疆提供支援；同时还公开表态，称无论在战场上还是谈判桌上都支持阿塞拜疆的立场。此外，土耳其在支持阿塞拜疆的同时也不断指责俄罗斯，将亚阿冲突视为克里米亚和乌克兰东部冲突的"续集"，这不免引人联想起土耳其与俄罗斯近两年在东地中海冲突、叙利亚战争等事务上的对立立场，大国竞争的意味十足。

俄罗斯与土耳其应对亚阿冲突时表现出不同的风格，与两国目前采取的国际策略有一定关联。俄罗斯在与美国、欧盟等进行长达10年左右的激烈交锋后，最近两年的国际战略呈整体收缩态势，即除个别热点外尽量减少或降低与西方大国和其他地区大国的冲突，为国内政治调整、经济复苏提供稳定的外部环境。相反，土耳其埃尔多安政府近年来在国内和国际事务中立场鲜明，积极参与周边和国际事务，重塑大国地位。这也是土耳其此次高调支持阿塞拜疆的现实基础。俄土两国当前的战略风格还将继续影响它们对亚美尼亚和阿塞拜疆的政策，进而影响本轮纳卡冲突的进程。

随着国际社会的调停与施压，亚美尼亚、阿塞拜疆与俄罗斯三国外长2020年10月10日在莫斯科发布声明，宣布达成停火协议，为纳卡地区本轮武装冲突的降级甚至中止带来一线曙光。但是，亚阿两国的后续冲突意味着冲突双方及主要国际支持者之间尚未拿出令各方相对满意的方案。两国冲突背后的大国博弈仍将在战场、谈判桌和国际舆论场等多条战线继续展开，外高加索地区稳定依旧面临严峻挑战。这将从根本上影响外高加索地区参与再全球化过程以解决转型与发展问题的道路。

如果提到外高加索地区的发展问题，那么，"一带一路"作为影响力日益扩大的发展倡议将因此受到何种影响就成为需要考虑的重要方面。外高加索地区是中国与沿线国家共建"一带一路"的重要板块。虽然俄罗斯、土耳其、亚美尼亚、阿塞拜疆等都是"一带一路"的积极参与者或至少是公开支持者，但纳卡冲突爆发与持续必然增加该地区相关项目的不确定性，甚至使部分企业因此遭受经济损失。特别是在新冠疫情已对相关国家的经济社会产生重大影响的背景下，地缘政治、地区冲突等因素的突然加入将进一步改变"一带一路"在外高加索地区所面临的环境，成为考验"一带一路"韧性与生命力的重要场合。

总之，亚美尼亚与阿塞拜疆在纳卡地区爆发的冲突诚然源自历史积怨，但背后的大国博弈会使冲突解决进程复杂化。对中国而言，防范全球治理转型、新冠肺炎疫情蔓延等背景下突发的地缘政治或地区冲突等因素对"一带一路"建设形成干扰，就成为一项紧迫任务。

推动中欧班列高质量发展的四条路径*

马　斌

作为共建"一带一路"的典型项目，中欧班列 2019 年开行 8225 列，是首年（2011 年）开行总量的 843 倍多。中欧班列的开行和运营不仅为我国部分地区经济发展提供了一定支撑，也为地方参与"一带一路"建设提供了便利抓手。然而，伴随着中欧班列的高速增长，也出现了低价竞争、空箱往返、同业相争等一系列问题。

当前，"一带一路"建设已经从大写意转入工笔画阶段，高质量发展成为最基本和最重要要求。为此，中欧班列需在提升开行效率、加强运营规范、打造线路口碑等方面实现重大突破，推动发展模式由政府主导型向市场主导型转变。

2020 年是中欧班列发展进入"后补贴时代"的分界点。所谓"后补贴时代"的现实政策含义就是中欧班列运营需在政府支持和市场竞争之间实现有机均衡；换言之，就是平衡国家、地方和企业对中欧班列的定位，最大程度地发挥中欧班列的综合积极效应。这在短期内将对中欧班列形成严峻挑战。

可以预见的是，一旦地方补贴能够下调，中欧班列市场格局会很快发生重大改变：一些不具备经济可行性的线路将被淘汰，线路

---

* 本文原发表于《丝路瞭望》，2020 年第 1 期。

合并重组将成为特定时段的主题，依托集散中心和地理枢纽的区域性线路将成为未来中欧班列主干线。因此，探索和确立适应新环境和新要求的路径，就成为推动和实现中欧班列高质量发展的当务之急。

一、明确中欧班列角色定位

明确中欧班列角色定位主要有两个方面：一是明确中欧班列运输模式的定位；二是明确各参与主体的定位。

从物流功能角度看，中欧班列的基本定位主要是为商品运输在海运、空运、公路等模式之外提供替代性选择，而非大幅度创造贸易增量。随着班列持续稳定运营，它表现出一定的贸易促进效应。

但总的来看，中欧班列对中国与沿线国家间的贸易增长贡献有限。按照中国铁路总公司的标准核算，中欧班列近年来年运输规模约为同期海运规模的2%，还远达不到能改变中欧商品运输基本格局的程度。因此，中欧班列是为海运提供重要补充。

从参与主体职能看，指出经济功能的重要性并非否认政府在中欧班列发展过程中需发挥培育、引导、规范等积极作用，而是强调中欧班列市场培育应在政府引领下，以不破坏市场规范为前提，以明确退出路径为方向。

从中欧班列过去8年发展积累的经验和教训表明，明确中欧班列角色定位关键在于明确政府角色。简言之，政府在其中的基本作用是塑造和保障良好营商环境。至于中欧班列的物流业务，可交由物流企业按照市场规则开展和竞争。

中国中央政府在综合考量中欧班列的国内外政治与经济、战略与策略等价值的基础上，做好中欧班列宏观政策规划、引导、协调与管理；地方政府在综合考量本地发展规划与国家整体政策的基础上，立足于客观优劣势，将本地班列线路与产业发展、招商引资等相结合；平台企业根据中央和地方政策的政策规划，聚焦市场竞争，做好商贸物流，服务社会民生。

二、完善线路区位布局

地理区位是中欧班列规划和开行的现实基础。由此出发思考中欧班列发展主要考虑两方面因素：一是铁路交通便利性；二是海洋运输便利性。前者主要是指内陆城市在我国铁路网、公路或内河运输体系中所处的位置，如果属于地区枢纽节点，至少具备充当中欧班列集散中心的基本资质；后者主要是指沿海地区通过海洋运输所具有的优势，如果该城市通过海洋能够更经济、便利地完成货物运输，就没有必要单独开行中欧班列，即使有一部分货物需要利用铁路运输，也可以考虑通过地区集散的方式而不是单独开行以本市为始发点的中欧班列线路。

一般而言，对受地理区位制约的特定地区，比如中国中西部地区和亚欧大陆腹地，中欧班列的积极意义相对突出。但对亚欧大陆沿海地区而言，通过中欧班列运输普通商品目前尚不具备经济合理性。

因此，完善中欧班列区位布局包括国内和国际两个层面：在国内层面主要是线路铺划和协调，在国际层面主要是不同区域国家的参与与合作。

在国内，以国家在中欧班列规划、物流枢纽建设、地区经济合作等领域发布的政策文件为指导，结合中欧班列不同线路所发挥的运输功用大小来完善线路布局，是推动中欧班列高质量发展的必由之路。

我国2016年发布的《中欧班列建设发展规划（2016—2020年）》、2018年发布的《国家物流枢纽布局和建设规划》等为中欧班列布局调整提供了战略指引。特别是《国家物流枢纽布局和建设规划》明确提出要建设212个国家物流枢纽，具体包括41个陆港型、30个港口型、23个空港型、47个生产服务型、55个商贸服务型和16个陆上边境口岸型国家物流枢纽。更是为中欧班列线路的撤销、合并、调整提供了具体参照。

在国际层面，根据中国与沿线国家、地区进行经济合作、对接的不同政策或规划进行布局是中欧班列发展的现实选择。就当前及今后中国与沿线国家经济发展状况、战略规划等因素来看，中欧班列国际线路完善的重点是：在东亚、中亚、南亚、东南亚、中东、独联体、欧盟等地区，构建以中欧班列为支撑的国际多式联运网络，推动中欧班列在目前已经形成的"1＋N"线路网络的基础上，向"N＋1＋N"模式发展，使具有区位优势的中欧班列国内节点城市从国内集散中心向国际物流枢纽的方向发展，最终借助国内外合力实现中欧班列发展。

三、依托沿线产业融合

中欧班列未来发展，需要突破目前主要依托最终消费品贸易的境况，将运输与服务产业合作结合起来，在中国与沿线国家之间打造共同经济空间。

目前判断国内开行班列线路是否可行时，往往以当地是否有足够货源为依据。换言之，就是线路所辐射范围内是否具有产业基础。如果该地区具有产业基础，能够从内部组织充足货源以支撑班列运营,那么就具备了开行基础。

在新时期,关于产业与中欧班列线路匹配的思考也应拓展到新维度,即将中欧班列线路与沿线国家之间的产业合作联系起来进行思考。如果当地产业与沿线国家产业之间存在密切关系,属于生产链条的不同环节,能够形成结构性互补,那么开行班列的基础就较强。

从目前的国际产业调整态势看,中欧班列发展正面临两类产业转移机遇:一类是中国东部沿海地区产业往西部内陆地区转移的机遇,这可为内陆铁路运输和出口提供一定产业基础,有利于补充中欧班列货物;另一类是中国产业往东南亚国家转移的机遇,这将拓宽中欧班列运输的新方向。从价值链和产业转移角度看,增加产业联系能够有效扩大中国同沿线国家之间的货运需求,可以为中欧班列提供比较直接的货源补充。

随着"一带一路"产能合作的不断推进,中国与沿线国家的价值链体系建构和产业融合度进一步提升,中欧班列稳定运营将获得进一步支撑。不过需要强调的是,把产业链条纳入考量范围的重要意义在于完善中欧班列线路布局,前提是稳固中欧班列主干线路,而非另外开拓新线路。

四、优化运营服务模式

中欧班列发展已由早期的星星之火,到中期的群雄并起,再到目前的诸侯争霸,线路间竞争异常激烈。而中欧班列各线路运营模式极其相似,又进一步加剧了竞争烈度。随着"一带一路"高质量发展要求日益突出,班列考核标准日渐严格,中欧班列过去形成的运营模式也须作出相应调整,才能适应转型升级的客观需要。2018

年底，《中欧班列高质量发展评价指标》经中欧班列运输协调委员会第三次全体会议研究通过，明确将从规模范围、速度时效、运输效能、经贸贡献、货运安全等方面对中欧班列运行质量进行考核。这为中欧班列优化完善运营模式提供了基本指向。

具体而言，要想建立以市场为导向的运营模式，中欧班列各线路平台就需要从强化服务能力入手，培育和突出核心竞争力。为此要采取的措施包括：加强技术、金融等方面创新和引入，应用大数据、智慧供应链等提升班列运输品质和安全；加强人才引进、设施建设等方面力度，为中欧班列发展提供优质软硬件配套；加强平台公司、承运商、海关等行为体之间的协调，提升中欧班列操作效率和稳定性；加强货源组织管理，规范揽货程序、减少中间环节，真正降低成本等。

总之，中欧班列作为中国与沿线国家货物运输的新探索和新尝试，已从贸易畅通、设施联通、资金融通等多个层面支撑了"一带一路"建设，推动中欧班列高质量发展不仅是"一带一路"倡议向纵深发展的客观需要，也是中欧班列真正惠及各方的重要基础。以上各项措施为从整体上推动中欧班列发展提供了方向性选择。各条线路可根据具体现实来衡量和推出真正符合要求的详细举措。只有真正转变运营模式，使班列发展由政府驱动型向市场驱动型转型，使班列功能在经济功能和政治功能之间实现有机平衡，中欧班列高质量发展才能最终成为现实。

"一带一路"是全球经济增长的稳定器[*]

马 斌

近年来，国际经济困难日益严峻，而不断走深走实的"一带一路"，在稳定全球增长方面所发挥的积极作用令人瞩目，成为维护全球经济增长的稳定器。

通过磋商、协调、合作应对风险是人类社会在发展过程中获得的积极经验。时至今日，全球化的制度重构特点日益突出，不同区域的主导国家或国际组织开始重新审视既有机制，并选择性地进行调整。受此影响，全球经济增长的不确定性大增。

美国在过去几年致力重构对外联系。在地区层面，美国2019年底与墨西哥、加拿大签订《美国-墨西哥-加拿大协定》，目标是调整北美地区经济秩序。在国际层面，美国相继退出联合国教科文组织、联合国人权理事会、《气候变化巴黎协定》、世界卫生组织（2021年7月正式退出）等，从原先国际机制的倡导者、建设者、维护者转为怀疑者、破坏者、反对者。长期致力区域一体化的欧盟受经济危机、难民危机、身份危机等因素影响，以及英国"退欧"的冲击，重整内部市场和重塑对外经济关系的压力空前增大。美欧政策调整势必为其他地区和国家的经济发展带来潜在风险。与此同

---

[*] 本文原发表于《丝路瞭望》，2020年第10期。

时，部分国家出于国内政治，或地区平衡，或国际竞合等原因采取的单边主义行动或霸权政策，极大增强了上述趋势的破坏性，干扰了全球经济的稳定、增长。所以，避险、减震已成为当今世界众多国家的共同诉求。"一带一路"就是在这样的环境中迎难而上，不断消除阻碍沿线国家经济增长的不利因素。

在国际关系中，结盟、均势、搭便车等是各国规避风险的常规选项。种种基于对抗逻辑而做的政策选择，最终往往无法跳出冲突的悲剧。如果正视和吸取对抗逻辑引发的悲剧和教训，稳定和推动合作将成为艰难时世中的共赢选项。因此，以和平合作、开放包容、互学互鉴、互利共赢为核心的丝路精神将为减少和降低全球化转向的冲击提供有益借鉴，而共建"一带一路"正是国际社会应对风险和挑战、维持和保证增长的积极力量。

"一带一路"可提供发展动能，提升参与国的御险能力。对广大发展中国家而言，提升风险抵御能力是在新一轮全球化过程中寻找发展机遇的前提。"一带一路"秉持互利共赢理念，通过典型项目、资源融通、政策谅解等方式构建以发展为导向的新动能，连点成线，由线到面，促进国际合作形成新格局，保障参与国能有效利用国内国际市场、资源推动其经济、社会、文化等的综合发展，从而形成抵御全球化转向风险的能力。

"一带一路"打造发展平台，扩大参与国的避险选择。到2020年9月，中国与沿线国家签署的"一带一路"合作文件已达200份，这让它成为新时期全球最大的国际合作平台。借助此平台，广大参与国本着互利共赢的原则开展双方合作、三方合作、多方合作，共同谋求更多的发展福祉，推动形成更公平的福利分配，从而使"一带一路"参与国降低对少数国家或组织的过度依赖，为在全球化转向过程中实现快速、平衡发展奠定基础。

"一带一路"践行务实合作，减少国际社会的风险积累。"一带一路"倡议创新合作推进方式，通过先行先试、早期收获、经验推广等践行务实合作，立足国情，共商共建，为全球可持续增长提供可行方案。"一带一路"务实合作能为国际社会，特别是广大发展中国家促和平、谋发展的愿望提供坚实支撑，从而团结更多国家，聚集更强力量，减少全球化转向过程中的风险积累，解决国际社会难题。

"一带一路"凝聚发展氛围，缓解国际社会的风险焦虑。"一带一路"随着国际局势发展适时提出凝聚多方共识的方案和建议。在新冠肺炎疫情给各国人民生命、财产造成巨大冲击的背景下，"一带一路"国际合作高级别视频会议召开，并发布聚焦医疗健康、互联互通、经济恢复、务实合作等方面的联合声明，提出合作项目可持续性，呼吁参与企业履行社会责任，遵守联合国全球契约。这对稳定国际社会开放、自由的环境，形成合作、团结的氛围，应对全球突发挑战及消除部分国家推行消极全球化的不利影响等具有重要意义。

"一带一路"倡议提出七年来，通过增加发展动能、打造发展平台、践行务实合作、凝聚发展氛围等方式，为中国与其他沿线国家的经济增长提供支撑；通过在国际社会倡导开放精神，贯彻合作理念，保障发展方向，提供发展资源，成为了当今国际社会降低全球化转向冲击的减震器。从长远看，"一带一路"良性发展是国际社会保障经济可持续增长的积极力量。